《教师教育课程标准（试行）》教材大系
教师教育国家级精品资源共享课立项课程配套教材

小学教师语言

Xiaoxue Jiaoshi Yuyan

主编 崔梅 周芸

编写者 杨延芳 曾晓英 李云杰 岳雄
龙柯廷 杨明月 房丽茹 牛亚凡
邓瑶 王建陵 邱昊 许瑞娟
王思琪 吴秋娜 朱腾 褚彦

高等教育出版社·北京

内容提要

本书为教师教育国家级精品资源共享课立项课程"小学教师语言"配套教材，依据《教师教育课程标准（试行）》编写。本书的主要内容包括：小学教师语言概述、小学课堂教学环节语、小学课堂教学方式语、小学教师评价语、小学教师的副语言、小学教育教学中的常见口语语病探源、小学教师语言风格、小学教师语言运用案例分析。本教材在教师语言共性研究的基础上，凸显了小学教师语言的特性；注重理论与实践的结合，具有丰富的案例和实践训练。数字化资源形式多样，包括研究性学习、实践指导、表达训练、案例分析、争鸣与讨论、情景训练、观察与思考等。

本书可作为高等院校小学教育专业教材，也可作为小学教师提升职业语言运用能力的参考书。

图书在版编目(CIP)数据

小学教师语言 / 崔梅，周芸主编. -- 北京：高等教育出版社，2015.7（2022.7 重印）
ISBN 978-7-04-042483-6

Ⅰ. ①小… Ⅱ. ①崔…②周… Ⅲ. ①小学教师－语言艺术 Ⅳ. ①G625.1

中国版本图书馆CIP数据核字(2015)第077431号

策划编辑 刘晓静　　责任编辑 刘晓静　　封面设计 张申申　　版式设计 童　丹
责任校对 刘娟娟　　责任印制 朱　琦

出版发行	高等教育出版社	咨询电话	400-810-0598
社　　址	北京市西城区德外大街4号	网　　址	http://www.hep.edu.cn
邮政编码	100120		http://www.hep.com.cn
印　　刷	三河市骏杰印刷有限公司	网上订购	http://www.landraco.com
开　　本	787mm×1092mm　1/16		http://www.landraco.com.cn
印　　张	19.25	版　　次	2015年7月第1版
字　　数	380千字	印　　次	2022年7月第5次印刷
购书热线	010-58581118	定　　价	38.00元

物 料 号　42483-00

前　言

教师语言运用能力是教师重要的职业技能之一。对师范生进行教师语言技能的训练是高等师范院校教师教育课程教学的重要内容。教师语言课程在师范类高校本专科人才培养方案中占有重要的地位，因而，课程教材的建设也是各高校相关专业高度重视的问题。

《小学教师语言》是教师教育国家级精品资源共享课“小学教师语言”配套教材。该教材立足于提升师范生的职业语言运用能力，注重夯实学生的基本理论和基础知识，以便将来能够胜任相应的教育教学任务。教材每一章开头设置的“要点提示”与“学习目标”，规定了本章的学习重点及学习本章所要达到的理论知识水平和基本技能。每一章后面设置的练习包括检测学生理解和掌握知识点的理论性的思考和引导学生进行实践训练的练习。同时，每一个知识点都有较为丰富的拓展资源供教师和学生参考，扫描教材中的二维码，就可以获取相应的资源。这样的编写体例能够兼顾教师的“教”和学生的“学”，既能激发学生学习的主动性和积极性，又方便教师发挥个人的教学风格。

本教材由崔梅教授提出总体构想，参与编写的教师多次讨论，征求小学一线教师的意见和建议，最终确定编写的框架及内容。初稿完成后，由主编崔梅、周芸进行统稿。教材各章节编写分工及撰稿人具体如下：

第一章：第一节（周芸、杨延芳、吴秋娜），第二、三节（杨延芳）；第二章：第一节（崔梅、王思琪），第二节（杨明月），第三节（房丽茹、王思琪），第四节（朱腾），第五、六节（许瑞娟）；第三章：第一、二、三、四节（牛亚凡），第五、六、七节（褚彦）；第四章：王建陵；第五章：第一节（李云杰、周芸），第二节（李云杰），第三节（龙柯廷）；第六章：邓瑶；第七章：第一节（岳雄、崔梅），第二节（曾晓英、崔梅），第三节（曾晓英、岳雄）；第八章：邱昊。

由于我们能力有限，教材难免会出现一些疏漏，我们真诚地希望教材的使用者提出宝贵的意见和建议，使教材修订时得以进一步完善。

教材在编写过程中，参阅了前辈时贤的专著、论文，从中汲取了丰富的营养，在此表示衷心感谢。教材的出版，得到了高等教育出版社刘晓静编辑的大力支持，在此表示最诚挚的谢意。

编者

2015年3月

目　录

第一章　小学教师语言概述

要点提示

本章作为全书开篇的第一章，将对教师语言、小学教师语言的相关概念进行界定，并对二者之间的关系进行阐述。让学生了解教师语言及小学教师语言运用的基本要求，进而让学生明确该如何根据具体的教学目标和教学对象更好地运用教师语言。

学习目标

知识目标：

- 理解小学教师语言的类型和特点。
- 理解小学课堂教学、小学教材和小学生的特点。
- 理解小学教育的内容和特点。
- 掌握小学教学和小学教材的特点对小学教师语言的要求。
- 掌握小学教育对教师语言的要求。

能力目标：

- 能在对教师语言正确认知的基础上，按照教师语言的基本要求构建教育教学语言。
- 能根据具体的教学目标和小学生的特点构建教育教学语言。

第一节　教师语言与小学教师语言

职业语言，是为了适应特定行业或职业的交际需要而形成的一种语言变体。教师语言是职业语言的一种具体类型。本节将介绍教师语言的内涵、类型及基本要求，并从特定的教学对象入手，分析小学教师的话语角色，阐释小学教师语言的特点及功能。

教师是学校中履行教育教学工作职责的专业人员，以学生发展和生活质量的提升为中心，通过特定的职业活动，把人类社会长期积累下来的政治、经济、文化、生活等方面的经验和知识，以及特定社会的价值观念、伦理道德、行为规范等，系统地传授给学生。在此过程中，语言是教师传达思想、沟通情感的重要媒介，具有至关重要的作用。可以说，教师语言贯穿于整个教学活动过程中，离开了教师语言，教育教学工作将无法进行。

一、教师语言

作为一种特殊社会现象，语言是人类所特有的音义结合的符号系统，是人类最重要的交际工具。然而，由于地位、财产、年龄、性别、职业等各方面的差异，特定社会的全体成员会分化出阶级、阶层、集团、帮派、团体等各种各样、各级各层的社会群体。在不同的社会群体中，人们通常有着不同的社群话题，并以其特有的方式使用着全民通用的语言。久而久之，在某一社会群体中使用的全民语言便不可避免地带上了该社会群体所特有的烙印。由此，语言便根据其使用环境和语用主体的特点，产生了众多的功能变体。职业语言即为其中的一种。

职业语言是为了适应特定行业或职业的语言交际需要所形成的一种语言功能变体。根据不同行业或职业的特点及要求，职业语言又可分为教师语言、律师语言、司机语言、公务员语言等。职业语言有两个特点：一是不同的职业语言具有自己特殊的词汇。例如，教师语言有“备课”“作业”“教案”“校长”“班主任”“家长会”等词汇，律师语言有“出庭”“被告”“上诉”“辩护”“答辩状”“法律意见书”等词汇。二是用本职业特殊的词语来代替一般的词语。如司机常常把犯错误说成“闯红灯”、军人往往把整理房间说成“整理内务”等。

教师语言属于职业语言范畴，主要用于教师与学生、教师与家长、教师与相关工作人员等之间的事务性活动，反映了教师运用语言的特定心理与习惯。

（一）教师语言的内涵

关于“教师语言”的定义，学术界一直存在着多种界定：

作为教师，在教育教学过程中，使用最多、最便捷有效的是口语，因此我们这里讲的教师语言主要是指教师的职业口语。[①]

所谓教师语言，是指教师职业的语言，是指教师在育人过程中所使用的语言的总称，可以说教师语言是指教师对学生实施素质教育整个过程中所使用的语言的总称。[②]

我们认为：教师语言是指教师在从事教书育人及其相关工作的过程中所使用的语言。教师作为一种特殊的脑力劳动者，从事的是一种有目的、有系统、有组织的，以影响受教育者的身心发展为目标的社会活动。学生在受教育期间，通过教师主体化的教育教学活动，不仅能够学习到系统的科学文化知识并不断提高其能力水平，而且还能在一定程度上了解并掌握社会对个体在思想道德、品德情操、个性发展、身体素质、行为习惯等方面的要求或期望，从而奠定个体社会化的重要基础。因此，教师职业与其他职业的一个最大的不同点就在于：教师本身就是学生最直观、最有益的模范，对学生起着示范作用，并产生潜移默化的影响；而教师的语言正是教师实现其教育教学功能的基本途径。通过语言，教师可以对学生进行知识技能、世界观和人生观的启蒙；通过语言，教师可以对学生进行思想感情、品德情操和言行举止的引导；通过语言，教师可以协调一切有用的社会资源并将其整合到自身的教育教学工作中……可以说，教师语言不仅是教师专业素质的体现，而且也是教师人格魅力和品味情趣的反映。

教师语言的地位和作用，决定了它必然成为社会关注的重要问题而得到研究。在《学记》中就有对教师语言的论述：“善歌者，使人继其声。善教者，使人继其志。其言也，约而达，微而臧，罕譬而喻，可谓继志矣。”即善教者的语言应该简要透彻，精致含蓄，善于使用譬喻而使受教者明了事理。这些论述，可以看作我国教师语言研究的萌芽。此后，各朝代均有此方面的论述，但基本属于零星自发的状态，不足以形成完整的学科体系，如近代创刊于1909年的《教育杂志》就曾登载题为《新教授法之研究》的文章，研讨了“讲演体”“质问体”“问答体”三种不同特色的讲授方法。新中国成立后，教育部1955年发布的《关于在中小学和各级师范学校大力推广普通话的指示》、1956年发布的《关于

① 郭启明.教师语言艺术.北京：语文出版社，1992：3.

② 汤燕瑜，刘绍忠.教师语言的语用分析.外语与外语教学，2003（1）.

推广普通话的指示》，以及1993年发布的《师范院校“教师口语”课程标准》等，使广大教师在学习、使用、研究、推广普通话的过程中，奠定了教师语言研究的基础。①

近年来，教师语言研究主要集中在教师语言的宏观研究、本体研究和应用研究等方面。

教师语言的宏观研究主要表现为高校相关课程教材的建设和出版。例如，蒋同林、崔达送《教师语言纲要》（2001），程培元《教师口语教程》（2004；2010），陈利平、王仲杰等《新课程背景下的教师课堂语言》（2005），罗明东、崔梅等《教师口语技能训练教程》（2007）等。

教师语言的本体研究主要是针对教师语言中的语音、词汇、语法等方面的问题。例如，郭翠菊、王守雪从汉语语音学的角度，结合学生听话过程中的心理活动，从理论上探讨了教师语言节奏的形成、原则和表达效果；②邸文侠认为，课堂教学语言是口语的一种重要表现形式，教学语言中的零句、设问句、省略句和插入语的句法特点在课堂教学中具有重要的作用；③陈文博认为，教师语言修辞具有独特的审美特征，主要表现在其语言选择的新颖独创性、语言运用的综合整体性、教师语言的相对稳定性、教师语言内容和形式的完美统一性。④

教师语言的应用研究主要是从教师教育教学活动实践的角度来探讨教师运用语言的方法、技巧和规律。例如，叶婉认为，教师的语言知识对教师课堂行为有重要的影响，教师应学会管理自己的语言知识；⑤王玉琼通过师生双语语料库的建设，探索维吾尔族学前儿童早期的汉语学习过程，以及教师语言运用的现状及特点；⑥李君指出，研究民族杂居地区中小学教师普通话的教学与推广，对当地教师学习、使用和推广普通话具有一定的指导意义和现实意义；⑦此外，还有研究涉及了教师语用失误现象，如孙彩霞通过对教师语言暴力内涵进行解读、语言暴力现状调查，对教师语言暴力进行了反思和批判；⑧黄浩认为，课堂教学中教师病理性的语言会对学生的心灵造成一定的伤害，并分析了“心灵施暴”的模式与产生原因，提出了施治的对策。⑨

总之，教师语言研究虽然取得了一些成果，但在研究理论的深度和研究方法

---

① 蒋同林，崔达送．教师语言纲要．北京：华语教学出版社，2001：13-16．
② 郭翠菊，王守雪．教师语言的节奏．殷都学刊，1990（4）．
③ 邸文侠．课堂教学语言刍议．渤海学刊，1989（1）．
④ 陈文博．论教师语言修辞的审美特征．新疆教育学院学报，2007（6）．
⑤ 叶婉．英语教师的语言知识对语法教学行为的影响．山东师范大学外国语学院学报，2009（2）．
⑥ 王玉琼．新疆学前教师与维吾尔族儿童互动的汉语水平研究．华东师范大学学报（哲社版），2012（9）．
⑦ 李君．贵州省民族杂居地区中小学教师普通话教学与推广．中央民族大学学报，2010（4）．
⑧ 孙彩霞．中小学教师语言暴力问题研究．河南大学学报（哲社版），2008（5）．
⑨ 黄浩．教师病理性语言的发生：心灵施暴．教育实践与研究，2001（2）．

的多样性等方面都有待于进一步提升。

（二）教师语言的类型

根据不同的标准，教师语言可以分为不同的类型。

1. 根据教师语言的语境分类

根据教师语言的功能范围，教师语言可以分为课堂教学语言、思想教育语言和工作交际语言三种类型。

课堂教学语言是教师在课堂教学活动中所使用的语言。由于课堂教学语言是针对特定的教学任务和教学效果，以及学生、教材和教学方法等所使用的语言，因而除了具备一般口语表达的时限性、短暂性、即兴性、形象性等特点外，还具有规范性和启发性，即普通话的语音、词汇和语法等方面的规范，以及具有引导和启发学生思考并有所领悟的作用。根据课堂教学活动的组织程序和步骤，课堂教学语言具体又可分为导课语、讲解语、提问语和结课语。

思想教育语言是教师根据培养目标对学生进行道德、理想、情操、行为、习惯等方面的引导和培育时所使用的语言，包括批评语、表扬语、沟通语、说服语等。批评语的目的是对学生的错误思想和不良行为予以否定，促进其改正。表扬语的目的是对学生的良好思想品质、言语行为给予肯定性评价，以强化被表扬者的良好表现，为其他学生树立榜样。沟通语的目的是了解学生的情感、需求和兴趣，以及向学生介绍情况、说明想法、解释原因等。说服语的目的是通过讲述事例、阐明真理，影响或改变学生原来的观念和态度，从而使师生双方达成共识，解决问题。思想教育语言一般具有民主性、情感性、针对性、艺术性等特点。

工作交际语言是教师在与教育、教学工作相关的其他语境中，和非学生群体的交际对象，如有关领导、学校同事、社区工作人员、家长等进行交际活动时，所使用的语言。作为一种专门的职业交际语言，教师的工作交际语言要受到“教书育人”这一特定交际目的和一定交际场景的制约。但无论怎样，教师在工作交际中都应该懂得借助语音的轻重、语速的快慢、语调的抑扬、腔调的刚柔等各种细微的差别，来表达丰富复杂的思想感情，并通过有效运用语音、词汇、语法、语篇等语言表达手段来完成交际任务。

2. 根据教师语言的传播媒介分类

根据教师语言的传播媒介，教师语言可以分为有声语言和无声语言两种类型。

有声语言是指教师在教书育人及相关工作中所使用的口语。教师在其所从事的绝大部分职业活动中，基本上都要依靠有声语言来进行思想感情的交流和沟通。

无声语言是指教师在教书育人及相关工作中所使用的书面语和副语言。书面语主要用于作业批改、教学科研等工作领域。副语言主要用于辅助有声语言完成交际任务，教师在课堂教学中适当运用副语言，可以使教学内容更加形象生动，产生良好的教学效果。

（三）教师语言的基本要求

对于教师来说，语言在其从事与教育、教学有关的一切交际活动中起着至关重要的作用。良好的教师语言，不仅是教师开展课堂教学、传授知识的重要媒介，而且也是与学生进行沟通交流，顺利完成学生管理工作的重要载体。随着2011年版义务教育各学科课程标准的颁布和实施，处于新课程改革核心位置的教师，面对着如何创新教育观念、改革教学方法、提升专业能力等诸多问题，这就对教师语言的运用提出了更高的要求。

1. 课堂教学语言的基本要求

课堂教学是一种“沟通”和“合作”的活动，课堂教学应体现新的教学观，达到师生互动，营造充满生命活力的课堂教学环境。

（1）讲授语言应准确生动

准确生动的课堂教学语言能够有效地调动学生学习的积极性，营造良好的课堂学习氛围，达到良好的学习效果。作为一名教师，除了要做到普通话发音标准、规范汉字使用正确、遣词造句符合规范、话题明确集中、语义逻辑清晰之外，还要注意根据学生的特点，进行恰当的表达，让学生能够准确地解读教师语言的信息内容，并根据要求做出相应的行为反应。在讲解教学内容时，教师应巧妙地将抽象的知识转化为明晰的语言表达出来；在课堂问答中，要清晰地表达所提问题，不能模棱两可，让学生快速把握问题的核心与关键。同时，在创设教学情境时，要符合学生的生活情境和认知特点，可以通过不同的叙述方式、灵活的修辞手段、丰富的副语言等，以生动有趣的话语形式来吸引学生的注意力。

（2）提问应富有启发性

教师在教学中要以引导者的姿态，调动学生思考问题的积极性，激发学生的求知欲和探索欲。在课堂上，教师要根据教学内容的重难点，用启发式的语言引起学生的注意和思考，帮助学生活跃思想、开拓思路；在进行课堂提问时，教师不能简单地使用“是不是”“对不对”等缺乏启发性的语言，而是要通过恰当设置疑问点来引导学生发现更深层次的问题。在教学评价和作业批改中，教师不但要能够使用准确的语言评价学生的行为和学习成果，而且还要能引导学生发现自己的优点和不足，明确努力的方向。

2. 思想教育语言的基本要求

思想教育工作对学生的健康成长有着重要的作用。因此，选择恰当合适的思想教育语言十分重要。小学教师思想教育语言具有以下基本要求：

（1）语义明确精要，多加启迪和鼓励

在进行思想教育时，要解决什么样的问题，达到什么样的目的，需要教师的教育语言语义明确精要，话要说到点子上，这样才能让学生一听便能明白。同时，在思想教育中，应该多使用启迪性和鼓励性的语言，提高学生的自信和勇气，从而顺利引导学生用正确的标准分析和判断是非。

（2）情感真挚，批评婉转，避免语言暴力

在对学生进行思想教育时，教师不仅需要理性判断，还需要情感真挚，动之以情，晓之以理。只有情理相融才能对学生产生教化和感染的作用。对犯了错误的学生不能使用语言暴力，冷嘲热讽。批评的语言不应过于尖锐犀利，在保护学生自尊心的基础上，批评语言应感情真挚，亲切婉转，对学生进行正面的引导。同时，对不同的学生，要采用不同的教育方法和语气。

3. 工作交际语言的基本要求

为了保证在开展与教育、教学工作相关的其他活动中话语交际的有效性，教师需要遵守一定的语用要求。良好的工作交际语言，可以让教师在接触领导、同事相处、联络社区、座谈调研、家庭访问等交际领域中顺利开展工作，创造和谐的人际关系。

（1）保证话语信息充足，真实可信

教师的工作交际语言要从特定的交际需要出发，应按交际要求尽量详尽，并给人以真实的感受。例如，一位教学经验非常丰富的语文教师，他所教的班级的语文成绩年年都是全年级第一。当一位年轻的同事向他询问如何提高学生的语文成绩时，如果他说“全靠自己瞎摸索，没什么经验好谈！”或“你教书的时间长了，也就自然明白了！”或“多练习，成绩就上去了！”，这些话语提供的信息量就很不充足，让受话人听了还是不明白怎样提高教学质量。另外，要注意不能说缺乏足够证据的话，以免丧失受话人的信任和尊重。

（2）从受话人的角度出发，多使用温暖热情的话语

教师的工作交际语言应服从于教育、教学工作的需要。当然，这并不意味着教师在工作交际中，尤其是在进行家长访谈、联络社区时，可以摆出一副“教育者”的姿态，对受话人颐指气使。相反，教师应该多从受话人的角度考虑问题，客观、公正地与受话人进行交谈，尽量减轻受话人不必要的心理压力，不说让受话人感觉尴尬的话。

（3）表达要贴切，中心明确，条理清晰

教师的工作交际语言往往是由于具体而明确的交际任务而产生的，这就要求教师在工作交际中要注意语流通畅、层次井然、前后连贯、语义完整。在使用工作交际语言时，教师切忌说话啰唆重复、颠三倒四、含混模糊，要用较少的话语

传递尽可能多的信息，这样不但能提高教师口语交际活动的效率，而且还能给受话人留下深刻的印象，有利于树立教师良好的职业形象。

（4）适时调整话语交际角色的定位

一般来说，教师在教育、教学活动中，语言交际的对象主要是学生。出于对自己的严格要求，教师会形成口语表达严谨的特点，体现出为人师表的风范。然而，当教师处于与教育、教学工作相关的其他语境中时，面对的交际对象是非学生群体，如有关领导、学校同事、社区工作人员、家长等，教师要具备灵活转换社会角色的意识和能力，才能以言语的规范、典雅和不卑不亢而赢得人们的尊重。

二、小学教师语言

小学教师语言是指小学教师在从事教书育人及其相关工作的过程中所使用的语言，包括课堂教学语言、思想教育语言和工作交际语言等。本书立足于教师的教育教学工作，主要针对小学教师的课堂教学语言、思想教育语言进行讨论。

（一）小学教师的话语角色

话语角色是指社会化言语交际活动规定的用于表现交际主体社会地位的模式和行为。它和交际主体的社会身份不同，后者主要是根据交际主体的职业、社会地位而定，而前者则是在具体的言语交际活动中，交际主体在语用行为方面所反映出来的各种社会规范特征的总和。对于小学教师来说，其话语角色就是在具体的教育教学及相关工作中所充任的具有某种社会角色特征的教育工作者。

小学教师的话语角色不是单一的，而是一个角色群。因为教师所从事的教育教学及相关工作属于一种特殊的社会活动，教师的言语行为及其角色定位往往会随着具体的语境而发生不同的变化，表现出不同的特点。此外，由于受到时代变迁、社会发展等因素的影响，小学教育、教学活动中的各种关系也会发生相应的变化，这也会导致教师的言语行为及其话语角色发生一定的变化。当前，随着新一轮基础教育课程改革在课程功能、结构内容、实施评价等方面所产生的重大创新和突破，小学教师急需确立一种崭新的教育观念，以表现出恰当的话语角色及言语行为。

1. 平等交流者

教育是师生互动共生的过程。在师生共同参与的教育活动中，双方存在着相互促进、合作交往、彼此推动、共同发展的关系。因此，在课堂教学工作和思想教育工作中，小学教师一方面要使用符合小学生特点的语言进行教育教学工作，乐于倾听学生的思想情感、学习体验和价值观念，以形成师生合作发展的共同体；另一方面则要结合学生掌握知识、提高技能、情感态度、价值取向等实际情况，及时给予每一位学生真诚、恰当的评价和指导，使学生能够在教师鼓励性、鞭策性的言语行为的指导中，生动活泼、快乐自由地发展。在工作交际中，小学教师则要能够与同事、家长、社区工作人员等进行有效沟通合作，分享经验和资源，建立合作互助的良好关系，共同促进小学生的发展。

2. 得体评价者

小学教育是儿童接受学校教育的起始阶段，也是儿童从不成熟到逐步成熟的身心发展关键时期。因此，这一时期的教育对于儿童奠定良好的道德、智慧、个性、身体等方面的品质具有十分重要的作用。多元智能理论认为，每个人的学习类型和技能类型各具独特性，[①] 这就要求小学教师在教育教学工作中要成为一名得体评价者：一是细致观察小学生的日常表现，及时发现每一位学生的点滴进步，并给予赏识性的评价；二是关注和发现学生的优势和弱项，灵活使用多种话语表达方式，恰当评价每一位学生，从而不断增强学生的自信心和自尊心，督促学生不断进步和发展，使每一位学生都能在知识与技能、过程与方法、情感态度与价值观等方面得到最好的发展。

3. 协调沟通者

新课程改革倡导探究学习与学生综合能力的培养，要求教师多建议学生应该做什么，多参与学生的活动，引导学生进行个性化的学习，努力造就“学校教育社区化”“社区生活教育化”。因此，小学教师在课堂教学、思想教育活动中，要注意综合运用各种话语表达手段来引导、帮助学生设计符合自己智能特点、个性特征的学习活动；在相关工作交际中，要不断拓展和充实与本职工作相关的交际领域和交际主体，获得与同事、家长、社区工作人员等直接对话或交流的机会，让自己成为教育教学资源的成功开发者。

（二）小学教师语言的特点

小学教师语言，既具有教师语言的一般特点，如语音清晰、语速适宜、音量适中，使用词语要广泛性和专业性相结合，多使用语义明确的陈述句，语篇结构具有完整性等，又具有自身独特的特点。这与小学教师所面对的教育教学对象、课堂教学内容等具有很大的关系。小学教师语言的特点主要表现在以下方面：

---

① 梁志洪，陈雅玲，张晖．小学教育与教师技能．广州：华南理工大学出版社，2012：115.

1. 语音方面

语音的规范性是小学教师语言的重要特点之一。普通话是教师的职业语言，标准的普通话语音是小学教师准确传递话语信息的重要保证。发音准确、吐字清晰，停顿恰当、语速适中，不使用方言，不念错别字，这是小学教师语言在语音方面的基本要求。

2. 词汇方面

基于小学生的思维特点和学习特点，小学教师在进行课堂教学或思想教育时，词语运用具有基础性、通用性和规范性的特点，形象性、直观性、生动性较强的词语使用频率较高，多音节词尤其是超过三音节以上的词使用频率较低，目的是让学生较容易理解教师所讲的内容，同时能够学以致用。

3. 语法方面

小学生对于语法方面的学习都是最基础、简单的。因此，小学教师在进行课堂教学时，大多选用的是句法结构简单、语义结构明晰的句子，如正常的陈述语序和疑问语序、完整的主谓宾句法结构等，既有助于小学生理解并掌握规范的语法，又能使教师的话语表达做到语句通顺，逻辑清楚。同时，为了引导学生积极思考并让学生有所领悟，小学教师还会高频率地使用设问句和反问句。

4. 辞格方面

形象地使用修辞格可以使教学语言生动有趣，吸引学生的注意力。教师在课堂教学和思想教育活动中，往往会运用贴近小学生思维方式的修辞格，如比喻和拟人等。通常，小学教师在使用比喻时，会根据小学生的生活经验和接受能力来选择贴近学生生活的喻体，把抽象的概念具象化，以充分调动小学生的形象思维；在运用拟人时，会根据小学生的心理特点，使拟人手法富于儿童的生活乐趣，以激发小学生的学习兴趣，取得良好的教学效果。

（三）小学教师语言的功能

教师语言对小学教育教学工作具有十分重要的作用。正如著名教育家于漪所说的："语言不是蜜，但可以粘东西。教师语言不是蜜，但可以牢牢粘住学生的注意力，引导他们在知识的海洋中扬帆远航，引导他们追求生活的真谛，奋然前行。"[①] 小学教师语言在小学教育教学工作中的作用主要有以下几种：

1. 营造良好的教学氛围，提高教学质量

小学教师在课堂教学活动中运用语言的方法和技巧，对学生理解和掌握人文知识和科学知识具有十分重要的影响。小学生有其特殊的生理特点和心理特点，这就要求教师要以兴趣、需要、能力、经验为中介来组织和实施课堂教

① 张锐，万里.教师口语训练手册.北京：北京师范大学出版社，1994：9.

学活动。形象生动、恰如其分的教师语言，可以使整个课堂教学的氛围精彩纷呈，也可以使知识的讲解深入浅出，易于学生理解和接受，从而有助于教学质量的提高。

2. 具有较强的说服力，提高教育质量

对小学生进行基本道德行为规范、公民道德与政治品质、世界观与人生观、理想等方面的教育，是小学德育的主要内容。小学生正处于人格的形成发展时期，心理比较敏感脆弱。在教育学生时，冷嘲热讽，使用语言暴力，不仅达不到教育的效果，还会使学生幼小的心灵产生阴影。好的教育语言不仅能够动之以情，晓之以理，让学生心服口服，还能达到良好的教育效果。因此，小学教师运用思想教育语言的方法和技巧尤为重要。

3. 创建和谐的学习环境，融洽师生关系

师生关系是否融洽是影响学习环境的一个重要因素。教师可以通过良好的沟通和恰当的话语与学生形成融洽的师生关系，为学生创建一个和谐的学习氛围。

第二节　小学教师的语言表达与教学

小学生天性活泼好动，且注意力集中时间较短，在7~10岁时，只能集中20分钟；在10~12岁时，可以到25分钟；而12岁以后则能达到30分钟。基于小学课堂教学、小学教材和小学生的特点，如何组织教学语言是本节学习的重点。本节主要分析小学课堂教学、小学教材和小学生的特点，探讨基于这些特点对小学教师语言运用提出的语用要求。

小学教学的目标“是指教师和学生在具体的教学活动中所要达到的预期结果和标准，是教学的总要求。作为一个整体，教学目标是分层次的，是由教学总目标、学校教学目标、课程目标、单元目标和课时目标组成的具有递进关系的系统”。[①] 为了实现这一目标，小学教师在运用语言时，需要密切关注影响其实现交际意图、完成交际任务、形成话语效果等的语境因素。对于小学教学而言，这些因素主要包括课堂教学、教材、学生特点等内容。

① 特岗教师招聘考试专用教材编委会.教学专业知识·小学.北京：首都师范大学出版社，2010：81.

一、基于课堂教学的语言表达

课堂教学是教师和学生在课堂教学的形式和条件下，围绕教材的传授和学习而展开的共同活动。课堂教学主要由教师、学生、教学环境和课程内容四个要素组成。在整个小学教学工作中，课堂教学具有非常重要的作用。它引导学生自主学习，对学生的学习起到深化指导的作用，可以唤起学生对所学课程的兴趣，养成良好的学习习惯，形成严谨的治学风气。同时，课堂教学既可以对教师的教学效果进行初步的检查，还可以了解学生对讲课内容的掌握和接受情况。正确运用教师语言，有助于提高小学课堂教学的有效性。

（一）小学课堂教学的特点

义务教育阶段新课程标准的核心理念是促进“每一位学生的发展”，倡导“构建自主、开放、探究的学习方式”，让教学成为“学生、教师、文本之间的对话的过程”。这种高度重视全面发展，交往、互动和开放的教学观，让小学课堂教学充满了生机与活力，并呈现出以下特点：

1. 教学组织形式更加多元化

教学组织形式是指“教学中师生的组织方式及教学时间和空间的安排方式，是教学系统中抽象程度最高的一个因素”。[①] 新课程改革之前，小学的教学组织形式主要以班级授课为主，这样的教学组织形式在教学过程中以教师为主导，教学效率高，但也具有不容忽视的局限性。新课程改革之后，小学的教学组织形式在原来的班级授课制的基础上，在坚持集体教学的同时，对学生展开分组教学和个别教学的综合教学组织形式。这种综合教学组织形式要求教师具有较高的素质和教学组织能力，但是它可以将个别辅导、现场教学和班级授课等其他教学组织形式的优势融为一体，从而取得较好的教学效果。

2. 教学情境设计更加生活化

新课程标准指出，小学课堂教学要改变旧的教育理念，确立与新课程标准相适应的教育理念，在课堂教学过程中明确学生在教学中的主体地位，处理好学生为“主体”和教师为“主导”的关系；转变学习方式，培养学生在学习中的自主学习能力并提高学生的自主管理能力。因此，从学生的实际生活出发，贴近学生的生活经验，让学生的生活经验和情感体验能够在课堂教学情境中得以再现，成为当前小学课堂教学的一大特点。这不但有效激发了学生主动参与学习的欲望，而且也更加有利于学生对所学知识的理解和掌握。

---

① 潘洪建，刘华，蔡澄.课程与教学论基础.镇江：江苏大学出版社，2012.：205.

3. 教学方法更加灵活化

教学方法是指“在教学过程中教师和学生为实现教学目的，完成教学任务所采用的相互作用的手段和一整套工作方式”，[①] 包括教师教的方法和学生学的方法。但是，教学方法并不是教师教的方法和学生学的方法二者的简单相加。二者是辩证统一的，教师教的方法需要通过学生学的方法才能体现出它的作用，而学生学的方法是在教师指导下的学法。从教师教的方法来看，新课程改革之后，教师由原来的主要讲授者和知识的灌输者变成了学习的引导者。从学生学的方法来看，新课程改革之后，学生由原来的知识的被动接受者转变成学习的主体，在学习中开始自主探索学习。

（二）课堂教学对小学教师语言的要求

根据新课程标准的内容及要求，小学课堂教学呈现出一系列新的特点。这些特点对小学教师的语言运用提出了以下要求：

1. 对小学课堂教学环节语的要求

教学环节语是指在整个教学过程中针对不同的教学环节所设计和使用的不同的教学语言，包括导课语、讲解语、提问语、结课语等。

教师在设计和使用教学环节语时，一是要能创设一个良好的课堂教学情境，引起学生的注意并激发学生学习的兴趣。二是要让学生清楚地了解学习的重难点所在，激发学生思维的积极性，诱发学生学习的内驱力。三是教师所发出的指令和要求以及所讲授的内容要科学严谨、简明易懂，能让学生都清楚明白，易于接受。（拓展资源1–1　研究性学习：小学课堂教学语言艺术探析等）

2. 对小学课堂教学方式语的要求

教学方式语是指在教学活动中，为了创设不同的教学情境和达到不同的教学目标对教学效果的要求，教师需采用不同的语言形式进行表达，包括叙述、描写、议论、说明、抒情等表达方式。

小学教师在设计和使用教学方式语时，一是要根据不同的教学情境和学生的学习情况来选择最优的表达方式。二是要用鼓励和引导的语言去鼓励学生进行自主学习和探索式学习。三是要使用多样化的教学方式语，用不同的语言表达来全方位地调动学生的学习热情。

二、基于小学教材的语言表达

教材为学生学习活动提供了基本线索，是实现课程目标、实现教学的重要资

① 向玉琴.小学数学现代教学法大观.广州：广东教育出版社，1994：3.

源。范文（例）、学习的重难点、课后作业以及整个基础知识体系是构成教材的基本要素。教材为学生的学习活动提供了基本的线索和内容，是学生学习的出发点。因此，教师在进行课堂教学时，要立足于教材的内容和要求，用直观的语言来体现教材的宗旨。

（一）小学教材的特点

小学教材作为新课程改革理念的文本体现，无论在内容的选择上，还是呈现的方式上，都紧扣儿童的认知规律，贴近学生的生活经验，充分体现了“以学生为本”的发展理念，具有十分鲜明的时代气息。

1. 内容总量相应减少，知识难度适当降低

传统教材的知识点数量较多，难度值相对偏大，容易造成学生的学习负担。随着新课程标准的颁布实施，小学教材内容的设计更加贴近学生的学习兴趣和认知特点，精选出了一些必备的基础知识和基本技能；教材知识点的难度也有所调整，比如数学教材减少了对运算速度及证明技巧的训练，强调对现实问题的探究，如日常生活中的图形与空间等；语文教材降低了语法和修辞等内容的学习要求，而阅读和口语交际的内容有所增加。

2. 教材内容与时俱进，时代特征鲜明突出

教材内容的现代化，是新课程改革关注的重点之一。随着社会经济、科学技术的飞速发展，传统教材中的一些内容开始出现“过时”的问题。当前的小学教材中，一些陈旧的、作用不大的信息被适当删除，增加的是一些时代性较强的内容。比如语文教材新增了培养学生合作能力、环境保护意识等方面的内容，如苏教版的小学一年级上册《语文》中的《三个小伙伴》《小河和青草》等；新增了我国现代化建设和科学发展所取得的最新成果，如苏教版小学一年级上册《语文》中的《东方明珠》《我叫“神舟号”》等。

3. 关注儿童认知特点，密切联系生活经验

与传统教材相比，目前的小学教材从小学生的思维方式出发，除精选了一些必备的基础知识和基础技能外，还力求将日常生活情境、丰富的生活经验与教材内容融会贯通，真实再现小学生所熟悉的生活场景，从而使抽象的知识在生活场景中得以具体化、明晰化。例如，人教版小学一年级下册《数学》中关于“位置”这一知识点的内容，选取的就是教室这一场景；人教版小学一年级下册《数学》中的“100以内的加减法口算”，则是以学校生活中发新书、作业评比等场景为素材引出计算问题的。这些基于学生生活经验的教材内容，不仅有利于学生理解所学知识，还能较好地增强学生的学习兴趣。

（二）小学教材对教师语言的要求

当前的小学教材已不再是记录原理、定理、法则的权威读物，而是实现教师和学生双向交流与对话的中介；教材在版式设计上，图文并茂，引人入胜，关键性

的内容一目了然。这就要求小学教师在使用教材时，要注意以下方面的语言运用问题：

1. 对教材所使用的语言文字进行创造性地运用

对教材所使用的语言文字进行创造性地运用对教师有很高的要求，需要教师能全面、系统地掌握教材的知识体系，从而在讲解的过程中，根据教师对教材的理解和把握，对教材进行整合，从而在不同的教学环节和教学情境中使用不同的表达方式，达到既能立足教材和课程标准的要求又能充分彰显教师的专业水平和语言素养，使整个教学过程充满创造性。例如，人教版小学一年级上册《语文》中的《小小的船》一课，教师可以充分运用抒情的语言并配以音乐进行朗诵，帮助学生理解和欣赏课文，从而充分调动学生的想象力。

2. 对教材内容的讲解要形象直观、生动有趣

新教材在版式设计上图文并茂、贴近学生生活并充满了时代的气息。因此，教师在进行课堂教学时需要充分领会教材的内涵并理解教材的编写意图。在讲解时，要使用形象直观的语言，让学生能够清楚地了解所讲授的内容，还要能通过生动有趣的语言来调动学生的学习积极性。例如，人教版小学一年级上册《数学》第二单元的“比一比”中的“小兔盖房”，可以结合小学生固有的生活经验和学习特点，通过《三只小猪》的故事导入，并用叙述、描写和抒情的语言来帮助学生融入教学情境中。

3. 根据教材编写体例，区分不同学习阶段的语言风格

根据新课程标准和不同年龄段学生的思维方式和理解能力不同等方面的要求，在不同的学习阶段，小学生的教材内容和所要求掌握的知识也有所不同，因此，在不同的学习阶段，教师的教学语言也应该有所不同。对于一年级的小学生而言，他们刚开始系统知识的学习，因此，无论是教材内容的版式设计，还是教师的教学语言都应该充分结合一年级小学生的生活经验，在组织课堂教学时，多采用抒情和描述等活泼形象的语言形式来吸引学生的注意力。而对于高年级的小学生来说，他们已初步适应小学教学的要求且具备较为系统的基础知识，教材内容更加抽象，知识要求更加深入，因此，教师在讲解时应该结合教材内容多采用说明或者议论等富有逻辑和启发式的语言形式，培养学生的逻辑思维能力和自主学习能力。

三、基于小学生特点的语言表达

小学生是小学教育教学活动的主体，全面了解其身心特点和学习特点，对于小学教师在教学和管理过程中更好地组织课堂教学和实施教育策略，提升教育教

学效果具有十分重要的作用。

（一）小学生的特点

小学生受其年龄及智力发展等因素的限制和影响，在学习方面具有以下一些特点：

1. 注意持久性较差，容易受到周围事物的干扰

儿童在7~10岁时，注意力集中时间较短，约为20分钟；在10~12岁时，可以到25分钟；而12岁以后则能达到30分钟。从生理发展特点来看，小学生普遍活泼好动，学习时，注意力不够集中和稳定，容易出现注意力分散、自我控制意识和能力比较薄弱等问题。因此，在小学课堂教学中，教师会经常发现学生难以长时间地集中注意力去思考某个问题的情况。

2. 对新鲜事物好奇心强，记忆力好，记忆速度快

儿童阶段的生理特点决定了小学生对新鲜事物存在较强的好奇心，能够很好地记忆所学的新知识，具有学习新知识、接受新事物比较快的特点，能够很快地完成背诵或其他需要记忆的学习要求。

3. 以形象思维为主导，抽象思维较为薄弱

从小学生的身心发展状况来看，他们对事物的认识还处于表面认知的阶段，缺少对事物由外在上升到本质的认识能力和思维能力。同时，小学生对事物的认识处于具象状态，容易受到情绪、感受的影响。他们的抽象思维比较薄弱，在学习过程中，倾向于运用形象思维来理解和掌握抽象的知识。

4. 学习的目的性较弱，缺乏持久学习的内驱力

“由于小学生的神经系统发育尚未完成，大脑皮质的兴奋和抑制还不平衡，因此，他们学习活动的目的性、自觉性都较差，很容易产生疲劳。”[①] 因此，小学生往往缺乏主动学习的动机，多处于被动接受的过程，缺乏持久学习的内驱力。只有合理激发小学生的学习兴趣，让他们怀着好奇心来学习知识，才能使他们的学习活动更有成效。

（二）小学生的特点对教师语言的要求

小学生的学习不是自发独立完成的，而是在教师的引导下，以集体或个别活动的形式进行的。同时，小学生的认识能力、思想品德、身体状况等尚处于发展的过程中，这就要求教师在教学过程中，应根据小学生的特点来组织和使用语言。

1. 适时的鼓励性评价

由于小学生对教师有着较高的信任，因此教师的评价往往会对学生产生较大的影响。适时、准确的评价，能够为学生指明学习的方向，让学生明确自己的优点和不足，更好地调动学生自主学习的积极性。一般说来，在具体工作中，教师

---

① 张秀丽.自主建构的阅读教学.北京：世界图书出版公司，2010：2.

应多使用鼓励性、肯定性的评价语，避免使用侮辱性、嘲讽性的评价语，更不能出现语言暴力现象。例如：学生回答教师提问之后，教师要对其回答的内容做出及时评价。正确的回答，要给予充分的肯定；错误的回答，要给予鼓励性的引导。（拓展资源1–2 研究性学习：教师评价语与学龄儿童学习动机之间的关系探析）

2. 积极的指令性语言

由于小学生学习的自控能力比较差，经常会出现被动学习的状况。因此，小学教师在组织教学过程中，要及时发出积极的语言指令，明确告诉学生应该做什么，怎么做，话语信息要具有针对性，让学生能够以最快的速度理解教师的交际意图。例如，在人教版小学四年级上册《英语》的Unit 4中，Part B “Let’s learn”中的sunny，rainy，cloudy的学习，教师可以设计小游戏，通过明确的、积极的指令性语言，让不同的学生在游戏中承担不同的角色来帮助他们掌握和理解这些单词。

3. 儿童化的语言

小学生独特的认知特点和思维特点，决定了教师在与学生进行沟通交流时，不能使用平淡无奇的话语，而应该从满足其好奇心理出发，除了要创设与他们生活经验相关的情境之外，还要使用与他们思维方式相符的话语表达，同时配合以丰富的副语言，以便让学生能够很好地接受教师传递的话语信息，增强教师语言表达的亲和力和感染力。例如，在小学体育课中，教师可以用比喻等方式进行讲解，在讲立定跳远的动作时，可以让学生想象自己像一只小白兔一样跳起来，然后再像棉花糖一样轻轻落地，最后像小矮人一样蹲下。这样贴近儿童生活经验的语言能够帮助学生形成生动具体的动作形象。

第三节 小学教师的语言表达与教育

充满艺术性的教育沟通语言能够对小学生成长产生深远的影响，能帮助小学生更好地认识和改正自己的错误，更加健康地成长。小学教育对教师语言有怎样的要求，小学教师的教育语言与教学语言有什么区别，是本节的关键内容。本节主要介绍小学教育的内容、特点以及基于这些特点对小学教师语言提出的要求，分析小学教师教育语言和教学语言的区别。

对于小学生来说，良好的教育活动不但能促进其成长过程中身心的健康发展，而且还能巩固其大脑中知识框架体系的构建，为今后接受更高层次的教育提供保障。小学教师在开展教育工作时，恰当、得体的职业语言，能够确保交际双方达成话语信息和言语行为的共识，从而顺利实现教师的交际意图。

一、小学教育的内容和特点

小学教育活动有狭义和广义之分。狭义的小学教育活动是指小学教师根据培养目标对小学生所进行的思想品德、理想情操、言行举止等方面的管理工作。广义的小学教育活动，除了包括狭义的教育活动的内容之外，还包括小学教师在接触领导和同事、联络家长和社区、组织座谈调研、进行家庭访问等所形成的各领域工作。本节重点讨论狭义的小学教育活动。（拓展资源1-3　研究性学习：小学教师与家长沟通的语言艺术探析）

（一）小学教育的内容

小学教育的内容是由特定的教育对象本身所拥有的特点决定的。小学生特殊的生理、心理、智力发展等因素决定了小学教育的内容以富有特定内涵的沟通、说服、表扬、批评而区别于其他学段的教育。

1. 沟通

教师作为教育者，其与学生的沟通方式会对学生的成长产生深远的影响，而小学时期正是一个人价值观、人生观的形成的关键时期，“小学教师的沟通方式、沟通语言、沟通表情，对小学生的心灵成长、人格健康、人生观形成等均会产生深刻的影响。”[①] 但是，小学生自控能力较差，容易犯“错误”，因此在对学生进行教育谈话时，在尊重学生人格的基础上，需要用温馨和充满关爱的语言与学生沟通，同时注意无声语言的辅助作用，让学生感受到教师的关爱，进而接受教师的教育和管理。教师在与学生沟通的过程中，切忌不顾学生的心理感受和尊严一味地指责和惩罚学生，这样会对学生的成长产生不良的影响，不利于儿童的健康发展。

［案例1–1］

校园的花房里开出了一朵最大的玫瑰花，全校的同学都非常惊讶，每天都有许多同学来观赏，那天早晨，苏霍姆林斯基在校园散步，看见幼儿园的一个4岁女孩在花房里摘下了那朵玫瑰花，抓在手中，从容地往外走。

---

① 蒋楠.公共沟通艺术 好好说话的34个原则.北京：中国传媒大学出版社，2011：86.

苏霍姆林斯基很想知道这个小女孩为什么要摘花。他弯下腰，亲切地问："孩子，你摘这朵花是送给谁的？能告诉我吗？"

小女孩害羞地说："奶奶病得很重，我告诉她学校里有这样一朵大玫瑰花，奶奶有点不信，我现在摘下来给她看，看过我就把花送回来。"

听了孩子天真的回答，苏霍姆林斯基的心颤动了。他牵着小女孩，从花房里又摘下两朵大玫瑰花，对孩子说："这一朵是奖给你的，你是一个懂得爱的孩子；这一朵是送给你妈妈的，感谢她养育了你这样好的孩子。"①

上述案例告诉我们：了解孩子实施行为的原因，是进行教育的前提，是与孩子进行良好沟通的重要保证。同时，使用充满关爱的语言与学生沟通，可以使我们的教育变得更美好、更有效。（拓展资源1–4　研究性学习：小学教师日常沟通性话语对和谐师生关系建构的影响性研究）

2. 说服

说服是教育中最基本、使用最多的一种形式。"说服教育既是学校德育工作应遵循的基本原则，又是启发、引导学生心悦诚服地接受或改变思想与行为的一种基本的德育方法。"② 教师在进行说服时，所使用的语言应具有鲜明的教育特点。除了给学生尊重和理解以及说服的方式和语言要因人而异外，还要语词恳切，言之有物，言之成理。同时可以适当引用一些名言警句，做到旁征博引，使语言通俗生动，寓情于理，幽默风趣。

［案例1–2］

在学校升国旗仪式上，有学生在队伍里嬉笑打闹，被值勤的教师扣了5分，班主任知道以后，没有简单地对这几个同学进行训斥，而是在班里讲了两件事：一是，一个夏日炎炎的中午，一个老爷爷蹲在地上捡一枚掉在土里的硬币。一个年轻人见到后嘲笑道："大爷，不就是一分钱吗？要这样吗？"老爷爷抬起头来，擦了擦汗，说了一句话。同学们猜猜老爷爷说了一句什么话？有的学生猜"一分钱也是钱啊"，有的猜"要懂得勤俭节约啊"。其实，老爷爷说的是："这一分钱的硬币上有我们国家的国徽啊！"二是，大家一定都好奇，美国这样的国家会不会进行爱国教育或者举行升旗仪式呢？其实，凡是美国公民看到自己国家的国旗正在冉冉升起，都会驻足下来行注目礼，这种情景令很多外国人都会随之肃然起敬。最后，班主任问大家："爱国是不是一句空话？如果不是，那我们小学生能做些什么呢？"在以后的升旗仪式上，这个班的同学再也没有出现过不尊重国旗的行为。

① 千智莲.别辜负永不凋谢的玫瑰.北京：西苑出版社，2009：146.

② 陈安福，曾欣然.小学德育工作心理.成都：四川教育出版社，1991：93.

案例中的教师通过讲故事的方式，启发学生自己去思考，最后让学生从内心认识到自己的错误，从而达到了很好的说服教育的目的。（拓展资源1–5　情景训练：根据下面给出的情景，对教师话语进行思考和表达）

3. 表扬

表扬是一种为强化学生优良品行而进行的肯定性评价。在学校的教育过程中，对有先进思想、模范行为或者有进步、需要肯定的学生进行表扬，是一种常用的教育手段。准确、恰当的表扬语言能使学生产生积极向上的动力。而流于形式的毫无针对性的表扬则会失去鼓励的意义。因此，教师在进行表扬时，语言要恰如其分，语意真诚，实事求是。在对有突出表现的学生进行表扬时，教师不应该一律地说“好，很好”之类的话，而应该有针对性地说出学生需要表扬的具体行为和值得表扬的具体原因。例如，下课期间，小明主动去擦黑板并把地上的垃圾捡到垃圾筒里，李老师看到了就说：“小明，今天真乖。”这样的表扬语，让大家和小明都不能具体地了解“乖”的意思。如果王老师说：“小明下课以后能帮助老师擦黑板，还将地上的垃圾捡到垃圾筒里，这种尊敬老师、助人为乐、讲卫生的行为值得我们给他鼓掌，值得我们向他学习。”这样准确、恰当、有针对性的表扬，不仅说清了小明受表扬的原因是尊敬老师、助人为乐、讲究卫生等，让小明本人意识到自己的优点所在，而且也使其他学生认识到哪些品行是值得大家肯定和学习的。（拓展资源1–6　观察与思考：请针对小学教师课堂流行语“你真棒”，进行表扬语运用的思考）

4. 批评

批评是教育活动中常用的一种教育形式。在进行批评教育时，教师要明确指出学生个体或群体存在的错误是什么，会造成什么样的危害，进而要求学生进行改正。在批评教育的过程中，存在部分教师漠视学生的自尊心，用侮辱性的语言讽刺和辱骂学生，给学生造成很深的心理伤害，严重影响学生健康成长的现象。针对这些现象，要求教师在进行批评教育时，既要注意方法，又要注意批评用语。在进行批评时首先要做到尊重学生的人格，维护学生的自尊，弄清事实，打消学生的抵触心理。切忌因为一时生气冲动就使用“你真笨”“你是猪啊”这样具有侮辱性的话语。其次，在进行批评时，要语气委婉，可以用暗示的语言讲明学生的错误所在，帮助他改正错误。

[案例1–3]

陶行知先生当校长的时候，有一天看到一位男生用砖头砸同学，便将其制止并叫他到校长办公室去。当陶校长回到办公室时，男孩已经等在那里了。陶行知掏出一颗糖给这位同学：“这是奖励你的，因为你比我先到办公室。”接着他又掏出一颗糖说：“这也是给你的，我不让你打同学，你立即住手了，说明你尊重我。”男孩将信将疑地接过第二颗糖，陶先生又说道：“据我了解，你打同学是因为他欺负女生，说明你很有正义感，我再奖励你一颗糖。”这时，男孩感动得哭了，说：“校长，我错了，同学再不对，我也不能采取这种方式。”陶先生于是又掏出一颗糖：“你已认错了，我再奖励你一块。我的糖发完了，我们的谈话也结束了。”①

以上案例中，陶行知先生并没有直接指出男孩的问题所在，更没有使用严厉的话语对其进行批评，而是用温和、坦诚的语言了解到事情的缘由，让学生自己去反思和认识自己的错误所在，以及自己的不良行为所带来的危害，继而准确改正自己的行为。这样的批评教育无疑是具有良好的效果的。（拓展资源1–7　情景训练：根据下面给出的情景，对教师话语进行思考和表达）

（二）小学教育的特点

教育特点呈现的是教育对象的个性化、具体化和差异化。小学教育特点的形成取决于被教育主体的个性特点以及符合这一主体特征的教育方式。

1. 民主性

义务教育阶段新课程标准要求“以学生为本”，充分体现了学生在教学活动中的主体地位，也很好地诠释了小学教育民主性的特点。民主教育是体现平等的教育，教育的民主性充分体现了教师需在理解学生的基础上给予学生尊重和关爱。教育的民主性要求教师在教育的过程中，能够持有师生平等的理念与学生对话，爱护学生的自尊心。对学习好的学生要能看到他身上的不足，对于学习一般的学生要能激发他学习的动力，对于成绩差的学生要能发现他的优点，帮助他进步。真正做到以平等的眼光来看待每一个学生。

2. 针对性

针对性是指在小学教育中，针对学生的个体差异和不同年龄段的学生，教育方式也应有所不同。在对学生进行教育的过程中，学生的性格不同，所采用的教育方式及语言运用也不同。针对小学生的认知规律、心理特点以及学习特点进行教育，针对学生的兴趣点所在进行引导，这样的教育更能够取得事半功倍的效果。比如在对低年级的小学生进行教育时，可以用讲故事或者比喻等儿童化的语言让他们明白自己错在哪里，而对高年级的学生进行批评教育则可以侧重从理性思维上去引导学生分析和发现自己的错误。

3. 艺术性

教育工作就是一门充满艺术的工作，艺术性既是教育方法的艺术，也是教育语言的艺术。尤其是在小学教育阶段，小学生的心理认知能力处于初级发展阶段，活泼生动的教学形式，形象幽默的教育语言能便于学生理解和认知。教师通

---

① 程法龙. 教有妙招 中小学教师育人技巧150例. 北京：北京工业大学出版社，2009：171.

过表情、语言等发挥教育的感染力，激发学生积极的情感，产生愉快的体验。可以说，教育的艺术性贯穿于教育的每个环节中。

二、小学教育对教师语言的要求

小学教育的内容和特点，决定了小学教师的语言运用要求。

（一）有的放矢，针对性强

小学教师的工作对象主要是小学生，而根据小学生的特点，教师在教育过程中，要注意结合学生的实际，做到因人而异，有的放矢，这样才能事半功倍，取得良好的教育效果。针对不同的事、不同的教育对象、交际场合以及教育时机，选择合适的表达内容和表达方式。例如，敏感的学生如果犯了错误，在批评教育时，应使用婉转的语言，点到为止，切不可当众责骂。同时，对学生进行教育并不是在任何时间、任何地点都可以进行的，需要根据情况适时调控。当批评教育的内容涉及个人隐私或者会伤害学生的自尊心时，应避开公众场合，采取个别谈话的方式。

［案例1-4］ 捧起一颗摔碎在地上的自尊心①

一位六年级的女生，成绩平平，为了能在期末考试时一鸣惊人，让老师同学对自己刮目相看，她想事先得到一张试卷，便在放学后打开办公室窗户跳进去找试卷。

一位老师听到声音后，在敲不开办公室门的情况下，也从窗户爬了进去拉亮了灯。女孩用双手紧紧地把脸藏起来，顽强地守护着自己最后一点可怜的自尊。这位老师没有拉下她的手，而是问她："小姑娘，你是在这学校念书吗？"女孩点了点头。"你不要露出你的脸，也不要说话。你回答我的问题只点头或摇头就行。你来这儿，是要找你想要的东西吗？"女孩点点头。"这东西属于你吗？"女孩摇摇头。"不属于我们的东西，不管它的价值如何，我们都不应该拿，对不对？"女孩又点了点头。"记住我的话，你走吧，小姑娘。明天你来上学的时候，依然是个天真可爱的孩子。"

许多年过去了，那个女孩如今回到母校为人师表了。每当她想起当年把她那一不小心摔碎在地上的自尊心轻轻捧起、抚平，然后又温柔地交给她的那位老师时，女孩总是一如既往地被感动着。

---

① 傅道春．教学优秀案例分析：教师行为研究．北京：教育科学出版社，2001：41，42.

上述案例中，教师以引导者、关爱者的身份给一时糊涂犯错的小女孩提供帮助，通过轻柔的语言沟通，让小女孩认识到自己的错误，并小心翼翼地保护了小女孩敏感而脆弱的心，维护了她的自尊。（拓展资源1–8 研究性学习：小学教师教育口语水平提高的“瓶颈”探究）

（二）以情感人，以理服人

小学教师在运用教育语言时，既要能够唤起学生深刻的理性思考，又要能够给予学生强烈的情感体验。因此，教师在与学生交流思想感情时，要让自己的话语充满关爱之情，以便学生在心理上能够接受教师的教育。在进行教育谈话时，教师要注意有理有据，以理服人；遇到学生犯了错误，要对学生摆事实、讲道理，让学生明白自己错在哪里，以后该怎样改正。

［案例1–5］

著名教育家孙敬修见几个孩子在折树枝，便凑过去，装出听什么的样子。孩子们好奇地问爷爷在听什么，他说是在听小树苗哭泣。“小树苗也会哭吗？”“是呀！你们折了它，它当然要哭。它说，将来长大要为大家作贡献呢，请你们不要伤害它们。”孩子们听了，羞愧得脸红了。后来，他们自动组织起了护林小组。[①]

以上案例中，孙敬修先生使用“童真”式的语言与孩子们进行对话，以形象、有趣的语言巧妙地与孩子完成了感情的交流，让孩子通过换位思考认识到了自己的错误。这种以情感人、以理服人的教育语言，能够在启发学生认识错误的基础上，使其积极改正错误。

（三）控制情绪，切忌语言暴力

语言暴力在小学教学教育中时有发生，而这种现象往往会对小学生幼小的心灵，乃至人格尊严造成不同程度的伤害。教师在工作中，难免会遇到惹是生非的学生，或者学生做了令人特别生气甚至是无法忍受的事情。在这种情况下，教师一定要注意控制自己的情绪，不能使用不文明语言，更不能使用贬损性、羞辱性和讽刺挖苦性的语言。对比下面两则例子：

［例1］

张老师：李果，你站起来！

（李果站起来。）

张老师：你在干吗？

（李果不语。）

① 胡代勇.小学生批评教育艺术谈.科学咨询（教育科研），2008（24）：1.

张老师：你上课不好好听讲，在做什么？

李果：画画。

张老师：你把语文课当做美术课啊，画得那么难看，你还以为你将来能成为大画家啊？（全班笑。）

张老师：你出来，站到讲台上去！

（李果一脸沮丧地走到讲台边上。）

张老师：好了，我们继续讲课。

［例2］

杨老师：李果，小家伙，你在干吗？

李果：老师，画画。

杨老师：画什么呢？

李果：杨老师，我在画未来的世界呢！

杨老师：是吗，让我们大家一起来欣赏一下你画的未来世界吧。

李果：我还没完成呢。

杨老师：那需要多长时间啊？

李果：我也不知道，要好几天吧。

杨老师：好的，李果，要描绘未来世界，需要花大量的时间，你放学回家后再画怎么样？你真是一个喜欢绘画的好孩子。现在收好你的画笔和作品吧，我们一起来学习语文课文好吗？

李果：好的，老师！

杨老师：来，大家一起跟我读课文。

小学生能够集中注意力的时间较短，上课开小差的情况比较普遍，但是例1中张老师讽刺的语言和惩罚性地让学生罚站，使学生游离于他的群体之外，并不能收到很好的教育效果。而例2中杨老师面对上课开小差的学生，较好地控制住自己的情绪，并从学生的角度出发，提出合理的建议。这样的方式，既不会伤害学生的自尊心，也容易得到学生的认同，能够成功地把学生引导回课堂学习中。

三、小学教师教育语言与教学语言的区别

对于小学教师来说，教育语言是指用于对小学生进行思想品德教育的教师语言，教学语言是指用于对小学生进行专业知识教学的教师语言。二者都属于教师语言，其区别主要表现在以下几个方面：

（一）使用语境不同

从使用语言的具体环境来看，教学语言用于课堂教学中，教育语言一般用在课堂之外的教育活动中。但是在教学的过程中，由于小学生自控能力不够强，犯错在所难免。因此，在课堂教学中，也会需要对学生进行教育。教育语言和教学语言的运用都需要符合不同语境特点的要求。

（二）功能及类型不同

按照教师语言在使用过程中的不同作用和不同方式，小学教师的教学语言可分为导课语、讲解语、提问语、结课语、评价语等类型，满足教师完成课堂教学工作任务的需求。小学教师的教育语言则可分为沟通语、说服语、表扬语、批评语等类型，适应教师对小学生进行思想品德教育的交际需求。教学语言是为课堂教学服务的，主要用于讲解和传授知识，需要结合教材及课程标准的要求来进行，其类型是配合课堂教学不同环节的需求而形成的。教育语言主要用于学生的思想品德教育工作，帮助学生健康成长，是针对不同的思想品德教育问题和需要而形成的。

（三）语言风格不同

教师的语言风格是教师在教育和教学的过程中运用语言表达手段所形成的各种特点的综合表现。根据教学整体的目标要求，教学语言风格应具有科学性、启发性和规范性。教师在进行系统知识讲解时，需要使用科学和规范化的教学语言来对相关知识的概念或定义进行表述，同时还需要用启发性的语言进行举例和论证，以此来引导学生思考和主动学习。而教育语言的运用多是针对学生思想品德修养的形成进行的教育，教师教育语言所使用的语言环境则直接决定了教育语言风格应具有情感性、理据性和诱导性。因为学生做错事的时候，教师既要站在和学生平等的角度用真挚而充满情感的语言与学生对话，让学生放下抵触情绪，又要在了解事情真相的同时，使用有理有据的语言点明学生具体所犯的错误，让学生认识到自己的错误并能及时加以改正。

（四）表达手段不同

语言作为教师最基本也是最重要的表达手段，根据课堂教学和学生思想教育所处的语境和所要达到的目的不同，使用的具体语言表达手段也有所不同。在课堂教学过程中，教师要根据课程内容的安排来选择叙述、描写、议论、说明、抒情等语言表达手段。例如，在体育课上，教师使用描写性语言表达手段，能够让学生明白正确动作的要领；在讲解数学公式时，教师使用说明性语言表达手段，能够让学生明确公式的具体作用和使用方法；在语文课上，教师可以用抒情性语言来朗诵诗歌或散文，让学生通过语言感情色彩的变化来体会文章的思想情感。在课堂教学、日常教育中的各个评价环节，教育语言则主要是通过沟通、说服、表扬或批评等表达手段来呈现。

【本章小结】

本章对教师语言和小学教师语言进行了分析。根据不同的标准，教师语言可以分为不同的类型。根据教师语言的功能范围，教师语言可以分为课堂教学语言、思想教育语言和工作交际语言三种类型。根据教师语言的传播媒介，可以分为有声语言和无声语言两种类型。从教师语言的基本要求来看，在使用课堂教学语言时应准确生动，提问应富有引导性。在进行思想教育时，语义要明确精要，多加启迪和鼓励；要情感真挚，批评婉转，避免语言暴力。在使用工作交际语言时要保证话语信息充足，真实可信；要从受话人的角度出发，多使用温暖热情的话语；表达要贴切，中心明确，条理清晰；还要适时调整话语交际角色的定位。小学教师语言在语音、词汇、语法和辞格方面既具有教师语言的一般特点，又具有自身独特的特点。

本章分析了小学课堂教学、小学教材和小学生的特点以及这些特点对小学教师语言的要求。小学课堂教学具有教学组织形式更加多元化、教学情境设计更加生活化、教学方法更加灵活化的特点。小学课堂教学的特点对小学教学环节语、教学方式语都提出了要求。内容总量相应减少，知识难度适当降低；教材内容与时俱进，时代特征鲜明突出和关注儿童认知特点，密切联系生活经验这些小学教材的新特点要求小学教师在使用教材时，对教材所使用的语言文字要进行创造性地运用；对教材内容的讲解要形象直观、生动有趣；根据教材编写体例，区分不同学习阶段的语言风格。小学生在学习方面具有注意持久性差，容易受到周围事物的干扰；对新鲜事物好奇心强，记忆力好，记忆速度快；以形象思维为主导，抽象思维较为薄弱；学习的目的性较弱，缺乏持久学习的内驱力等特点，小学教师语言应符合以下要求：适时的鼓励性评价、积极的指令性语言、儿童化的语言。

本章分析了小学教育的内容、特点以及对教师语言的要求和小学教师的教育语言与教学语言的区别。小学生特殊的生理、心理、智力发展等因素决定了小学教育的内容以富有特定内涵的沟通、说服、表扬、批评区别于其他学段的教育。小学教育的特点是民主性、针对性和艺术性。小学教育的内容和特点要求小学教师的语言要有的放矢，针对性强；以情感人，以理服人；克制情绪，切忌语言暴力。小学教师的教育语言和教学语言在使用语境、功能及类型、语言风格和表达手段方面等方面都存在不同的特点。

【理解·反思·探究】

1. 教师语言有哪些类型？
2. 小学教师语言具有哪些特点？小学教师语言在教学中有怎样的作用？
3. 小学课堂教学具有怎样的特点？小学课堂教学对小学教师语言有哪些要求？
4. 小学教材有哪些特点？小学教材对教师语言有怎样的要求？
5. 小学生的特点对教师语言有怎样的要求？
6. 小学教育的内容和特点有哪些？小学教育对教师语言有怎样的要求？

7. 小学教师的教育语言与教学语言有哪些区别?

8. 小学教师语言暴力会对学生造成怎样的影响?

【做中学】

1. 5位同学组成一个小组，到小学进行不同科目的课堂观摩活动，观察和剖析不同科目教师语言的特点。

2. 分组观看小学教师授课录像，分析和总结无声语言在小学教师课堂教学活动中的地位和作用。

3. 8位同学组成一个小组，对本地小学的学生进行调查和访谈，了解小学生对教师语言使用的诉求。

4. 8位同学组成一个小组，对本地小学的教师进行调查和访谈，了解小学教师对教师语言暴力现象的观点和看法。

第二章 小学课堂教学环节语

要点提示

小学课堂教学大致包括导课、讲解、提问、结课等几个基本环节。本章将介绍小学课堂教学环节语的性质、特点及运用原则，对各个环节语的构建及运用进行探讨。让学生了解新课程标准对小学教师课堂教学环节语运用提出的要求，进而让学生明确实际教学中应该如何更好地构建和运用课堂教学环节语。

学习目标

知识目标：

- 掌握小学课堂教学环节语的性质、特点及运用原则；通过训练，能够正确地构建和使用导课语、讲解语、提问语和结课语。

能力目标：

- 能根据不同课程的特点及性质构建和运用小学课堂教学环节语
- 能根据不同教学对象的特点构建和应用课堂教学环节语。

课堂教学语言是教师语言的重要组成部分，是为了达到预期的效果，围绕明确的教学目标、教学对象，依据特定的教材而使用的教师用语。小学课堂教学语言是教师以小学生为教学对象，以小学课程教学目标、要求为宗旨，以小学课堂为语境实施言语行为所使用的语言。这里所说的“语言”是由两个相互依存的部分组成的：一个部分是话语内容，也就是教师表达的与教学有关的思想内容或知识内容，属于话语的深层结构；另一个部分是话语形式，也就是教师借以表达思想和知识的形式，属于话语的表层结构。话语内容和话语形式相互依存、密不可分，共同构成了小学课堂教学中的“语言”。

第一节 小学课堂教学环节语的性质与特点

“小学课堂教学”这一特殊的话语交际活动是在特定的语境中，由特定的话语交际对象根据特定的交际目的共同完成的。这是研究小学课堂教学环节语性质及特点的基础。本节立足于小学课堂教学语境，依据小学生的特点，分析小学课堂教学环节语的性质及特点，进而阐述这些性质及特点对教师语言的要求。

小学课堂教学大致可以分为导课、讲解、结课三个基本环节，还有贯穿课堂教学的一个环节是提问。导课是课堂教学的第一个环节，是对一节课学习内容的一个初始印象，相比后面的学习阶段更容易引起学生的关注和兴趣；讲解是课堂教学中最主要的环节，它关系到教学目标的达成和知识传输的效果；结课是课堂教学过程的最后一个阶段，起到归纳总结和强调、启发的作用。提问是教学环节转换承接、学生学习检测以及学生自我展示的途径之一，如何问、问什么、什么时候问都将对教学产生影响。基于小学课堂教学流程中涉及的几个主要环节，小学课堂教学环节语由导课语、讲解语、提问语和结课语四种用于不同教学环节的教学语言构成。

一、小学课堂教学环节语的性质

小学课堂教学环节语具有共性和个性两个方面的特征。其共性特征是由于小学课堂教学环节语属于教师职业语言的范畴，必然带有教师职业语言的共有特性；其个性特征是由于小学课堂教学环节语是专门用于小学课堂教学，为完成特定的教学任务和实施教学行为所使用的语言，是一种特殊的言语行为，必然具有其特定的言语个性。

（一）小学课堂教学环节语属于教师职业语言，它具有所有课堂教学语言的共性

就课堂教学语言而言，一方面，使用的都是现代汉民族共同语“普通话”，以北京语音为标准音，以北方话为基础方言，以典范的现代白话文著作为语法规范。普通话是教师的工作语言，在整个教学工作中起着重要的作用。它既是实施规范教学的要求，也是教师给小学生学习祖国语言文字的重要示范。另一方面，课堂教学语言属于口语范畴，是一种特殊的职业口语。口语既指人们运用有声语言传递信息、交流感情的言语行为，即说话；也指这种言语行为最终的成果，即话语。口语以语音为物质外壳，使用起来方便、快捷、经济、有效，以通俗自然、简洁生动为风格特点。根据口语适用的活动范围和社会领域，口语通常可以分为一般口语和职业口语两种。一般口语适用于日常生活领域，常见于非正式场合，如聊天、商量事情、打电话、讨价还价、打招呼等。职业口语是为了适应特定行业或职业的交际需要而形成的一种语言变体。教学口语是教师用于课堂教学的职业口语。它是教师在课堂上根据教学任务，针对特定的教学对象，以教材为依据，按照一定的教学规律和方法，在有限的时间内，为了达到某种预期的效果所使用的语言。教学口语，因其特殊的职业特性而区别于一般的口语。与一般的口语相比，它更加规范、典雅而富有逻辑性，具有书面语准确、严密、雅致的特点，而少了一般口语的随意和松散。它具有示范性、规范性、有效性和被约束性的特点。

（二）小学课堂教学环节语是一种特殊的口语

小学课堂教学环节语的特殊性是由其特定的交际对象、交际动机、交际方式和交际目的决定的。这些交际因素的不同决定了小学课堂教学环节语是一种具有独特个性的教师工作语言。口语交际的过程大致可以分为五个阶段：第一阶段是编码阶段。人类的口语交际是由客观现实在头脑中所引起的思想感情反应而产生的。如果发话人由于客观现实在头脑中形成反应，产生了某种思想、愿望、意志和感情，这就表明发话人有了口语交际的动机和意图。于是，发话人就会把这些思想感情通过恰当的语言符号和结构规则表述出来。编码活动结束后，发话人就需要通过各种发音器官，以语音的形式把话语发送给受话人。第二阶段是发送阶段。在这个阶段，语言编码最终得到完善，并由此转向第三阶段“传送阶段”，即以空气为媒介向受话人传递话语。第四阶段是接收阶段，即受话人借助听觉器官的生理活动，开始接收发话人发出的话语信息。第五阶段是解码阶段，受话人启动大脑的听觉语言中枢，对话语信息进行分解合成，并力图把它“还原”为发话人所说的话。在这五个阶段中，编码阶段和发送阶段属于发话人一方，传送阶段属于发话人和受话人之间，传送方向是双向的。接收阶段和解码阶段，既属于

发话人，也属于受话人。受话人得到的是新信息，发话人得到的是自己话语信息的反馈。当发话人发现信息有误时，便会重新编码和发送。受话人经过接收和解码，如果认为有必要做出反应，就会开始新的编码和发送，由受话人转为发话人。口语交际就是这样在五个阶段间不断反复。小学课堂教学环节语的运用就是在小学课堂教学这样一个特定的语境中，教师为了向学生传输知识、表达思想和情感所实施的一种口语交际行为。这样一种特殊的口语交际活动，其五个阶段所表现出来的特性如下：

（1）编码内容的规定性。小学课堂教学环节语实施着不同的教学内容，完成着不同的教学任务。其内容和方式都是由义务教育阶段课程标准所规定的教学内容、教学目标以及特定的教学对象决定的。因此，小学课堂教学环节语的编码者的言语动机和意图具有很强的规定性和一致性。语用者必须依据这些规定进行话语构建，实施言语行为，而不能像其他的日常话语表达，可以随意选择编码内容和更换交流主题。

（2）传递方式的选择性。话语信息传递的方式是多样的，不同的传递方式会产生不同的表达效果。特别是小学课堂教学，因其特殊的交际目的，更加强调表达方式的选择。选择什么样的话语表达方式，是使课堂教学语言具有可接受性和有效性的关键要素之一，而课堂教学语言传递方式选择的依据又是以不同的教学对象为标准的。在小学课堂教学中，教师就要力求用生动而形象的话语表达方式进行讲解。如为了区分“王”字和“玉”字，教师说：“王奶奶一颗牙都没有了，而玉奶奶还剩一颗牙，大家千万别把玉奶奶的唯一一颗牙都拔掉了，那玉奶奶可就变成王奶奶了。”另外，小学课堂教学语言传递方式的选择性还表现在教师对课堂场景的充分利用方面。选择和利用课堂场景进行话语表达是优秀教师构建课堂教学语言的重要意识和手段。由于受到教案语言的影响，许多教师的教学语言带有明显的书面痕迹。过多地注重用词与修饰，甚至连语气也像是“念”而不是“讲”。这不仅会使学生感到生硬，时间长了也容易疲倦。课堂教学中的教师应该像一个现场的主持人，要能够根据情况的变化使用现场语言。例如，对学生回答问题的评价、分析、引导、总结等都不可能事先在教案中准备好、设计好，这些就需要教师使用现场语言而不是教案语言。有的教师备课时把所有要讲的话都按部就班一一写在讲稿上，这并不可取。因为没有了现场语言，就缺少了对学生的关注，课堂就缺少了真正的互动。因此，现场语言的运用是衡量一个教师语言素养水平的重要标志。

（3）话语表达的有效性。小学课堂教学环节语话语表达的有效性体现在两个方面：一方面，课堂教学口语不能像日常交际口语那样，在传达言语信息的同时附带着许多无效信息，否则将影响讲课的效果和教学任务的完成。影响课堂教学口语有效性的表现主要有两点：一是教师在讲课过程中，口语表达带有明显的习惯口头语，也就是我们常说的“话把儿”，如大量的“嗯”“啊”“也就是说”“对吧”等口头语，这些口头语不仅会让学生厌烦，也会严重影响教师话语表达的流畅性。小学生正处于语言学习的初级阶段，教师的语言无形中是一种强有力的示范和榜样，将对孩子们今后的语言表达产生巨大的影响。二是话语表达不准确或是话语主旨不明晰。有的教师在课堂上随意发挥、天马行空，一节课下来，不知道讲解了什么知识，解决了什么问题，完成了什么教学任务。教师的教学口语必须以为学生提供他们未知的、欲知的、需知的信息为准则，尽量减少不必要的附加信息和冗余信息。另一方面，课堂教学口语的有效性是指教师的言语要能够影响学生的情绪和精神状态，改变学生的思想和引起学生的积极行为。要充分体现这一特性，就要求教师的课堂教学语言要具有情感性和艺术性。语言的情感性来源于教师内心丰富的感情活动。这其中，有对学生真挚的爱，有对教育事业执著的追求，有对所从事职业强烈的责任感。言为心声，语言的情感性是发自内心的，无法用其他手段或方法练就。因此，我们常常强调教师应具有高尚品格，教师高尚的品格会在其语言中自然而然地表露，比如对学生的信任与理解、关心与体贴、尊重与爱护、表扬与鼓励都会让学生时时感到教师的真诚，这可以成为他们学习知识的动力。同时，充满感情的批评语言也易于被学生接受，因为这样的语言会让学生感受到教师的关爱和期望。富有艺术性的教学语言能够调动学生学习的积极性和主动性。因为艺术性的语言一定是富有表现力的语言。教师要使自己的课堂教学口语富有艺术性，就要在以下方面下工夫：合理运用语音、语调，使语言抑扬有致；合理使用比喻、引用、比拟等多种修辞手法，使语言生动形象而富有美感；合理运用多种语言技巧，使语言睿智而富有个性。

二、小学课堂教学环节语的特点

小学课堂教学环节语的特点是由小学课堂教学环节语的性质决定的。前面我们说到，小学课堂教学环节语具有共性和个性两个方面的特征。因此，小学课堂教学环节语也具有共性和个性两个方面的特点。

就共性而言，课堂教学语言属于口语范畴，是一种特殊的职业口语。因此，小学课堂教学环节语首先具有口语的特点。具体表现为：

1. 时限性

口语表达的时限性，是指一句话或一段话开头后，必须词接词或句连句地说下去，中间不允许有长时间的停顿。组词成句、组句成篇、话语间的停顿，都有一定的时限。超时限的慢条斯理、字斟句酌，容易使口语表达出现语用粗糙、缺乏推敲润色或掺有杂质等问题。口语表达时限性的特点运用在课堂教学中，最为重要的就是语言节奏的把握。教学语言的节奏区别于其他口语表达的节奏，既不能太快，也不能太慢。教学语言节奏过快，属于语病中的急语，这种现象大致有两种表现：一种表现是说话时句与句之间衔接得很紧，给人的感觉是没有停顿；另一种表现是说话所用的时间并不短，但说每一句话所用的时间却偏短，多余的时间则以停顿不说来填充。太快的教学语言节奏会使表达不够清晰，从而影响学生对话语信息的接收，也容易引起学生的疲惫。教学语言节奏过慢，属于语病中的缓语，具体表现就是每句话拉得很长，其信息不断中断。话语表达或话语接受都有一个单位时间内的信息量标准，话语表达达到了这个信息量标准，就有助于受话人保持听话的心理兴奋，而缓语就是低于这个标准所导致的语病。太慢的教学语言节奏会影响教学信息量的传输，也会影响学生对话语表达的关注度。小学阶段的学生，从6岁到12岁，其对语言的接受能力是有区别的，教师应根据不同年龄阶段学生的语言接受特点合理掌控自己的语言节奏。比如，一、二、三年级学生的课堂教学语言节奏相比四、五、六年级的学生而言就要慢一些，需要教师反复强调的话语也会多一些。其目的就是在有限的时间内，最大限度地产生有效话语，产生良好的教学效果。

2. 短暂性

说话，绝大多数是一种双向交流活动，往往要求说话者迅速反应，即兴构思，语随口出，并且留给说话者发现自己话语不妥或不足的时间相当短暂。正因为如此，人们往往感到在公开场合说话比写文章要困难得多。口语表达短暂性的特点运用在课堂教学中，就是教师自身语言素养的体现。口语表达能力强是语言素养高的表现，而一个语言素养高的教师与其敏锐的思维、严密的逻辑性、丰厚的知识积淀和独特睿智的思想认知密不可分。

3. 即兴性

口语表达要求交际者即席思考、即席编码、短兵相接、现场应对。交际既要当机立断，又要随机应变，根据受话人的反应及时调整话语。这种灵活机敏的临场特点，给语用修养高、语用能力强的人以无限发挥的空间，而对语言修养一般的人来说，这种即兴性，往往会导致哑口无言或难以应对的窘迫。如果没有良好的语言应变能力，就会使信息交流和传输受阻，影响交际目的的实现。而良好的语言应变能力却能使紧张的气氛变得轻松，使窘迫的场面变得自如，使被动变为主动。

［案例2–1］

一位数学教师刚走上讲台，学生们忽然大笑起来，他莫名其妙。坐在前排的一位女生小声对他说："老师，你的扣子扣错了。"教师一看，果真，第四颗扣子扣在了第五个扣眼里。局面有些尴尬，迅即，这位教师煞有介事地对学生们说："老师想心事了，急急忙忙赶着来与你们相会。不过，这也没什么好笑的，昨天我们有的同学做习题时，运用数学公式就是这样‘张冠李戴’的。”

这位教师先是用幽默的语言为自己解了围，紧接着，又顺势把这个意外事件和学生的学习情况联系起来，借此作比，指出了学生学习中的类似错误，既显得自然，语言又形象，很快解除了尴尬的局面。[①]

4 形象性

以声达意、以声传情、亲切感人、生动形象，是口语表达的主要特征。一件事情讲起来觉得生动感人，但写出来却显得较为平淡，原因就在于口述时语音有平仄、声音有轻重、停顿有长短、语速有快慢、语调有高低和抑扬顿挫，所以听起来十分入耳。另外，运用口语进行交流，往往是近距离的、面对面的直接交流。表达者的观点能不能被对方接受，即使对方不说话，表达者也可以通过察言观色，当即得到信息反馈，从而可以及时地、不断地调整说话的内容和说话的方式，以便获得最佳的表达效果。同时，说者和听者可以互相转换，互相启发、诱导、提问、说明、补充，这种直接的双向沟通，强化了表达的形象性。

就个性而言，作为教师职业口语的小学课堂教学环节语，其特点表现为：

1. 语言表述的正确、严密和文雅

小学生处于语言学习的初级阶段，正确的语言表达对于他们的语言学习有着至关重要的作用。教会学生“正确理解和运用祖国的语言文字”是我国小学语文教育的本质和目标。这其中有两个关键词是“正确”和“祖国的语言文字”。所谓“正确”，从语言学的标准来看，主要指语言运用和理解时必须遵守语言的规则。如果连起码的语言规则都不遵守，就不可能很好地理解和运用语言。“祖国的语言文字”，主要强调的是现代汉民族共同语和汉字，它们有自己的使用规则，这些规则是语言学习的基础和重要内容。小学阶段是语言学习的基础阶段，也是对学生进行爱国主义教育的重要阶段，让小学生正确理解和使用祖国的语言文字也是爱国主义教育的主要内容之一。因此，此阶段的学习无论是对语言的理解还是运用都必须关注“正确”的问题。

小学课堂教学环节语的严密性特点是指教师在知识的讲解和传输中，为了让学生在有限的时间内能更好地理解和掌握知识点，需要在语言运用上尽可能地准确和规范。特别是一些涉及自然科学的知识讲解更要求教师语言表达的严密性。例如，数学课中，如果将“整除”与“除尽”、“数位”与“位数”、“切线”与“切线长”等混为一谈，就违背了同一律；又如有的教师讲“圆锥的体积等于圆柱体积的三分之一”时，就忽略了“同底等高”的条件；有的教师指导学生画图时说“这两条平行线画得不够平行”“这个直角没画成90°”等，就违背了矛盾律；“所有的偶数都是合数”“最小的整数就是0”之类的语言错误就在于以偏概

① 李熙宗.公关语言教程.上海：复旦大学出版社，2008：123.

全，缺乏严谨性。

小学课堂教学环节语的文雅性特点是指教师的语言应慎用烈性词，忌用粗俗语，注重词语的柔和性和文明庄重色彩；少用命令语气和祈使句，多用亲切自然的语气和委婉的表达方式。文雅的语言是教师自我素养的体现，是对学生的尊重，也是另一种潜移默化的教育。

2. 平实风格基调上的新鲜、生动

小学教师语言的风格基调是平实朴素。教学以传输知识、教育学生为目标，正确、简明地传输知识，是它基本的要求。与这种基本要求相适应，在语言的运用上，不需要追求辞藻的华丽、言辞的雕琢，而是以通俗易通的语言讲述事实，剖析事理。小学教师语言平实朴素的风格基调，并不意味着风格的单调和乏味，相反，在此基础上的生动、活泼和新鲜更体现了课堂教学语言的本质。因为唯有如此，才能将对于小学生而言深奥难懂的知识以易于他们接受和理解的方式进行传输，也才能取得良好的教学效果。

［案例2-2］

一位一年级的教师设计的“参观生字王国，寻找生字宝宝”的教学片段中的教学语言：

教师：狮子大王热情邀请我们走进它的生字王国，去认识它的字宝宝。

教师：这些生字宝宝都戴着拼音帽子，利用这些帽子，我们来认识它们吧。

学生：（借助拼音拼读）东南西北、前后左右、大小多少、男女老少。

教师：生字宝宝很淘气，摘下帽子让你瞧。（去掉拼音。）

学生试读没有汉语拼音的汉字。

教师：生字宝宝很顽皮，它们跨着大步跑，重新排队让你找。（打乱生字的排列顺序，学生积极认读生字。）[①]

以上教学片段中的教学语言充分体现了小学课堂教学语言的生动、新鲜，适合低年级小学生的接受能力和理解能力，激发了学生学习的积极性，极大地提高了教学效果。

3. 话语行为目的的有效实现

任何话语表达行为的实施都希望获得好的交际效果，达到话语表达的目的。由于实施话语行为的具体目的、任务不同，因而对话语表达目标实现的程度、好坏的衡量标准，也不尽一致。教师语言运用的目的，在于知识讲解和思想教育。因此，对教师语言运用效果的衡量，也离不开在让学生获取知识和受到教育方面所产生的作用这一根本点上。小学课堂教学话语行为目标有效实现的层次包括：

① 改编自罗明东，崔梅.教师口语技能.昆明：云南大学出版社，2007：41.

信息层次、感情层次、态度层次和行为层次。信息层次是小学课堂教学环节语运用效果的最基本层次。因为，课堂教学语言的运用，其最基本的目的就是向学生传输知识信息，解决学习上的疑惑。感情层次是指通过教师亲切、生动、感人、温暖的话语，让学生在接受知识的同时，感受到教师的鼓励、关爱和期望，从而建立起良好的师生关系，使教学、教育在平等和谐的气氛中进行。态度层次是指教师通过自己的言语行为让学生感知到自己对于事物认知的态度，从而帮助学生形成正确的价值观和对事物及社会的认知态度。行为层次是小学课堂教学环节语运用效果的最高层次。因为前面几个基础的层次最终都是为了影响学生的行为。通过知识的学习和积累，形成正确的世界观和价值观，进而指导行为的实施，是教育的最终目的。因此，小学课堂教学话语行为目标有效实现的四个层次是紧密联系、逐层递进的。（拓展资源2–1　研究性学习：小学语文教师的普通话水平、能力对学生语文学习的影响等）

第二节　小学课堂教学环节语的运用原则

教师语言属于职业语言，这一特性决定了对教师语言的运用必须遵循一定的职业规范；教师语言是针对特定的教学对象而实施的言语行为，要达成相应的交际目的，需考虑交际对象的接受特点；教师语言是讲求表达艺术的语言，不同的表达会产生迥异的教学效果。本节将从小学课堂教学环节语的构建、表达对象和话语形式三个方面探讨小学课堂教学环节语的运用原则。

课堂教学是学生获取知识的主要渠道,而教师课堂教学语言的优劣又直接影响着课堂教学质量和教学的有效性。课堂教学语言是衡量一名教师职业素养的重要指标。要具备良好的课堂教学语言素养，就必须了解课堂教学语言的特点及语用原则，熟练掌握各种课堂教学语言的运用技能，并能结合具体的教学科目、教学对象等对教学语言加以创造性地运用。小学课堂教学环节语的运用原则包括规范性原则、对象性原则和艺术性原则。

一、话语构建的规范性原则

小学课堂教学语言运用的规范性原则主要表现为教师在构建话语的时候需要

以现代汉民族共同语“普通话“所规定的语音、词汇、语法作为规范的标准。具体表现为：

（一）语音清晰标准

语音是语用者表达思想和感情的重要载体，也是人认识社会、融入社会和进行社会互动的第一媒介。小学教师在课堂上所使用的普通话语音标准与否，直接影响小学生对语言本身的学习和对知识的接受。

首先，语音标准有利于学生对标准普通话的习得。普通话是现代汉民族的共同语，学习普通话是小学阶段重要的学习内容。从多年的普通话水平测试情况看，等级测试级别较低的学生往往来自于农村、落后地区或重方言地区，这与他们从小没有一个良好的普通话学习环境和所接触的教师的普通话水平较差有直接的关系。普通话语音不好的学生进入大学后，他们的社会互动频率、表达自己和与人交谈的数量明显低于普通话语音好的学生，这个状况会对他们的性格以及今后的成长产生一定的影响。其次，语音标准有利于教师准确表达话语意义，便于学生对知识的理解和接受。普通话有21个声母、39个韵母和4个声调，不同的声韵调构成不同的字词。教师语音不标准，不仅影响意义的表达，也不利于学生对汉语拼音知识的掌握。最后，语音标准可以体现语音的美感，增强表达效果。

（二）语义准确恰当

课堂教学语言讲求表达的有效，而语义准确恰当是有效的基础。话语交际的解码是以话语构建的准确编码为前提的。汉语中有很多意义相近的词，如“女人、女性、女子、妇道人家”“战争、战役”“赡养、喂养、抚养”，等等，每一组同义词都有细微的差别。为了准确地传输知识信息，课堂教学环节语的构建要关注语义的准确性，防止出现词不达意的现象，保证学生解码的准确度。教学中，需要涉及许多科学术语的讲解，科学术语的讲解更需要语义表达的准确，否则可能影响学生对知识的理解，进而影响教学效果。

（三）语法合乎逻辑

人的思维过程都有一定的逻辑性，这也体现了思维的规律和规则。逻辑是人的一种抽象思维，是人通过概念、判断、推理、论证来理解和区分客观世界的思维过程。逻辑是通过高度抽象或概括的词语按照用法组合成句而实现的。普通话有稳定的词法和句法构成规则，教师在进行话语构建时要按照相应的语法规则进行，以保证表达的清晰有序，避免思维的混乱。另外，逻辑体现的就是理性，科学基于理性而形成。小学生要学的不仅是科学文化知识，还要获得理性的逻辑思维能力。教师在课堂教学的各个环节中运用逻辑思维的方式进行观点阐释和知识叙述，可以潜移默化地帮助学生形成理性思维，培养逻辑思维能力。

二、话语表达的对象性原则

任何话语表达都是基于特定对象的表达。强调课堂教学语言运用的对象性原则就是强调教师的课堂教学语言要适合特定的学生对象。小学课堂教学环节语的对象性原则要求教师的表达要关注小学生这一特殊对象的以下特征：

（一）感知特征

小学年龄段的学生对事物的感知是从笼统、不精确逐渐发展到能够比较精确地感知事物的各部分，并能发现事物的主要特征及事物各部分之间的相互关系。但是在感知事物的过程中，小学生的注意力不稳定、不持久，并且他们的注意力常与兴趣密切相关，没有兴趣的认知过程无法持续。另外，小学生的记忆最初仍以无意识记、具体形象识记和机械识记为主，逻辑理解识记一般要到五六年级才出现。所以，吸引小学生的注意力，是小学教师课堂教学环节语的语用要求，教师应依据小学生的年龄特征，以他们喜闻乐见的方式组织话语表达。

（二）思维特征

小学生的想象从形象、片断、模糊向抽象、完整、清晰的方向发展。低年级的小学生，想象具有模仿、简单再现和直观、具体的特点；到中高年级，他们对具体形象的依赖性会越来越小，创造想象开始发展起来。小学生的思维从以具体形象思维为主要形式逐步向以抽象逻辑思维为主要形式过渡，但他们的抽象逻辑思维在很大程度上仍是直接与感性经验相联系的，具有相当大的具体形象性。因此，针对低年级的小学生，课堂教学环节语应该以直观形象为主，而中高年级的小学生课堂则要逐步加入抽象的、逻辑思维较强的话语。

（三）需求特征

人本主义心理学家马斯洛把心理需求分为五个层次，即生理需求、安全需求、社交需求、尊重需求和自我实现需求。教师的话语表达需要重点关注小学生对获取新知识的需求、对安全感的需求和对归属感的需求。小学生好奇心和求知欲都比较强，他们希望学有所得，有对未知领域进行探索的需求，这是小学生学习的原动力。教师的话语要注意激发和保护学生的求知欲，不断培养他们学习的兴趣，在兴趣中学习并获取知识。小学生对安全感的需求表现为：积极回答问题，乐于表现自己，希望得到教师的表扬和喜欢。所以教师的适时鼓励和肯定对他们来说是莫大的认可和鼓舞，能使他们继续投入到积极的学习活动中。随着年龄的增长，到了中高年级，小学生的社会意识逐渐增强，此时，他们渴望和同学们一起参加课内外活动，害怕被团体排斥在外，班级意识增强，这就是归属感的需求。此时，教师在课堂教学中的提问以及对其表现的评价等会对他们产生较大的影响，话语表达需要明确目的、把握时机、选择方式。

总之，学生是教师话语表达的接受者，教师的话语表达必须建立在与学生的心理、生理及思维水平相吻合的基础上，才可能达到预期的话语交际目的。

三、话语形式的艺术性原则

话语形式是承载话语信息的物质外壳，对于不同的交际对象而言，形式的作用不可轻视。小学是个人系统学习科学知识的第一阶段，对个人今后的学习习惯、学习方式及学习成效具有重要的影响。课堂教学是教师开启学生心扉，引导学生开启知识之门的重要平台。教师的课堂教学语言表达能否以声引人、以理服人、以情感人，能否声情并茂、情理兼容，不仅影响学生对所学知识的理解，也会影响其审美意识和情感的形成和发展。小学课堂教学环节语话语形式的艺术性要求教师的语言表达能够通俗形象、引导思考、恰当幽默、韵律适度。

（一）通俗形象

课堂教学语言讲求朴素无华、通俗易懂，不能装腔作势、故弄玄虚，切忌用所谓华丽的辞藻装饰表达，实则空洞无物。教师必须从小学生的年龄特征、知识基础、接受能力等实际情况出发，用浅显易懂的语言来说明深刻的道理，让学生一听就知道教师话语的意思。教师要学会把课本上的书面语言转化成通俗的口头语，使之贴切自然。另外，教学语言不能平铺直叙，而应有高峰低谷、涌潮静流，这样才能使学生思维波澜起伏、回旋跌宕，满怀激情地在知识的海洋里遨游。教师可运用各种手法，借助实物、模型、图片、多媒体等直观教具，配以恰当生动的体态语言，尽可能在传授知识时，变理性为感性，变抽象为具体，使教学内容可触可摸、可见可闻，绘声绘色、多姿多彩。

（二）引导思考

教学中具有启发性的语言能点燃学生智慧的火花，提高学生的注意力、想象力、观察力，从中悟出道理，使意境得到升华，思想产生飞跃。因此，教学语言启发性的突出之点，就在于教师要善于设置疑问、激发疑问、诱导和刺激学生去探求疑问，获取新知识。设置疑问要注意把握对学生有一定的思考价值的知识点，这个知识点既不能太难，又不能太易。太难，学生高不可攀，打击自信和积极性，无法激发学生思考；太易，学生唾手可得，感到乏味，不具有挑战性。因此，教师要始终围绕启发学生思维的脉络展开，学会找到恰当的诱发点和发散点，引导学生从“山重水复”到“柳暗花明”。小学课堂教学环节语只有具有启发性，才能启动学生的思维，达到理想的学习效果。

（三）恰当幽默

幽默是一种较高的语言境界，它富有情趣，意味深长，教师使用幽默语言是为更好地完成教学任务而注入的"润滑剂"。幽默语言是智慧的闪现，幽默风趣的语言能使一堂课上得更有趣味性，更能吸引学生去掌握所学知识。小学的课堂教学中，教师要让学生在笑声中悟出哲理，在笑声中攻克难题，在笑声中发展智能。课堂教学的幽默，应和深刻的见解、新鲜的知识结伴而行，教给学生理智，在产生会心微笑的同时获得美感享受。幽默必须与严谨的科学态度相一致，既要让学生对教师的语言表达艺术发生兴趣，受到健康向上的熏陶和激励，又要让学生通过教师的语言表达，积极拓展思维，获得事半功倍的学习效果。

（四）韵律适度

课堂教学语言的韵律适度，是指教师在讲课时，其语调、语速要高低适度，快慢得当。教学语言起着直接刺激学生大脑的重要作用。如果讲课语速始终是高频率的，学生就会因为注意力高度集中而容易产生疲劳感；如果讲课语速始终是缓慢的，学生又会出现注意力不集中，产生厌倦感。因此，教师要善于利用音量、音调、音速的变化来引起学生的定向反应，始终使学生的听、看、想与教师同步，让学生的大脑皮层持续处于积极思维的状态。教师必须根据教材内容和需要来确定讲课的节奏。教师在教授具体知识的同时应当根据课堂教学环节需要，突出语言表达的词语美、声调美、韵律美，显示出鲜明的节奏感、优美的韵律感，做到抑扬顿挫、有张有弛，从容不迫，使学生听一堂课宛如在听一支和谐的交响曲，给学生一种真正的美的享受，并从中受到熏陶和教育。

总之，小学课堂教学环节语的信息传输由特定的教学目标和教学内容决定，其传输信息的语言形式以易于"小学生"这一特定的话语交际对象接受为标准进行选择和设置。（拓展资源2–2　研究性学习：真情实感在教师话语表达中的作用等）

第三节　小学课堂教学导课语

完整的课堂教学是按照既定的流程进行的，每一个教学环节也都承担着不同的教学任务和目标。课堂教学需要导入，导入除体现教学意图和教学导向外，还能吸引学生的注意力，引发思考，关系到整节课的教学效果。本节将对小学课堂教学导课语的作用及话语构建进行分析和探讨。

导课语也称导语，是一节课的开场白，是整个教学过程的起始部分。成功的导课语不仅能使整节课结构完整、浑然一体，还能强化教学效果。

一、导课语的作用

小学课堂教学常用的导入方法有谈话式导入、复习式导入、悬念式导入、提问式导入、渲染式导入等。导课语的设计无论采用什么方法，都应该具有启发性。导课语具有以下作用：

（一）引入正题

目的性是人类实践活动的根本特性之一，课堂教学是一项目的性很强的实践活动，教学有无明确的目的和学生是否明确目的是衡量教学成功与否的重要标准。导课语应该体现出教师的教学意图和教学导向，通过一段精心设计的话语，自然而然地将话题引到正题上，避免话语表达的唐突、死板和僵硬，使教学语言充满活力，充分体现教师语言的感染力和独特的审美性。

［案例2–3］

《蜘蛛》一课的导课语：

教师：同学们，在上课之前我想让大家猜个谜语：小小诸葛亮，独坐军中帐；排起八卦阵，单捉飞来将。

学生：是蜘蛛！

教师：对，就是蜘蛛。那么同学们想知道作为“小诸葛亮”的蜘蛛是如何“单捉飞来将”的吗？下面，就让我们一起走进蜘蛛的世界。

导课语不同于一般的开场白，它有一个重要的任务，就是通过一段描述、说明或陈述性的话语引出最终所要讲解的内容。以上这则导课语有很强的层次感，整个语段丝丝入扣、层层深入，每一句话都衔接得很好，引导着学生一步步进入正题，思路清晰、逻辑性强。这种导课语非常自然，没有拼凑的痕迹，较好地起到了导课语引入正题的作用。

（二）引起学生注意并唤起他们的求知欲

研究表明，如果在一节课开始时，就能以有效的方法，唤起学生注意，激起学生兴趣，使学生以良好的心态投入课堂学习，就容易产生好的教学效果。导课语的作用就是要在刚刚开始上课时吸引学生的注意力，同时激发他们的兴奋点，引起他们的兴趣。小学生天性好奇，当他们接触到新鲜事物时，往往会产生探究的欲望。教师可以利用这一特点提问设疑，运用启发式谈话引起学生兴趣，充分发挥学生的主观能动性，激发他们的求知欲。通过语言的点拨，让学生愿思、乐学。

[例1]

今天我们要学习新课，请同学们打开教材，翻到30页，听我讲解。

[例2]

在开始学习之前，大家先听我讲一个笑话：一天深夜，在一个小巷的尽头，两个人走了个对面。其中一个问另一个："这儿有警察吗？"另一个回答："没有。""那么，能不能在附近很快找到一位？""恐怕不可能。""那好吧，把你戴的手表和钱交给我！"

学生大笑时，教师又及时发问：这个笑话的结尾有什么特点？

学生：出人意料。

教师：它反映了坏人的一种什么心理？

学生：害怕警察。

教师：今天我们要讲的这篇课文也写到了警察，结尾也是出人意料的。可是主人翁苏比却一反常态，故意当着警察的面干坏事，这是为什么呢？我们一起来看看。

学生带着极大的兴趣翻阅课文。①

例1的导课语过于直接，没有给学生转换注意力的时间，特别是针对小学生的教学，这样的导课语不利于吸引学生的注意。例2的导课语从一个笑话入手，笑话本身已经起到了吸引学生注意力的作用，紧接着，教师抓住机会，很自然地将话题转移到要学习的话题上，进一步激起了学生想了解课文的强烈欲望，这样的导课语真正起到了在最佳时间段内聚集学生注意力并把他们的思路引到教学主题上来的作用。

（三）传递知识信息

课堂教学的每一个环节都是为教学、教育服务的，这就要求每一个环节使用的语言都必须承载饱满的信息量。导课语作为教学中的一个环节语，虽然只是一个开场白，同样具有传递知识信息的作用。

[案例2-4]

《雷雨》一课的导课语：

上个世纪60年代，有一位年轻的日本作家访问中国，他专程登门拜访了剧作家曹禺先生，并表达了这样的愿望："我希望日后能写出像您的《雷雨》那样的杰作。"这位日本作家是谁呢？他就是1994年诺贝尔文学奖得主——大江健三郎先生。

同学们，我们都知道，《雷雨》是曹禺在中学时期开始构思，在大学毕业

① 改编自罗明东，崔梅.教师口语技能.昆明：云南大学出版社，2007：86.

时完成的话剧处女作。那么究竟是什么原因，使得这部年轻的作品，成为大江先生眼里的“丰碑”式的巨著呢？单元知识短文告诉我们，语言、人物与戏剧冲突是构成一个剧本的三要素。其中，语言是剧本的基础，是第一要素。《雷雨》的成功，可以说首先就是语言上的成功。曹禺先生的剧作，正是以其精粹的语言，创造了无比美妙的艺术境界。下面，就让我们一道，经由一个个具体的语言场景，进入那“令人憧憬和痴迷”的艺术世界吧。①

上述导课语除了起到引导的作用外，还传递了诸多的知识信息：一是1994年的诺贝尔文学奖得主是日本的大江健三郎先生；二是大江健三郎先生非常欣赏曹禺的《雷雨》；三是《雷雨》是曹禺的话剧处女作；四是《雷雨》是曹禺在中学时代开始构思，在大学毕业时完成的；五是剧本的三要素是语言、人物和戏剧冲突，而语言是第一要素；六是《雷雨》的成功取决于其精粹的语言。

短短的一段导课语包含了如此丰富的知识信息，实属成功的范例。虽然，小学生接受知识的能力有限，小学课堂教学导课语不一定承载太多的知识信息，但利用导课语传递必要的知识信息是优秀导课语的重要构成要素。

二、导课语的构建

导课语一般都是几句话构成的小语段，其话语构建既需要关注内容的层面，也需要讲求形式的表现。具体表现在以下几个方面：

（一）短小精悍，用意明确

导课语的作用主要是引起学生注意并导入正题，因此，不需要过多、过长的话语，要尽快切入正题，让学生明白教师的意图，尽量避免话语冗长、啰唆、不得要领。

短小精悍是对导课语形式层面的要求。一方面要求教师在进行话语表达时尽量减少“嗯、啊、然后、后来、这个、那个”之类的与话题内容无关的指示词、语气词。另一方面要求教师在选词造句时尽量使用易于学生接受的词语和结构比较简单的、字数较少的短句。

用意明确是对导课语语义层面的要求。优秀的导课语在语义的构成上除了具有思维的定向性，让学生尽快围绕教学内容积极思考外，还应该包含以下几个语义内容：（1）显示所要讲述内容的要旨，即本节课所要解决的重点问题。（2）传输一定的情感基调，让学生为全身心的情感投入作出准备和酝酿。特

① 改编自罗明东，崔梅.教师口语技能.昆明：云南大学出版社，2007：69.

别是语文课的教学，这一点显得尤为重要。（3）语言风格基调以及教学方式语的确立。每一节课，因为教授内容和主题的不同，教师所选用的语言表现风格和教学方式语会有差异。通过导课语可以确立全课的基本表述风格及方式，是叙述还是抒情，是说明还是议论，是高亢还是沉郁等都会让学生有一个整体的感知和把握，使整节课的教学在一个总体模式中井然有序、有条不紊地进行。

［案例2–5］

《爬山虎的脚》一课的导课语：

许多动物都有脚，这一点，同学们都很熟悉。爬山虎可不是一种动物，它是一种植物，但是它也有脚。植物也长脚，是不是有点神奇？爬山虎的脚是什么样子？长在什么地方？它是怎样向前走的呢？这些问题都会在今天我们要学习的课文中得到答案。

以上这则导课语抓住课文重点造成悬念，激起了学生急于从课文中寻找答案的迫切心情。语句短小、紧凑，富有逻辑性和层次感。另外，短短的导课语语义内容丰富：显示了所要讲述内容的要旨和学生需要了解的关键点，即爬山虎这种植物的脚的形状、性能等；教师教授本节课的语言基调是平实的，授课方式语是说明性和叙述性的语言，这样的方式语决定了整节课的情感基调是平静、自然的。

（二）话语关联，过渡自然

导课语是整个教学环节语的一部分，话语关联是对导课语逻辑性的要求，即要求导课语要与所要导入的主题和要讲解的内容相关联，甚至与最后的结课语相关联。话语表达的关联性是教师语言运用的要旨。教师要能够自始至终清楚地知道自己要表达什么，即使中间出现干扰，也要及时调整，让思维和表达都保持在一条主线上。

过渡自然是对导课语与整节课衔接方面的要求。至上的艺术多追求自然。导课语设计也应不露斧痕、浑然天成。切忌为巧求巧、为奇追奇，以至生拉硬扯、弄巧成拙。好的导课语应紧扣教学内容，自然、贴切地过渡到新课学习，没有生硬感和拼凑感。

［案例2–6］

《和时间赛跑》的导课语：

教师：同学们，请大家仔细看这个课题“和时间赛跑”，如果是一句话，它缺少了什么？

学生：缺少了主语。

教师：对，缺少了主语。

教师：同学们，你们对时间有什么理解？

学生：时间很宝贵

学生：时间过得非常快，一眨眼就过去了。

学生：时间看不到，也摸不着。

教师：到底是谁要和时间赛跑，他是怎样和时间这种既看不见，也摸不着的东西赛跑的？人和时间赛跑，结果会怎样呢？让我们赶快来读读课文，探个究竟吧。[①]

以上这段导课语通过引导学生分析课文题目来领会题意和文意。准确凝练的课文题目常常对课文的基本思想内容起到“画龙点睛”的作用。从课文题目导入课文，能让学生抓住重点，把握中心，使他们的思维迅速定向，很快进入对中心问题的探讨。“和时间赛跑”，题目既是文章的重点，又是全文的中心所在。教师用释题作为导课语，几个提问逻辑关系清晰，非常自然地把学生的注意力引到需要关注的几个问题上，进而探究课文的中心内容，达到批文入理、感悟人生的目的。

（三）新颖别致，具有吸引力

课堂教学导课语的新颖包括形式与内容两个层面。形式层面的新颖是指语言表达方式的与众不同，让人耳目一新。同样的意思，不同的人会有不同的表达，而不同的表达所产生的效果也是迥异的。内容层面的新颖是指语用者对事物的认知有独到的见解。教师在与学生进行话语交际时，所说的话语有无个人独到的见解对话语交际能否获得良好的效果影响甚大。可以说，一个人如果只能人云亦云，只能传达或者重复别人说过的话，而不能根据自己的思考，说出自己想表达的独到见解，这样的教师很难是一个语言素养高的人，其语言表达也很难获得学生的认同。相反，一个既有深刻、丰富思想内涵，又有高超的语言表达技能的教师，其实施的话语行为必定是新颖别致，具有吸引力的。

［案例2–7］

一位教师准备给六年级的学生上课时，发现学生们的情绪都不太高，有些闷闷不乐，原来是因为前几天的升学模拟考试没考好，此时，教师没有急于讲课，临时改变了事先准备好的导课语，给学生们讲了一个故事：

有一个人的妻子在生孩子的时候，由于难产，孩子和妻子都死了。他一时接受不了这个打击，几次想上吊自杀。

① 整理自aoshu奥数网（小学资源库·小学教案）。

村里的一位智者决定去看看他。智者到年轻人家后，什么也没说，就带着那个人出去了。他们先来到一棵弯腰树下，树上有一根绳子。智者说："村里曾经有一个人用这根绳子结束了自己的生命。"接着智者又带着年轻人来到一口井旁，说："曾经有一个人掉进了井里，他拽着这根绳子爬了上来。"

"这就是一根绳子的两种用途。年轻人啊，一根绳子，可以是上吊的绞索，也可以是拯救自己的工具。对于一个处于人生低谷的人来说，你可以拿去上吊，也可以拿去拯救自己。"智者语重心长地说。

原来生与死、成功与失败的差别那么简单，就看我们在遭遇了挫折与不幸的时候，是拿绳子上吊，还是拿绳子向上攀爬。一念之间，不同的选择就会有不同的结果。

同学们，如果你明白了老师的意思，就打起精神，重新起航，从今天的课开始，抛开失败，向成功进发。①

以上这段导课语是教师临时组织的，体现了教师深厚的语言表达功力和对事物独到的认识。教师通过一个富含哲理的故事，巧妙地对学生进行了思想教育，并因势利导地将学生的情绪调动到要上的课上，真正从语言形式到内容都让人耳目一新。

（四）充分利用语境

语境，即一切影响话语交际的具体环境。根据构成要素及其性质，语境可以分为内部语境和外部语境两类。内部语境指的是一定的言语片段和上下文，包括词语之间的关系、句子之间的关系，以及段落篇章之间的关系。外部语境是指存在于言语片段或上下文之外的与语言使用有关的客观因素和主观因素。客观因素指使用语言时的社会环境，包括宏观的时代背景、具体的时间、地点、场合、对象等；主观因素指交际者的身份、职业、思想、修养以及心境等。在话语交际中，语境具有选择语体、选择话语基调、选择同义手段、理解言语义、理解省略义和消除语用模糊等作用。教学活动是双向的，也是一种话语交际活动。因此，作为语用主体的教师在进行教学语言的构建时也要充分考虑对交际影响较大的语境因素，充分利用语境，创建较为新颖的话语表达。

［案例2–8］

有一位教师在讲授《卖炭翁》一课时，正值雪后天晴，教师走上讲台开始了讲课："同学们，漫天飞舞的大雪断断续续地下了几天，现在已经停止了。今天，阳光照耀，天气暖和，是我们盼望多日的好天气。但是，在很久

① 整理自aoshu奥数网（小学资源库·小学教案）。

很久以前的中国唐朝，有一个穿着十分单薄的老人，却不喜欢阳光明媚的好天气，总是期待朔风凛冽、大雪纷飞，他就是唐代著名诗人白居易笔下的'卖炭翁'（板书课题），卖炭老人为什么会有这样反常的心理呢？"[①]

案例中的教师巧妙地借景引入课题，使学生以常人的体验不能理解卖炭翁的反常心理，从而激发起学生探究的欲望，收到良好的效果。

以上是导课语构建中需要提醒教师注意的一些要素。但是，言语行为的构成和实施是灵活而富于创造性的，没有固定的模式，需要教师在长期的语言实践中不断摸索和提高。（拓展资源2-3　研究性学习：小学课堂教学导入语优化探索　拓展资源2-4　案例分析：数学课"指数"导课语等）

第四节　小学课堂教学讲解语

海德格尔将"言"和"说"区分开来，他说："言和说不是一回事。人们能够说，无限地说，而所说的一切却什么也没有言。相反，一个沉默无言的人什么也没有说，然而在这种什么也没有说的情况下却言了很多。"[②]这一理论对教学讲解语的启示是：讲解的核心不在于实施和完成了"讲"这一行为，而在于结果是否有效。本节将对课堂教学讲解语的作用及话语构建进行分析和探讨，帮助教师较好地现实课堂教学讲解语的语用功能。

讲解是课堂教学中最主要的环节。所谓讲解语，就是教师系统、完整地阐释教材内容的教学用语。如果说导课语是一个语段的话，讲解语就可以看做一个语篇。作为语篇而言，它的完整性、连贯性、衔接性等方面的特性和要求就会凸显。因此，语篇的表达较之语段而言，有更高的难度和要求。

一、讲解语的作用

课堂教学中的讲解受到"课堂教学"这一关键词的限定，使其异于其他语言环境下的讲解。小学课堂教学讲解语具有以下作用：

---

① 罗明东，崔梅．教师口语技能．昆明：云南大学出版社，2007：87．

② 海德格尔．行进在语言之途中．转引自王志敏．电影语言学．北京：北京大学出版社，2007：58．

（一）体现教师意图

教学具有很强的目的性，每一节课都有相对应的教学任务和目标。对具体任务和目标的完成是讲授的重心。因此，课堂教学中的讲解不是“闲谈”而是“言谈”。海德格尔认为：在日常的交流中，听话者一方如果不注意使自己与所谈及的事物处于一种真正的揭示关系，不注意领会这些事物本身，而注意领会谈话本身，就会出现一种危险，即语言由于其自身的潜能而否定了自身，这时谈话就丧失了与存在和存在物的真正的揭示关系。这种情况下，言谈就可能成为“闲谈”。具体教学中，由于教师对讲解的理解不到位，出现“闲谈”的情况就不可避免。具体表现为：没有明确的意图，不清楚要具体解决什么问题以及用什么方法解决；重点不突出，中心不明确；漫无边际，东拉西扯等。特别在小学课堂教学中，小学生的理解能力有限，教师意图的明确体现更为重要。讲解语的运用，就是要完整地、清楚地呈现教师要表达的意思和要解决的问题，最终达成教学目标。

（二）解决学生疑惑

新课程标准倡导教师引导学生进行探究式学习，教师不仅仅是知识的传输者，还应该是解惑者。解惑的过程就是恰当、合理运用讲解的过程。在解惑的过程中，教师或推理论证，或描述说明，或叙述抒情，通过各种不同的表达手段让学生理解知识，明白事理。小学课堂教学中的讲解对语言的运用要求更高，因为小学生对问题的理解往往是单一的、片面的、绝对的。他们常常会用简单的好坏、对错对事物进行判断，这就需要教师的点化、引导和拨正。

［案例2–9］

教师：什么是谎话？

学生1：就是假话。

学生2：就是骗人的话。

学生3：说谎话的人都是坏人。

教师：谎话是假话，但不能绝对地认为说谎话的人都是坏人。课文中的小主人公为了让妈妈多吃点，谎称自己不饿，难道他也是坏人吗？

案例中，教师提问的目的是确定“谎话”的词义，但学生突然提出了另外一个错误的命题“说谎的人都是坏人”。此时，教师运用恰当的讲解让学生明白了自己结论的片面。

（三）培养学习能力

对学生而言，教学是一个潜移默化的影响过程。教师用什么方法解决问题，用什么样的表达进行讲授，对学生学习能力的养成有很大的影响。例如，对于“语音是由人的发音器官发出的具有一定意义的声音”这类定义的讲解，一个教师采用让学生识记的方法，记住了定义就等于掌握了这个知识点。另一个教师采用了分析式的讲解引导学生理解语音的定义："同学们能不能从这个定义中找出构成语音需要哪些条件？"学生思考后回答："（1）它必须是一种声音。（2）由人的发音器官发出。（3）要有意义。"教师接着提出了第二个问题："动物有语音吗？语音是否为人类所独有？"经过一系列的引导，使学生在思考中掌握了语音的定义。这样的讲解是真正体现讲解语功能的语言运用。因为，课堂教学中的讲授是教师培养学生学习能力的重要途径。学生会在教师的示范下，逐步养成分析、思考的习惯，进而不断加强自身的学习能力，为将来的进一步学习打下坚实的基础。

二、讲解语的构建

讲解语的构建涉及诸多的因素，其中，话语交流双方的心理活动、情感、个性、修辞手段的使用等是影响小学课堂教学讲解语构建的主要因素。了解这些因素对小学课堂教学讲解语构建所产生的影响，有助于我们构建具有成效的讲解语。

（一）话语交流双方的心理活动与讲解语

言语活动无疑是一种心理活动，是人的一种意识活动。话语交流双方的发话和受话都是受心理支配的主观行为。无论说、写，或听、读，都会由于情境的变化和心理的变化而影响语篇意义的传输和理解。对于发话者来说，由于心理疲劳、情绪失常、心理压力大、心理受到意外打击、心不在焉、胆怯等，不能有效地支配词语的选择和话语的组合，这样，话语就不能连贯、衔接为一个整体，话语中的字、词、句常常变得支离破碎、互不关联。而良好的心理状态，能使发话者精力集中，思维灵活连贯，表意就会清晰、连贯、完整，整个语篇就能围绕主题展开，选择恰当、相关的词句表达明确集中的意图，语篇也就成为完整、连贯的整体。对于受话者来说，由于心理疲劳、注意力分散、兴味索然、心理遭受意外打击、对发话者有抵触情绪等，就不会对发话者所述内容产生注意和兴趣。在受话者那里，听到的只是零碎的词句，或听而不闻、视而不见，不能客观地、完整地领会话语信息，甚至造成对话语的误解。只有当受话者处于良好的心理状态时，才能集中注意力，接收话语信息，进而理解话语，语篇在其心目中，才成为一个传达某种意图的整体。

基于对上述理论的理解和分析，教师语言不仅仅是形式和技巧的问题，它涉及复杂的心理活动。因此，作为教师，要使自己具有良好的语言构建能力，不能仅从技巧上下工夫，还应该做到以下几点：

1. 注重自我心理的调整

作为教师，应该有健康的心理。教师的健康心理包括：对待教学的态度、对待教育的态度以及对待学生的态度。对待教学的态度，即要有强烈的责任感和严谨的教学作风，具有这种教学态度的教师所表现出来的话语风格就不可能是随意的、杂乱无章的。教师不能因为自己的心理状态不好而影响自己的讲解。把学生当做发泄情绪的对象，或把课堂当做表现自己的场所的行为都是不可取的。对待学生的态度应该是以尊重学生、爱护学生为前提，把他们当做共同完成一项任务的合作伙伴，帮助他们、引导他们、依靠他们、相信他们。在这种态度支配下的话语与消极态度支配下同一表达的话语是截然不同的。

[例1]

教师：乱七八糟的，讲了些什么呀？你好好听课没有？坐下来，听听别人是怎么回答的！为什么同一个教室上课，差距会这么大！

[例2]

教师：我听出来了，你讲出了一些东西，但可能因为紧张，说得有点乱，请坐！现在，我们再请一位同学进行补充。

基于不同心理状态下的教师，在对待同一问题的时候，其话语表达是截然不同的，当然，所产生的效果也会迥异。

2. 注重学生的心理感受

我们常听到学生说这样的话："今天这节课时间过得特别快。"其实，每一节课的时间都是一样的，但因为教师讲解语的不同，学生的感觉也会不一样。这就是讲解语带给他们的心理感受。教师的课堂讲解语要尽量避免学生的心理疲劳和注意力分散，让他们处于良好的心理状态中。教师的讲解语从语音、语调、节奏到话语表现形式都要注重学生的心理感受，不要长时间用同一种方式或节奏进行讲解，注意利用多种语言表现手法，化抽象为具体，化死板为生动。

（二）情感与讲解语

情感在话语的构建中起着重要的作用，它能和其他因素一起，共同加工处理各种信息，调节人的认识和实践行为。人的好恶情感能够影响话语构建主体的选择与指向，也能影响话语接受客体的理解程度和接受效果。对于发话者和受话者双方来说，语篇意义的完整传达、交流，必须依靠双方情感的沟通，而且能在语篇所指层面上及其他隐性层面上沟通，语篇才能达到真正、全面的传达。如果发话人把意图作了集中、明确、完整的传达，受话者也集中注意力去接受、理解发话人的意图，但由于心理、情感不能沟通，也是难以将话语构建为理想、完整的意图体现的。

情感是话语构建的衔接链。情感在话语构建中对语篇的语言材料及内容材料都起着黏合剂的作用，它可将诸多的单位材料串缀在一起，形成整体。

情感还是话语构建中形象与思想、感情与理性、主体与客体融合的中介。思想常是通过主体在话语构建中塑造的形象、倾注的感情来显现的。

在发话人与受话人之间的沟通过程中，情感是一个重要因素。人们常说“以理服人，以情动人”，就是指情感是打动受话者，并使受话者参与语篇接受，进行话语交流的最内在的力量。只有从情感上打动受话者，使受话者与发话者产生共鸣，发话者的思想、意图才能更好地为受话者所理解与接受。

基于上述理论，教师在构建和实施讲解语时应注意以下两点：

1. 用心、用情“讲”，而不是用嘴“念”

无论是人文学科还是自然学科，讲解语都应该是饱含激情的。这种激情不一定都是慷慨激昂、声情并茂、热情奔放的，它可以是一种朴实的口语，其中却传递、蕴含着学生能感受到的特有的情绪。优秀的讲解语，不是仅指语言形式的华美，而是要真实地反映教师的内在情感，即对讲授内容充分而深刻的理解，对传授知识的冲动，对讲述对象真挚的爱。这样的讲解语是用心、用情讲出来的，即使是充满严密的、平淡的，甚至是枯燥的逻辑推理、数理演算，也会让学生听出、感悟到其中涌动于教师心中的讲授冲动和极力想让学生理解、接受的真挚情感。讲解语最忌讳的就是念讲稿、读教案，原因就在于这种形式缺少了情感的因素，忽略了交流对象的情感体验。

2. 用情感性的语言感染学生

现代教学理论发展的一个重要趋势是探讨如何把学生的苦学变为乐学，这对教师的教学提出了新的要求和挑战。用情感性的语言去感染学生、激励学生、打动学生，让学生在生动和富于美感的话语活动中接受知识，无疑是教学追求的佳境。教师的教学语言要声情并茂、妙语连珠、妙趣横生。富于情感性的语言，必定像老舍说的那样：既有意思，又有响声，还有光彩。像鲁迅说的那样：形美以感目，音美以感耳，意美以感心。课堂教学中，师生协调是以情感为纽带的，所以教学语言应该是意、形、音、情四者俱佳。对此有的教师深有体会：课伊始语言激情满怀，调动学生的好奇心和求知欲；课之中语言进入角色，唤起学生对真、善、美的追求和向往；课将终语言情深意浓，使学生回味满足，自强不息。

（三）个性与讲解语

个性是个体的人对于客观存在的一种心理反应。任何言语交流行为，作为人的一种心理机能，都有它赖以发生的元结构。这种元结构便是人的个性心理结构，它决定着话语的构建。

对于发话者和受话者来说，交流意图的表现往往受到其个性心理的制约。发话者将采用什么语言方式来表达，受话者将从什么层面、意义上去理解，都是由他们各自的独特感觉、情感体验、直觉、顿悟所决定的。由此可见，人与人交流的内涵实质上就是个性与个性进行交流、对话，谋求理解。人的个性就是人对事物的态度，而话语构建就是人对事物的态度的语言表现形式。因此，人对事物的态度是一种明晰的、完整的、深刻的认识，其表达这种认识态度的话语构建也就是明晰、完整、深刻的；反之，话语构建则是模糊的、零碎的、片面的。

个性心理在话语构建中起着重要的作用。独特的个性心理决定着发话人对事物的观察、体验的角度与方式，而这种观察与体验决定了他将以什么方式、什么构思将现实事物、知识等组织谋划成语篇。发话者捕捉具体的生活现象，把握具体形象的特征，体验微妙的内心感受，并且将这些融入自己的观察、感受、体验得来的东西中，构建成话语，传达给别人。每个话语构建者都自觉或不自觉地以自己对事物的独特认识来传递信息。换句话说，话语构建者说什么、怎么说都会打上他个性心理的烙印。

基于上述理论，教师要使自己的课堂讲解语成为独具魅力的语言，形成属于自己的话语风格，就必须注重对事物的心理及情感体验，因为这种体验将会直接影响其传递信息、表达情感的话语方式。

（四）修辞手段的使用与讲解语

使用语言时用来提高语言效果的各种方法统称为修辞方法。课堂教学是一个复杂、灵活、多变的过程，在这个特殊过程中的语言表达所使用的修辞方法既是适应表达要求的必然趋势，又是提高表达效果的必要措施。因此，掌握课堂教学语言表达的基本修辞方法有助于优化课堂教学话语的构建，提高表达效果。讲解话语构建涉及的修辞方法主要有以下三种：

1. 择语

择语即选词择句。选择语言中词汇和语法的同义手段，如同义语法、同义结构、同义词形等。语言中有丰富的同义手段供我们选用，不同的同义手段产生的效果也会不同，所以，择语成了最普遍、最重要的修辞方法。择语主要包括同义词语的选择和同义结构的选择两个方面。

（1）同义词语的选择

汉语中有许多词的意思大致相同，但在表达上有着细微的差异。例如：

局面——场面（范围大小不同）

失望——绝望（程度轻重不同）

公平——公正（侧重点不同）

果断——武断（感情意义不同）

响——响亮（语体色彩不同）

关心——关怀（搭配意义不同）

既然同义词语之间存在着各种细微的差异，而这种差异又影响着准确意义的传达。一方面，教师要选择恰当的词语为表意服务；另一方面也要通过同义词语的选择运用增强表达的效果。同义词语在课堂教学讲解语构建中的作用是：

第一，选择恰当的同义词语能使讲解语更精确、严密。例如，有的教师这样启发学生："只要同学们稍微深思一下，就会明白它的含义。"这句话中，"深思"是"想""思考"的同义词，但是，教师却选用了"深思"。一方面，状语和中心词搭配不当，因为"稍微"和"深思"是矛盾的；另一方面，"深思"过于书面化，换成"想"更为符合教学口语的性质。

第二，选择恰当的同义表述能使讲解语更得体。语言的得体性指的是语言材料对说写主体和语言环境的适应程度。教师必须根据"学生"这一主体和"课堂"这一语言环境来选择使用同义词语，使自己的语言更为得体。

（2）同义结构的选择

同义结构的选择是指意义相同但句法结构不同的句子的选择，即为了达到不同的表达效果所选取的不同形式的同义修辞句式。课堂教学语言常见的修辞句式主要有长句和短句、肯定句和否定句、疑问句和非疑问句等几种。

长句是指那些修饰语较长、结构比较复杂、字数较多的句式；短句则指那些结构比较简单、字数较少的句式。长句和短句有各自的表达效果：长句可以把意思表达得精确、周详、细致、严密，一般用于精确地叙述事物或严密地说理论证；短句的表达效果则是简洁、明快、有力，便于表现紧张的气氛，抒发激越的感情。短句生动活泼，口语气息和生活气息浓厚。课堂教学语言需要根据具体情况选择性地使用长短句。针对小学课堂教学，基于小学生的接受实际，建议多采用短句，便于小学生理解和接受。

对事物作肯定判断的句子叫肯定句，对事物作否定判断的句子叫否定句。表达相同的意思，肯定句和否定句的表达有轻重强弱的差别，因而能够传达出说话者感情、态度的差别。如"这个比喻用得好"和"这个比喻用得不坏"，后一句肯定的程度就没有前一句高，说话者的感情、态度也很明显。因此，一般来说，用肯定句表达比用否定句表达语意要强些。

需要注意的是，双重否定句是两个否定词连用，也可以是一个否定词加上否定意义的动词或反问语气。双重否定句表示肯定的意思，但比一般肯定句语气更强烈，表现绝对肯定、高度肯定的感情和态度。如"你没有一次不是这样解释的""难道你就不觉得这是你的学习态度问题吗？"等。

非疑问句包括陈述句、祈使句、感叹句，它们可分别表达说明、祈使、命令、感叹等多种语气。疑问句和非疑问句都是课堂教学语言表达的主要话语方式。用疑问句的形式表达陈述、祈使、感叹等语气在课堂教学语言表达中有特殊的作用。教师在进行话语构建时，可根据实际进行选择性使用。从表达功能上看，祈使句的主要作用是要求（包括命令、希望、恳求等）受话人做或者不做某件事。教师的教学语言中存在大量这样的句子，"你起来回答这个问题。""放学后，赶快回家。""请不要讲话。""下课后，大家把教室打扫了。"这些句子是正面的祈使甚至命令的方式，态度较为强硬，如果换成疑问方式来表示祈使、劝告的意向就会产生商量、委婉、柔和的效果。如“你来回答这个问题，好吗？”“我们能不能不讲话？”等。

疑问句中的反问式表示陈述或感叹，即用问句的形式表达确定的内容。这种表达比一般陈述句和感叹句的语气更强烈。例如，“诗人能用什么样的语言来形容此时的心情呢？”“这不是我们所要验证的结果吗？”

教学中，教师需要明确讲授中要强调和突出的信息，同时选择能起强化作用的修辞手段进行表述，获取最佳的讲授效果。

2. 设格

设格是创设一种固定了的特殊的修辞格来帮助表达的修辞方法，也就是我们常说的修辞格。小学课堂教学讲解语构建常使用的修辞格有比喻和对比。

比喻是课堂教学讲解语中使用非常广泛的辞格。它形式丰富，运用灵活。比喻在教学讲解中的作用是：把抽象的概念、原理讲解得具体、明了；能通过相似事物的联想，化繁为简、化深为浅，使表达生动形象，易于为学生所理解和接受。例如，教师在讲血液中白细胞的作用时，把白细胞比作保卫祖国的卫士，当敌人入侵时，白细胞纷纷渗过毛细血管壁进到组织液中去消灭入侵的细菌。这样的讲解语不仅给学生提供了一个可参照的形象实体，也加深了学生对所学知识的印象。

对比是把两种不同事物或者同一事物的两个方面放在一起相互比较的一种修辞格。对比用在教学讲解语中，能将客观存在的对立统一关系表达得更加鲜明突出，从而揭示对立意义，使事理和语言色彩鲜明。两个不同事物的对比，常用于揭示好与坏、善与恶、美与丑的对立，使学生在比较中得到鉴别。同一事物的两个方面的对比，用于揭示事物内部既矛盾又统一的辩证关系，使学生学会全面看问题的方法。例如，“同学们，在战争年代，有的人死在战场上，有的人死在酷刑下，而我们课文中和平年代的钱班长却死在他的岗位上——锅灶前，这是不是也是一种奉献和牺牲呢？”这段讲解语通过对比的运用，让学生能够更深刻、更全面地理解“奉献”和“牺牲”的含义。

3. 句际组合

句际组合是指在构建话语语篇的时候，需要关注句子的语序，保持句内结构平衡以及注意适时断句等，以保持语篇的完整、和谐。讲解语构建中的句际组合需要注意以下几点：

（1）话语信息内在的逻辑性。在进行讲解语构建时，要注意使句子与句子之间组成一个相对完整的信息整体。为此，在句子与句子的组合中，表达的话语要遵循自身的逻辑顺序和语义上的统一性。否则，就会导致信息混乱、语义模糊，影响理解。

（2）话语信息量的适度性。对于课堂讲解语而言，所谓信息量的适度性是指在固定的单位时间内，教师所传递的信息必须是有效的。为了保证信息的有效，在讲解中要尽量避免冗余信息，减少啰唆、重复的语病；同时，还要防止信息缺漏。这在教学讲解中尤为重要。

《学记》中对教师语言有这样的论述："善歌者使人继其声，善教者使人继其志。其言也，约而达，微而臧，罕譬而喻，可谓继志矣。"意思是善教者的语言应该简要透彻、精致含蓄，善于使用譬喻而使受教者明了事理。这说明，古代的教育家们早已认识到教师语言的重要性。"工欲善其事，必先利其器"。修辞手段的学习和运用无疑是"利器"的重要方法。（拓展资源2–5　研究性学习：小学课堂教学讲解语的有效性分析　拓展资源2–6　案例分析：小学语文课《刻舟求剑》教学中的讲解语等）

第五节　小学课堂教学提问语

"引导之法，贵在提问"，善于运用提问语，几乎是所有优秀教师教学艺术的特征。美国心理学家布鲁纳指出："教学过程是一种提出问题和解决问题的持续不断的活动。"可见，提出问题在教学过程中的重要性。本节将对提问语的作用及话语构建进行学习和探讨。

课堂教学中的提问，是沟通师生教与学的桥梁，是获取反馈信息和传授知识的有效途径。正确认识和恰当使用提问语，能有效调节教学，启发学生思维，有助于完成发现问题、解决问题的学习过程。

一、提问语的类型及作用

提问语是指教师针对教学要求和学生的实际情况，根据教学目的和要求，创设问题情境，提出问题引发学生思考，培养探究意识和能力，反馈学生学习效果的教学环节语。

（一）提问语的类型

根据教学中教师提问语实际使用的情况，我们从提问的目的与回答的内容相结合的角度，将提问语分为以下三类：

1. 强调性提问语

指教师为了强调教学中的某个重点和难点而向学生发出的问语。这些问语富有启发性，学生可以按照自己的理解来回答问题。

［案例2-10］

教师：如果不是遇到老农，东郭先生的处境会怎样?

学生：东郭先生会被狼吃掉。

教师：要是东郭先生再次遇到狼，他会怎么办？结果会怎样?

学生：他会想法对付狼，比如他可以用文中的办法先诱狼上钩，然后再同猎人一起收拾狼，狼就无计可施了。

教师：救狼差点被狼吃，斗狼却无任何危险，这给我们什么启示?

学生：这启示我们：做好事要分清是非，对待像狼这样的坏蛋只能想办法铲除掉，不能有丝毫同情心，否则你同情它就会害了自己。

为了达到让学生真正理解和掌握文章寓意的目的，教师先分别用两个假设问句引导学生得出两个完全不同的结果，通过学生思考比较，然后再正面向学生提出一个结论性的问题，让学生明白这篇课文带来的启示。

2. 矫正性提问语

指教师针对学生回答问题偏离目标的现象而再次向学生发出的问语。这些问语具有质疑性，学生必须经过认真思考后才能做出正确的回答。

［案例2-11］

教师：这箭根本不是借的，为何课文以“草船借箭”为题呢?

学生：因为这箭是靠装着草的船运回来的。

教师：那不是可以用“草船运箭”吗？你们平时借的东西有什么特点呢?

学生：自己要用而又没有，用完以后要还。

教师：课文中的箭有这样的特点吗?

学生：周瑜向诸葛亮要十万支箭，诸葛亮没有，但他却用三天时间从曹操那里“借”到了，在与曹操作战时箭又要回到曹操那里，这又类似于“还”，因此，这箭具有“借”的特点。

教师：此时，大家该明白为何以“草船借箭”为题了吧！

学生：以“草船借箭”为题，不仅符合课文内容，而且耐人寻味，它进一步突出了诸葛亮过人的才能，增加了命题的艺术性。

人的认知水平具有隐含性的特点，要保证教学中的每个问题都切入学生的“最近发展区”，这是较难做到的。因此，一旦发现学生的回答偏离了目标，教师就要有的放矢地进行矫正。只有让学生转换了思路，才可能使学生顺利地走到分析问题、解决问题的正轨上来。

3. 发展性提问语

指教师为了学生的发展而设计的问语。这些问语具有开放性，学生可以根据自己的经验做出不同的但合理的回答。

［案例2–12］

教师：凡卡的这个梦说明了什么？能实现吗？

学生：凡卡在梦中见到爷爷在念他的信，说明他希望爷爷把他带回去，但这是不可能实现的，因为信封上的地址不详细，又没有贴邮票，爷爷不能收到他的信。

教师：如果爷爷能收到他的信，他的愿望能实现吗？为什么？

学生：不能实现，因为爷爷本身是老爷家的守夜人，他是没有能力带他回去的，不然他就不会让九岁的凡卡去当学徒了。

教师：这说明了什么呢？

学生：这一方面说明凡卡有向往自由、光明和幸福生活的强烈愿望，另一方面又说明在那样的社会里，像凡卡那样的穷孩子要过上幸福生活是不可能的。

教师的提问既是为了让学生深入理解课文结尾“梦”的含义，又是为了训练学生的想象力。学生的初次回答不能说是不正确的，但这个回答是浮于表面的、基本的知识，而问题本身还有更深层的意义需要发掘。因此，教师在学生基本正确的回答中又找出一个假设的问题，引导学生做更深层的思考，从而达到了教书育人的目的。

（二）提问语的作用

提问语是教师进行课堂教学的必要手段，提问语具有以下作用：

1. 启发思考，活跃思维

提问是引导学生进行思考的基本手段。教师提出问题的过程就是教给学生学会提问题的方法，而学生对问题的思考回答就是对思维进行训练的过程，教师对问题的评析又是对思维方法进行传授的过程。另外，教师对一些发散性问题、求异性问题的提出和解答，能够培养学生的创造性思维能力。

2. 激发兴趣，集中注意力

叶圣陶先生说过：“提问不能答，指点不能穷，然后畅讲，印入更深。”叶圣陶先生指的是先以提问引起学生的注意，即使经过教师的点拨学生仍没有“开窍”，这时候教师再进行讲解也要比一开始直接讲的效果要好得多。所以，有经验的教师往往能充分利用提问为组织课堂教学、提高教学效率服务，他们常常在新课开始时、讲授过程中或学生注意力分散时，运用高质量的提问来集中学生注意，诱导学生思考，营造良好的课堂气氛。

3. 沟通情感，反馈信息

在一个动态的教学过程中，教师和学生都是信息的输出者和输入者，教师将知识与能力信息编码发出，通过语言和非言语行为传递给学生，学生又将信息进行处理和变换再传递给教师，教师再根据学生发出的信息重新处理和调试，发出新的信息，这样就形成了教师和学生的信息交换系统。在教学过程中，学生是学习的主体，教师是主导。教师必须有一套完整的办法来了解教学反馈，以决定如何控制这个信息交换系统正常良好的运转。提问就是了解反馈信息的有效手段。所以，高明的教师往往就是通过提问来了解学生对知识的理解程度，检查学生对所学重点内容的掌握情况，寻求学生知识链条上的漏洞和产生错误的原因，全面掌握学生的个别差异和个性特点，反省自己教学中的不足或错误。

要使课堂提问的功能得到最大化的发挥，需要注意以下几点：

（1）提问要适时。提问要与学生的认知进程相吻合，即要在学生有疑、有思、欲问、欲解之时提问。失时而问，便达不到好的教学效果。

（2）提问要适度。提问的难度和深度要适当，即所提问题不能低于或过分高于学生的实际水平。问题提得太容易，学生会觉得没兴趣；问题提得过难，学生会无法回答。所以，在设计全课的提问语时，教师应有通盘考虑，并使每个提问呈现一种水平递进的关系，即前一提问是为后一提问打好基础，筑路铺桥；而后一提问，又是前一提问的延伸和推进。

（3）提问要适量。这里的“适量”主要指提问的总量和提问的频率分配要适量。一般是教学的开始、中段、结尾时提问的频率较高，要克服随意性的“课堂问”和太碎、太空的问题，不要追求表面上提问的数量。

（4）提问要讲究策略。一是要面向全班，不能先把某个学生叫起来再提问，这样不能调动全体学生思考的积极性；二是因人而问，要切合学生的能力；三是不可逼问，要给学生留下思考的时间；四是语气、语速要把握好，要用和蔼的语气、适当的语速，提问时语速不可太快。

二、提问语的构建

提问语的构建包括内容和形式两个层面。内容即问什么，形式即怎么问。两者是紧密结合、不可分割的。课堂教学提问语构建的内容依据教学的需要而确定，提问语构建的形式主要有以下几种：

（一）激趣式

通过提问的形式来激发学生的兴趣。

[案例2–13]

教师：小松鼠说河水很深，老牛却说河水很浅，到底谁说的对呢？

学生：都对。

教师：谁能说出对的理由呢？

学生1：小松鼠个子太小了，所以说水很深。

教师：嗯。有道理。如果它站到水里，情况会怎么样呢？

学生（众）：水会把它淹没的。

教师：老牛说水很浅又是为什么呢？

学生2：老牛个子又太大了，站到河里水深还不到膝盖，所以说河水很浅。

教师：说得太好了，真是爱动脑筋的好孩子。想想看，如果小马也能动动脑筋，它还需要回去找妈妈吗？[①]

案例中教师的提问由浅入深，不断激起学生对问题的思考兴趣，通过提问达到了对问题的深入理解。

（二）释疑式

通过提问的形式来解答学生的疑惑。

[案例2-14]

教师：刚才大家都用圆规画了一个圆，可是大小各不一样，有个别同学甚至画得还不够圆。这是为什么呢？

学生：针尖没有定好，手没有放在上面的小圆柄上……

教师：其实呀，这都是我们用圆规画圆时需要注意的地方。

教师：同学们能不能想个办法让我们每个人画的圆都一样大呢？

学生：用直尺，使针尖和铅笔之间的刻度定得一样。

教师：我们每个同学将针尖和铅笔之间的距离定得一样长，然后画出来的圆大小是不是就一样了？

学生：是。

教师：请将针尖和笔尖之间的距离定为3厘米。会定吗？然后把这个圆画下来。

教师：画好的同学在小组内相互看看，比比看现在大家画的圆是不是一样大？

学生：一样了。

教师：这一样大小的圆，是怎么画出来的？

学生：固定针尖，转动另一边脚，两只圆规脚的距离要始终保持一样。[②]

案例中的教师用提问的方式呈现了学生们学习过程中存在的问题及疑惑，进

① 改编自龙瑞兰.普通话与小学教师口语训练.广州：广东高等教育出版社，2012：118.

② 改编自龙瑞兰.普通话与小学教师口语训练.广州：广东高等教育出版社，2012：98.

而提供了具体的解决办法，使学生边实践边思考，起到了答疑解惑的作用。

（三）选择式

教师提出几个意义相同或相关、相反的问题来让学生选择，学生通过选择来辨清易于混淆的问题。

［案例2-15］

教师：有人说“好”的反义词是“坏”，也有人说“好”的反义词是“差”，到底谁说得对呢？

学生1：“好”的反义词是“坏”，老师不是经常说要做好事不做坏事吗？

学生2：“好”的反义词是“差”，我们班有的同学成绩好，有的同学成绩差。

教师：两位同学说的有道理吗？

学生：都有道理。

教师：我同意大家的看法。因为有很多汉字或词语是多义的，反义词当然就不止一个了。

案例中的教师用提问的方式让学生关注问题的复杂性，通过对问题的回答认识事物的本质。

（四）总结式

通过提问引领学生对前一段所学知识或内容进行小结。

［案例2-16］

教师：车轮是什么形状的？

学生：（不假思索）圆形。

教师：为什么车轮要做成圆形呢？难道不能做成别的形状吗？比方说做成三角形、四边形等。

学生：（被逗乐了）不能！它们无法滚动！

教师：那就做成这样的形状吧（教师在黑板上画了一个椭圆。）

学生：（先茫然，继而大笑）这样一来，车子前进时就会一会儿高，一会儿低。

教师：为什么做成圆形就不会一会儿高，一会儿低呢？

学生：（七嘴八舌，讨论）因为圆形的车轮上点到轴心的距离是相等的。

教师：这节课我们学习了圆，那么“圆”究竟是什么？

学生：（一齐回答）在同一平面内，到定点的距离等于定长的点的集合叫做圆。①

① 改编自龙瑞兰.普通话与小学教师口语训练.广州：广东高等教育出版社，2012：98.

案例中教师的提问看起来似乎没有什么深度，其实，教师提问的目的是引导学生对所学知识进行回顾，让学生学会用所学知识来分析生活中的一些常见现象。

总之，教师的提问要能增强学生的探索意识，引导学生主动地、创造性地学习。因此，在提问语的构建过程中，要注意提问形式的灵活性、多样性、新颖性，此外，还应注意以下几点：（1）指向性。提问语要有明确的目的，内容具体，符合实现教学目标、化解教学疑难点的需要。（2）层次性。所谓层次性，一是指提问语的内容难度适当，适合不同认知水平的学生。二是指提问语的组织有梯度，循序渐进引导学生。（3）迁移性。指提问语中含有迁移训练的因素，学生经过思考回答问题的过程就是一种学习对另一种学习的影响过程，是过去经验对现在概念学习的促进。（4）角度性。提问语要启发学生对问题进行多角度、多维度的全面思考。（拓展资源2–7　研究性学习：小学课堂教学中的有效提问探究　拓展资源2–8　案例分析：小学语文课《秋天》教学中的提问语等）

第六节　小学课堂教学结课语

明代文学家谢榛在谈及文章的开头和结尾时说："起句当如爆竹，骤响易彻；结句当为撞钟，清音有余。"实际上，讲课也如写文章一样，要注意章法。一堂课的结束，应如深山古刹的钟声，余音缭绕，不绝于耳，给人以悠远绵长的感觉。本节将对结课语的作用及构建进行分析和探讨。

课堂教学的完整性表现在对所学知识的启发引导、探究接受、强调回顾、拓展延伸等几个方面。作为课堂教学的最后一个环节，结课语承担着相应的教学职能。

一、结课语的作用

结课语是课堂教学将要结束时教师引导学生对所学知识与技能进行及时总结、巩固、扩展、延伸与迁移的教学活动所用的语言。结课语具有归纳、概括、强化教学内容和延伸拓展所学知识、技能的作用。具体表现为：

（一）整理概括，巩固记忆

一个巧妙的结课语要能强调重要的事实、概念，概括相关的知识，形成知识网络，使学生更加清楚、系统地掌握所学的知识。它能帮助学生整理概括，加深感受，深化认识，巩固记忆。

［案例2–17］

语文课《小伙伴》的结课语：

同学们，在我们班里，大家每天在一起学习、玩耍，是亲密的好伙伴；在学校这个快乐的大家庭里，每个班的同学一起做操、活动，是亲密的好伙伴；在我们国家这个幸福的大家庭里，也有许许多多和我们一样的孩子，我们都是中国的儿童，有着黑眼睛黄皮肤，是亲密的好伙伴；在地球这个绿色的大家庭里，有更多的孩子，我们都是地球上的儿童，有着热爱和平的梦想，也是亲密的好伙伴，我们的伙伴遍天下。同学们，让我们热爱和平、创造和平，让全世界的儿童都成为好伙伴！

教师以语文教学作为载体，自然而然地对学生进行了热爱和平的思想教育。教师利用饱含激情的语言，启发学生从课文联想到现实生活，从身边的小伙伴联想到地球上的小伙伴，拓宽思维，点燃学生热爱和平、创造和平的热情，把对课文内容的理解与对学生的情感教育融于一体，从而引起学生的情感共鸣。

（二）启发思维，开阔视野

一个精妙的结课语不仅能帮助学生巩固课堂上所学的知识，还能激励学生将知识拓展延伸到课堂之外。例如，在《枯叶蝴蝶》的教学中，教师用这样的结课语来结束这堂课：“同学们，枯叶蝴蝶的伪装是它们为适应环境而进化的结果，人类社会中的弄虚作假则是社会进步过程中的不和谐音符，我们身边有这种现象存在吗？你自己身上有没有这种行为？我们应如何来面对生活中的假恶丑呢？”

为了较好地发挥结课语的作用，运用时要注意以下几点：

（1）简洁有力。结课语要求语言简洁、明了、清晰，起到提纲挈领的作用。如果结课语小题大做、啰唆杂乱，用语不简洁、不明确，必然让学生感到厌烦，影响教学效果。

（2）有条有理。教师由于课前没有计划，或计划了而没把握好教学节奏，临下课时匆匆地讲几句话，草率收场，这样的结课语不能起到总结、巩固、强化的作用。

（3）富有趣味。成功的结课语会给人留下深刻的印象，如音乐般“余音绕梁”，课虽尽而意无穷。如果结课语很平淡，就不会给学生留下深刻印象。

二、结课语的构建

精心构建的结课语，不仅可以对课堂教学内容起到巩固、强化作用，更重要的是还可以激发学生新的求知欲望，开阔视野，把课堂教学延伸至课后甚至课外。

（一）结课语的形式构建

结课语的构建从形式上说主要有以下几种：

1. 归纳总结式

指在教学结束时，教师把教学内容作简单的、概括性的归纳总结。这样做不仅便于学生提高认识，加强记忆，还有助于学生巩固所学知识，并将其纳入原有的认知结构中去。

［案例2–18］

数学课“分数的基本性质”的结课语：

这节课，我们学习了分数的基本性质，即分数的分子和分母都乘以或除以相同的数（0除外），分数的大小不变。这是学习分数及其有关知识的重要基础。我们在学习数学知识的同时，还学会了一种观察事物、分析问题的方法，这就使我们在变化的数学现象中看到了不变的实质。

这样的结课语，把全课的内容作了提炼，既起到了承上启下的作用，又渗透了辩证唯物主义的启蒙教育。这种结课语在表述时，要讲究逻辑性，持论要有依据，使用概念要准确，语句组织要有条理性。

2. 拓展延伸式

指在教学结束时，教师根据教材的内容特点和学生的认识基础，因势利导，将课内学习延伸到课外活动，把书本知识扩展到社会实践活动，从而扩大学生的知识面，开拓学生的思维。

［案例2–19］

语文课《小壁虎借尾巴》的结课语：

同学们，各种动物的特点不同，尾巴不同，尾巴的用途也不同，这多有趣呀！放学回家后，请大家找一些写动物的课外书，看后把各种动物的尾巴的作用讲给老师、家长以及小朋友听，大家愿意吗？

这样的结课语，既将课内的学习延伸到了课外，又激发了学生自觉学习的积极性。这种结课语在表述时，要讲究联系性，要将课内知识和课外知识联系起来、将已有知识和未掌握的知识联系起来，运用的语言要有启发性。

3. 练习巩固式

指在教学结束时，教师根据教学内容布置安排一定数量的练习，以达到巩固学生学习效果的目的。

［案例2–20］

数学课“长方形和正方形的特征”的结课语：

同学们，今天我们学习了长方形和正方形的特征。为了看看我们是否记住了，请同学们看练习。

练习1：今天，小花猫想出一道题考考大家。它的题目是（放录音）：我的背后躲着一个长方形，可以看见一条长的边是5厘米，另一条短的边是3厘米，猜猜另一条长的边和另一条短的边各是多少厘米？为什么？

（学生纷纷作答。）

练习2：小熊看我们学得这么好，也想出一道题考考大家。它的题目是（放录音）：我的背后躲着一个正方形，可以看见一边长是5厘米，猜猜那看不见的三条边各是多少厘米？为什么？

这样的结课语，既调动了学生的学习积极性，又巩固了所学的知识。这种结课语在表述时，要突出重点，即教师要强调让学生掌握的知识，这样学生就会明白通过练习自己应该掌握哪些知识。

4. 启下式

通过总结本节课所学内容，把它与下节课将要学习的内容联系起来，启发学生发现知识之间的内在联系，建立一座新旧知识联系的桥梁。

［案例2-21］

语文课《全神贯注》的结课语：

做事要有执著的态度和全神贯注的精神，培养一丝不苟的作风。罗丹差一点儿把朋友锁在自己的工作室，但他成了闻名世界的大艺术家。有这么一位聋哑青年，他作画时全神贯注、一丝不苟，金鱼都游到了纸上了。①

这样的结课语，能紧紧抓住学生的好奇心理，激起悬念，为下一课《鱼游到了纸上》的教学作好铺垫，并使前后课文互相关联。

（二）结课语的内容构建

从内容上看，结课语的构建需要关注首尾的语义关联。一节课的教学语言构成了一个完整的教学语篇，要使语篇表达的意义连贯、流畅和完整，必须注重首尾的照应。照应是指语篇内容上的关照、呼应，即前面提到的内容，后面要有所关照；后面提到的内容，前面要有所交代和暗示。一般是交代在前，照应在后；暗示在前，挑明在后；伏笔在前，应笔在后；前有问题，后有答案；前有起始，后有终论。前后的关照、呼应能使语篇的意义前后贯穿起来，从而使语脉贯通，讲解灵活致密，使理解话语的人了解表达的线索与脉络，以及各个部分之间的内在联系。关注首尾的照应，将后面必须交代而前面暂时不宜讲的知识先在适当处设下伏笔，以使后面说出时不觉突兀；而对于暂时中断未讲完的知识也要留下头

① 马志桃.小学语文课堂教学结课技巧探究.山西财经大学学报，2013（1）.

绪以便后面的表达衔接和呼应，不留破绽。这样，整个表达就做到了瞻前顾后，整个表达的总体布局也就因此而紧针密线、浑然无痕地组合成了统一的有机整体，使整个教学语言具有严密的逻辑感和整体感。

首尾语义关联常用的方法有：（1）从特定的情景出发，结尾又重新回到这个特定的情景中来。（2）开头提出某个问题，结尾仍旧回到这个问题上，使问题在重复中得到强调。（3）开头冷静、客观地叙述语篇反映的事物，不加以评论、讲解，不流露语篇主体的倾向性，而结尾处针对开头所叙述的事物加以议论、评说，生发出主体的思想认识与感情。（4）开头内容为某种原因，结尾内容为开头原因引起的必然结果，前因后果、首尾呼应，连贯语篇。（5）开头讲述事件或讲解事物，然后由所讲事物展开联想，由此及彼，结尾得出一般哲理。

总之，结课语与其他教学环节语一样，是教学过程中不可缺少的环节，并且是教学过程的最后一个阶段，话语内容虽不多，但其作用却不可低估。结课语既是一堂课的结尾，又是下一节课潜在的开始。好的结课语，是将学生从课内引到课外、由知识向能力转化的桥梁，是启迪思考、开发智力的良机，需要从形式到内容给予关注。（拓展资源2-9　案例分析：语文课《枯叶蝴蝶》教学中的结课语等）

【本章小结】

本章对小学课堂教学环节语的性质、特点及语用原则进行了分析。小学课堂教学环节语具有共性和个性的特征。共性的特征表现在它属于教师职业语言，具有所有课堂教学语言的共性。个性方面的特征表现为：编码内容的规定性、传递方式的选择性和话语表达的有效性。小学课堂教学环节语的特点是：语言表述的正确、严密和文雅，平实风格基调上的新鲜、生动，话语行为目的的有效实现。小学课堂教学环节语的运用要遵循话语构建的规范性、话语表达的对象性和话语形式的艺术性等三个原则。

本章分析了导课语的作用及话语构建。导课语具有引入正题、引起学生注意并唤起他们的求知欲、传递知识信息的作用。导课语的构建要短小精悍，用意明确；话语关联，过渡自然；新颖别致，具有吸引力；充分利用语境。

本章分析了讲解语的作用及话语构建。讲解语具有体现教师意图、解决学生疑惑和培养学习能力的作用。讲解语的构建需要关注：话语交流双方的心理活动、情感、个性、修辞手段的使用等因素。

本章分析了提问语的作用及话语构建。提问语分为强调性提问语、矫正性提问语、发展性提问语三类。提问语具有启发思考，活跃思维；激发兴趣，集中注意力；沟通情感，反馈信息的作用。课堂教学提问语的构建形式主要有激趣式、释疑式、选择式和总结式等。

本章分析了结课语的作用及话语构建。结课语具有整理概括，巩固记忆；启发思维，开阔视野的作用。结课语的构建形式主要有归纳总结式、拓展延伸式、练习巩固式、启下式等。从内容上看，结课语的构建需要关注首尾的语义关联。

【理解·反思·探究】

1. 你怎样看待小学课堂教学环节语的性质及特点？
2. 你认为导课语的构建应注意哪些问题？
3. 何为有效的课堂教学提问语？
4. 影响讲解语构建的因素有哪些？
5. 从内容上看，结课语的构建应注意哪些问题？

【做中学】

一、导课语训练

训练一：评价下列课堂教学导课语，并对其话语构建进行分析。

1.《桂花雨》一课的导课语：童年是美好的，在每个人记忆的花园里，总会有一些常开不败的花朵，给人留下永久的回忆。同学们，你有过在雨中嬉戏的经历吗？你有过在桂花雨中陶醉的经历吗？现在请你们闭上眼睛想一想：每当桂花盛开时，满树生香，花香随风飘逸，弥漫四方，一切都沉浸在花香里。你抱住那桂花树，使劲地摇、尽情地摇，任由桂花像雨点一样纷纷落下来。落在你的头上、脸上、肩上、身上、脚上，落得满身都是。你沐浴在香甜的桂花雨中，整个人都陶醉了，你忘情地喊着："啊！真像下雨，好香的雨啊！"今天，就让我们一起走进台湾女作家琦君的童年，去感受一场美丽的桂花雨，和作家共同分享童年的欢乐。

2.《五彩池》一课的导课语：我小时候听奶奶讲，西方有座昆仑山，山上有个瑶池，那是天上的神仙住的地方；池里的水好看极了，有五种颜色，红的、黄的、绿的、蓝的、紫的。奶奶是哄着我玩的，我却信以为真，真想有一天能遇上神仙，跟着他腾云驾雾，飞到那五彩的瑶池边去看看。同学们，你们想不想看看这个神奇瑰丽的五彩池呢？其实，这个五彩的瑶池不在天上而在人间，它就在四川松潘的藏龙山上。这节课，老师就带领你们一起去欣赏《五彩池》。

3.《新型玻璃》一课的导课语：有一天深夜，从一座陈列着珍贵字画的博物馆里突然传来了急促的报警声，警察马上赶来，抓住了一个划破玻璃企图盗窃的罪犯。当时博物馆里根本没有值班人员，你们想知道这是谁报的警吗？今天的课堂学习就会为你揭开这个谜。

训练二：请分别为一节体育课、音乐课和美术课设计一段导课语。

二、讲解语训练

训练一：评价下列课堂讲解语，并对其话语构建进行分析。

1. 教师在给小学生上汉语拼音课，使用了这样的表述："同学们要注意发音的口型，发单韵母'O'时，记住它的口型就像金鱼圆圆的嘴巴。"

2. 教师在讲解"长度单位的进率"时运用了这样的表述："米、分米、厘米、毫米的大小关系就犹如祖父、父亲、儿子、孙子四代同堂的关系。米和厘米是隔一代的'祖孙关系'，所以1米=100厘米。"

3. A.你这样的观点我想很难自圆其说。

B.你这样认为，一定有你的理由，说说看。

4. 学生：老师，我觉得这个句子有问题。(实际没有问题。)

教师1：怎么会有问题？这是我们讲过的倒装句，你把学过的知识忘了，明明是正确的倒被你说成有问题了。

教师2：你仔细观察，勇于发现，这是对的，但针对这个句子，你再仔细看看，会不会是一种特殊的句式呢？

5. 有的同学的作文胡编乱造，明明没有做的事非要去写，漏洞百出，也极不诚实。自己都不会游泳，怎么可能去救几个落水的孩子呢？没有真实的感受，是写不出好文章的。

训练二：下面这段教学讲解语生动有趣，把枯燥乏味的内容变得形象易懂。请仿照这种方法，对小学课程中的任意一个教学内容进行讲解。

同学们，我们常常写文章，可什么叫文章呢？《辞海》上说："绘图之事，青与赤谓之文，赤与白谓之章。"人的脸皮有青有赤也有白，可见人的脸皮就是一篇天生的文章。古今中外，许多女同胞都是非常讲究修改文章的。你看吧，她们每天晨起梳妆，对着镜子，用"增白蜜"反复"揣摩"(涂抹)，再用高级胭脂、唇膏"润色"，还要用特别的眉笔仔细修饰"眉题"。甚至连标点也毫不含糊——非要用手术刀将"单括号"(单眼皮)改为"双括号"(双眼皮)不可！你们看，这是何等的认真，高度负责的态度啊！——何其芳同志说："修改文章是写作的一个重要组成部分。"看来，这是一条至理名言啊！

训练三：运用比喻，把下面几段话讲完。

1. 学习要讲究方法，如果方法得当，就会少走许多弯路，还能收到事半功倍的效果，这就好比________。

2. 海，它无边无际，辽阔壮美，神秘莫测，变化无常。有时它像________，有时它又像________。

3. 你这道题的演算结果没有错，但是演算的方法却有点小问题，因为你没有选择最佳的运算方法。这就像________。

4. 写作文，大家的联想是很重要的训练，不能小看它，打个比方________。

5. 在英语学习中我们把词汇的积累看得很重，这就如同________。

三、提问语训练

训练一：请将下列祈使句改为疑问句，并分析其不同的表达效果。

1. 张伟同学，你来读课文的第二段。

2. 请大家不要讲话！

3. 我们请另一位同学回答这个问题。

4. 迟到的同学，进教室要先敲门。

5. 下课后，同学们赶快回家。

训练二：评价下列课堂教学提问语，并分析其话语构建。

一位教师要给小学生上科学课，其中涉及“动物”概念的讲解。他的提问语是：

教师：什么是动物？

学生：会爬。会爬会走的都叫动物。

教师：鱼不会爬、不会走，只会在水里游，鸟会飞，它们是不是动物？

学生：它们是动物，因为它们会活动。会活动的生物叫动物。

教师：能活动的生物叫动物，那么，飞机会飞，是不是动物？

学生：飞机自己不会飞，是人开的，它没有生命，不是动物。

教师：对了，能自己活动的生物叫动物。

训练三：评价下列提问语，并分析、归纳提问语语用失误的原因。

1. 教师在结束课文《孔乙己》教学时提出了这样一个问题：“假如孔乙己今天还活着，又突然出现在我们当中，你会怎样对待他呢？”

2. 对比下列两则提问语，说出为什么前者的请求被拒绝而后者被允许。

一名教士问他的上司：“我在祈祷的时候可以抽烟吗？”这个请求遭到了断然拒绝；另一位教士也去问这位上司：“我在抽烟的时候可以祈祷吗？”问题经过这样的表述，抽烟的请求就得到了允许。

四、结课语训练

训练一：评价下列课堂教学结课语，并对其话语构建进行分析。

1.《坐井观天》结课语：成语是我国文化的一块瑰宝，成语故事也有很多很多，教师建议大家经常读读《成语故事》，了解更多的成语知识，懂得更多的道理。其实，要开阔自己的眼界，获得更多的知识，除了看书，还可以观察、请教别人，上网查询，等等。现在是信息社会，不学习就会成为“井底之蛙”。我们可不能成为“井底之蛙”，我们要像小鸟一样见多识广，对吗？

2.《掌声》结课语：爱可以有许多，请大家读这首小诗：爱是一阵热烈的掌声；爱是一句友善的话语；爱是炎炎夏日一缕清凉的风；爱是寒冷严冬一杯温热的茶；爱是瓢泼大雨中一把花伞；爱是黑暗中的一支蜡烛。

3.《和我们一样享受春天》结课语：我想这是你们的愿望，也是我的愿望，更是世界上所有渴望幸福快乐的人的愿望。让我们一起再回到1991年的海湾战场，一起祈盼。齐读整首诗，请你们把自己的祈盼读出来。(学生齐读。)

有了你们这些美好的祈盼，我相信这些处于战火中的孩子、海鸥、蜥蜴、甲虫等一切大自然的生灵，总有一天会摆脱战争，不再有伤害，不再有痛苦，他们会和我们一样享受春天，到那时，蔚蓝的大海、金黄的沙漠、美丽的夜空、绿茵茵的草地，所有美好的东西也会属于他们；到那时，他们会和我们一样享受春天。学到这里，你觉得享受春天就是享受什么？对，就是享受永久的和平。

训练二：对比下列两段文字，作为《我的老师》一文的结课语，你认为哪一段的语言表达更好？为什么？它们对于你构建课堂教学的结课语有何启示？

1. 离开他已经将近三十年了，但他仍在我的记忆里行走、微笑，用那双写了无数个粉笔字的手，放飞一架又一架理想的风筝。那些给了我数不清的幻想的风筝，永远陪伴着我的心，在祖国的蓝天上翱翔。

2. 离开我那只靠右腿和一根木棍在讲坛上讲课的老师已近三十年了，倘若他还健在，一定退休了。也许，他这时候仍在放风筝——我曾经见过一位失去了一条腿的长者，年复一年地被断腿钉在床上，失去了活动的自由。我希望刘老师不至于如此，希望他能依旧仰仗那功德无量的圆木棍，在地上奔走、跳跃、旋转，永远表现他的顽强和对生活的爱与追求。然而，倘若不幸他已经永远地离开了人世——不，他不会的，他将永远在我的记忆里行走、微笑，用那双写了无数个粉笔字的手，放飞一架又一架理想的风筝。那些给我数不清的幻想的风筝，将陪伴我的心，永远在祖国的蓝天上翱翔。

训练三：请分别为一节体育课、音乐课和美术课设计一段结课语。

第三章 小学课堂教学方式语

要点提示

本章立足于语言表达的形式与方法，针对教师课堂教学所涉及的不同类型的方式语进行学习。通过不同方式语的特点、要素、建构原则等知识的讲解，让学生了解方式语建构的内在机制及表达特点。

学习目标

知识目标：

- 了解课堂教学方式语的特点及其表达功能。
- 掌握小学课堂教学方式语的主要类型及其建构。
- 掌握不同课程教学内容对教学方式语运用的要求。

能力目标：

- 能根据不同教学对象、教学内容选用、构建恰当的教学方式语。
- 能对不同类型的教学方式语进行对比分析并对其运用进行评价。

第一节　小学课堂教学方式语的性质与特点

课文《圆明园的毁灭》教学中的讲解：圆，是圆满无缺的“圆”；明，是光明普照的“明”；后面这个“园”，是皇家园林的“园”。一座圆满无缺的皇家园林，一座光明普照的皇家园林，被两个强盗给毁灭了。“圆满无缺”，因为它凝聚了151年的能工巧匠的风雨兼程，凝聚了古往今来的一切奇思逸想；“光明普照”，因为它融会了整整六代皇帝的浩荡皇恩，融会了散落在世界各地的建筑明珠。就是这样一个奇迹般的园林，就是这样一个不可思议的东方神话，却那么悄然又轰然地毁灭在两个强盗之手。

案例中的教师运用抒情方式语进行课文的讲解，因方式语的选择切合了课文的内容及要旨，表达恰当，情感真挚，产生了良好的教学效果。课堂教学方式语的选择及运用关系到教师话语表达的效果，本节将对小学课堂教学方式语的性质及特点进行分析，为方式语的选择及运用提供理论依据。

小学课堂教学，是在特定教学语境下，围绕教学内容，以小学生为表达对象来组织的交际活动。在这个过程中，教师会根据教学内容的不同选择使用不同的语言表达方式传输与教学有关的信息。这些运用于“课堂教学”这一特殊语境中的方式语具有其特殊的性质和特点。

一、小学课堂教学方式语的性质

小学课堂教学方式语，是指在课堂教学语境下，表达主体所使用的具有一定表述意义的表达方法与表述形式。主要包括叙述、描写、议论、说明和抒情几种方式。小学课堂教学方式语的性质是由小学课堂教学的特殊语境和特定的交际对象所决定的。小学生作为主要话语接受者，具有幼龄化、不稳定、差异化、语言表达基础弱等特点。基于特定的话语表达语境和对象，小学课堂教学方式语具有以下性质：

（一）规定性

小学课堂教学方式语的规定性是指教师选取任何一种语言表达方式进行教学信息的传递，都不是随意而为的，是受到相应的教学内容和教学对象规定和限制的。虽然，每个教师都有属于自己的语言表达特点和风格，但教师语言是职业语言，其表达风格要受到相应的学科特点、学生的接受能力等因素影响。只有符合具体的教学需求而运用的方式语才可能真正为教学服务。另外，不同的方式语具有不同的表达功能。如叙述语言的核心是交代与讲述，通常要求结构顺畅、脉络清晰、语句的衔接和连贯具有鲜明的时间线性特征，语句的表义结构常有显示时间、地点、人物、事件（包括原因、经过和结果）等要素的出现。描绘语言需要对描绘对象给予细节化的放大与刻画。议论语言需要在论点与论据间建立起强有力的逻辑桥梁。任何一种表达方式语都可以从言语的表述形式中找到标志性的表达方式要素。

[案例3-1]

教师：刚才老师和同学们一起分析了文章的结构，明确了文章的写作特点，感悟了文章的语言美，学了这篇文章，你对海伦·凯勒有了进一步的了解，请你说说海伦是一个怎样的人？

学生：坚强，勇敢，勇于面对困难，懂得感恩。

教师：是啊，如果你不能改变容颜，但你可以展现笑容。你不能左右天气，但你可以改变心情。你不能预知明天，但你可以把握今天。你不能决定生命的长度，但你可以拓宽它的宽度。每个人都有自己独特的魅力和价值，即使是流星也能划破夜空的沉寂，即使是一滴水也能折射太阳的光辉。无论怎么样，先接受自己，试着发现自己的优点，挖掘自己的潜力。①

案例中的教师，结合课文的情感性以及学生们的情感节点，恰当地选择了抒情表达方式语，以作者的人生经历来启发学生的个人情感，进而升华到人生的感悟。不仅运用的时机恰到好处，而且情感的抒发也让人觉得浑然天成，符合教学内容及语境的需求。教师使用的抒情性方式语特征明显，具有强烈的抒情意味。

（二）多元性

小学课堂教学方式语的多元性是由课堂教学的丰富性和多变性决定的。教师在选用和组织方式语时需要以教学内容的特点为前提，依据教学内容的知识层次、结构形式、信息要素等进行话语构建。一般来说，陈述性知识的讲解多需要以叙述、描绘为主；程序性知识的呈现则多采用叙述、说明；而要表达情感态度时则多运用抒情、议论来直抒胸臆，引发思考，鼓舞情绪。教学中，同一教学内容常常可以用多种教学方式语来呈现，然而，不同的方式语会产生不同的表达效果。例如，下列两位教师分别用了不同的方式语进行课文的导入：

[例1]

传说古时候黄山住着一位美貌非凡的仙女。每个人看到仙女都会惊喜万分。那位仙女还会弹一手好琴。她弹的琴非常响亮、动听，几乎整座山的人都能听

① 改编自高旭.《我的老师》教学实录.http://www.5156edu.com/page/09-09-25/49552.html

见。有一次，玉帝下凡，听见了那琴声。啊，多美妙的琴声啊！玉帝想让仙女弹给他一个人听，可是仙女不肯。玉帝一气之下竟把仙女变成了石头。从此，在黄山上就有了“仙女弹琴”这块奇石。其实，黄山上的奇石还有很多，今天我们要学习的这篇课文就要给我们介绍更多的黄山奇石，让我们一同进入课文。

[例2]

同学们，闻名中外的黄山风景区位于我国安徽省的南部，那里景色秀丽、神奇。奇石是黄山“四绝”之一，其他“三绝”分别为奇松、云海、温泉。黄山的石头，以奇取胜，以多著称。已被命名的怪石有120多处，形态可谓千奇百怪、令人叫绝。其中著名的“飞来石”，就有12米高，重达360多吨。今天，我们就要一起来了解黄山的奇石。

例1中的教师运用了叙述方式语进行课文的导入。通过故事的讲述，交代了“仙女弹琴”奇石的来历，引发学生对黄山奇石的浓厚的兴趣。显然，与例1中的教师相比，例2中教师的教学方式语就显得理性、科学，但略显呆板。他采用了说明性的语言方式来介绍黄山的奇石，多是数字化、精确化的表述，虽然信息量较大，但不够生动有趣。

小学课堂教学方式语的多元性还表现在：方式语的选择和运用会受到教师本身个性化表达因素的影响。除了教材内容的制约，教师课堂教学的表达方式还会因为教师个性化教学风格的不同而不同。外向型的教师常常在语言的感染力上独具特色，因此习惯运用细致的描绘语、感人的抒情语；而内向型的教师常使用简短精练的叙述语、科学严谨的说明语以及尖锐精辟的议论语。

二、小学课堂教学方式语的特点

小学课堂教学方式语除了具有一般的方式语所拥有的共性特点外，又因其用于特定的教学对象和完成特定的教学任务而带上了特殊的个性特征。

（一）课堂教学方式语的口语化特点

教师在课堂教学中运用的语言，是在准备教案、讲义的过程中组织起来的，但和标准的书面语言不同，它不是完全依据文本进行的表达行为。教师的课堂教学语言属于“有稿传达”的创作性的次生口语。它有明确的或潜在的文本依托，表达者借助语音系统，在口语模式下对文字化蓝本进行再次创作。优秀的教学语言是在充分准备的前提下，对课堂教学过程的把握与创造。只有将书本的知识转化为内在的认知与观念，整合调整，以个性化的语言表达方式呈现出来的口语“作品”，才是教师课堂教学方式语的本质特点。教师的课堂教学语言无论是独白式的，还是对话式的，都是口语化的。课堂教学方式语虽然有相应的表达规则，但无论哪一种表达方式，最终也还是要体现为口语化的表达。所以，教学方式语多选用浅显易懂的日常口语词汇和简短的句式，并且常常加入较多的语气助词来增加语言表现力。

[案例3-2]

教师：尽管同学们的发言不够热烈，但老师从同学们的眼神里读出了一种东西，这就是思考。的确，人这一辈子，有些问题是应该认真思考的，比如生命。尽管，这不是一个很轻松的话题。今天就让我们随着作家杏林子，随着这篇课文一起来学习思考生命。请同学们选择喜欢的方式读课文，遇到难读的要多读几遍，遇到不理解的要联系上下文。读完了要想想，作者思考的是生命的哪些问题？①

这段课堂教学语中，教师采用的就是发表议论的方式语，通过提问，引入了想要学生们思考的主题“生命”。短短的几句话，没有华丽的辞藻和堂皇的陈述，只是用了简单常用的词语来表达自己的论点。同时，在多个简单句之间，教师采用了非常清晰的逻辑关联词来连接前后语义，句与句之间简约紧凑。逻辑清晰、条理清楚、简约练达、重点突出，充分体现了口语化的特点。

（二）课堂教学方式语的儿童化特点

语言表达的方法与形式，是影响话语接收与传递最直接的因素。只有讲究说话的方法，并尽可能地使话语呈现出交际对象能够接受的形式，才能够达到教学语言运用的要求。小学生作为话语接受者，具有幼龄化、不稳定、差异化、言语基础弱等特点，所以，特殊的语用对象和环境决定了教师语言表达过程中表达方式的特殊性。

[案例3-3]

教师：哪位同学敢上台来露一手？

（无学生举手。）

教师：上课发言积极勇敢有两种。第一种是老师已提出问题或已说明要干什么，我觉得自己能答会做，举起手来了，这是积极勇敢，但还不够。第二种是不管老师问什么问题或让做什么事，不管我有没有把握，我都敢举手、敢尝试，这才是真勇敢。刚才我只说“露一手”，没说让做什么，你们就都不敢举手了。你们觉得自己是一个真积极、真勇敢的人吗？

学生：不是。

教师：那么我再问一次：谁敢上来露一手？（不少学生举手。）好！这才

① 改编自小学语文特级教师许敏峰课堂教学实录.http://www.5156edu.com/page/09-09-25/49552.html

叫勇敢积极。（指着一名学生）你举手最快，请你来，把今天讲课的课题写到黑板上。（学生板书"古井"。）你们可能心里在想：这露一手就这么简单？早知道我也快点举手了！有点后悔，是不是？

学生：是！①

案例中的教师为了鼓励和帮助羞怯的孩子们在课堂中养成积极回答，勇于举手的行为习惯，结合小学生的特点组织了一段议论语。教师反复强调了"真积极"与"真勇敢"这两个词，并用第一人称"我"来形容积极勇敢的表现，让孩子们有感同身受的共鸣体验；在表述中用具体的行为描述性语言替代抽象的概念性表述，符合小学生的认知思维习惯；最后教师在议论结束时，提出了激励性的设问，来刺激孩子们跃跃欲试的好奇心理。

依据小学生的认知思维习惯与人格发展特点选择和建构方式语，是课堂教学方式语运用的关键。课堂教学方式语的少儿化，要求课堂教学方式语的建构要因人、因时、因地，同时注意多使用叠声词，多运用拟人化的表达，善用生动形象的修辞手段，以区别于其他语用环境中的方式语。

（三）课堂教学方式语的风格化特点

教师的语言风格是指教师在善用、巧用教学方式语的过程中，逐渐养成的稳定化、个性化，富有创造力的语言表达习惯，最终形成长期、稳定的个性化教学语言表达模式。个体的语言表达是其思维的外在表现，因此，教学语言表达风格是教育智慧的表现和载体。

课堂教学是科学与艺术相结合的活动。教师在课程教学中的所有语言表达行为都是教学信息传递、学科知识教授的创造过程，同时也是意识精神展现、师生情感交流的审美过程。课堂教学表达是兼具知识性与审美性的言语交际活动。教学方式语的使用是教师语言风格体现的外在形式之一，不同风格的教师在面对同一教学内容时会选用不同的方式语，从而形成诸如典雅庄重型、情感激扬型、方法导引型、沉稳理智型、知识渊博型、语感体验型、质朴自然型等不同的表现风格。

第二节 小学课堂教学方式语的运用原则

小学二年级的说话课训练"自我介绍"，教师在讲解发言要求时说："小朋友

① 改编自支玉恒.全国知名小学语文教学专家名师课堂实录.http://wenku.baidu.com/view/e5cc3627482fb4daa58d4b9f.html

到讲台前面向全班同学自我介绍的时候，第一要大胆。怎样做算大胆呢？身子站直，眼睛向前看！两眼看天花板或者地面，腰弯着，都是胆小的表现。……第二，说话口齿要清楚，声音要大一点儿，让坐在后排的同学也能听得见。”①

案例中的教师运用说明的方式给学生讲解发言的具体要求，在组织语言的时候，考虑到了表达对象的话语理解特点。教师简明扼要地提出了两个要求，并且运用直截了当的动作要求来表达，所使用的措辞简单明了、生动形象。任何一种方式语的使用都需要遵循一定的原则，案例中的教师正是遵循了说明方式语运用的基本原则，达到了说明的目的。本节将对小学课堂教学方式语的运用原则进行分析和探讨。

小学课堂教学话语表达大致可以分为反映客观事实的再现客观类表达和对客观世界发表观点的表现主观类表达。再现客观类表达旨在采取客观态度，力求真实表述客观事物，包括叙述、描写、说明；表现主观类表达旨在表现主观认识与情感态度，包括议论和抒情。前者为记叙性的表达方式，后者为论说性的表达方式。不同的课堂教学方式语具有自身特定的表达功能与特点，但当将其运用于课堂教学中时，需要依据教学的规律遵循共同的运用原则。

一、依据教学内容选择方式语的条件性原则

小学课堂教学方式语运用的目的是为了产生良好的教学效果。方式语的选择与使用就必须结合不同教学内容的教学目标与知识特点，选择性地运用具有不同表达功能的方式语。例如，小学“数学”“科学”“劳作”等课程中的自然科学内容的讲解，可以多使用叙述、描写、说明等再现客观类表达方式语，凸显客观、严谨的学科特色；人文学科或是陈述性知识的教学中，则多采用议论、抒情这样的主观表达类的方式语，以启发学生的主观个性化思维与情感态度表达，提高人文修养。当然，不同类别的教学方式语选择也不是僵化固定的，在选择时应注意灵活多变。有时候，在科学类客观内容教学时灵活运用主观表达类的方式语也会取得特殊的表达效果。

[案例3–4]

一位教师在数学课开始时对学生说：“很多同学害怕数学，觉得数学很难学。可是，大家知道吗？数学是自然科学皇冠上那颗最大、最美的宝石！其

---

① 节选自于永正.教海漫记.徐州：中国矿业大学出版社，1999：182.

他的自然学科都是在数学光辉的照耀下，才能够闪闪发光的！只要能够把数学学好，其他的自然科学就能畅行无阻！大家不要怕，我会帮助同学们克服一切学习中遇到的困难！”

案例中的教师从学生的学习态度出发，以感性的语言从学生的主观感受出发激励学生学习数学的积极性。教师首先抓住学生的畏难心理，用比喻的修辞手法强调数学的学科地位，以此表达自己对于数学这门自然学科的热爱与尊敬。这种主观表达的方式，直抒胸臆、由己推人、鼓舞人心。表达的结尾，以抒情的方式号召大家一起努力，产生了良好的激发效果。

二、结合学生年龄特点运用方式语的对象性原则

小学课堂教学方式语的运用应该充分考虑小学生的话语理解特点与认知规律。一方面有利于小学生对教学信息的接收与理解；另一方面，有利于小学生语言表达能力的提高和语言表达习惯的培养。

依据皮亚杰的认知发展理论，小学生的认知思维处于具体运算阶段，可以在准确语言提示与指导下，进行具体形式的运算、推理、回忆、想象等思维认知活动。因此，在课堂教学中，教师的语言表达方式要突出基础性、规范性、准确性以及形象性特点，做到清晰准确、简洁明了、形象生动、启迪思考。一般来说，对于低年级小学生，话语的表达方式宜以叙事、描述为主，辅之以说明、议论。因为以具体描述为主的语言生动、形象，常可以较好地刺激儿童的思维再现与联想能力，激发由已知学习未知的认知模式。而随着年龄的增长，教师则应在表达中逐渐增加议论、说明等有利于启发理性思维发展的话语表达方式，以刺激学生的抽象思维运算能力。

[案例3–5]

一节小学语文课中，一位教师是这样导入课文的：

同学们，我们家乡有小河，有长江。小河的水轻轻地流着，长江的水滔滔地向前流着，大海的水更是波涛翻滚着、奔腾着。不管是小河的水、长江的水，还是大海里的水，都是日夜不停地向前流着。然而有一种水，却不是向前流去，而是从很高很高的山上倒下来的。你们知道这是什么吗？（在教师的启发下，学生很快联想到“瀑布”，情绪也随着瀑布水流的奇特而兴奋起来。）①

以上案例中的教师抓住了小学生的好奇心理，先将大家已经熟知的小河、长

① 李吉林.小学语文情境教学.南京：江苏教育出版社，1996：57.

江、大海的水流进行描述，然后对比着提出另一种流向的水，从而导入课题，充分唤起了学生的好奇心。在充分了解学生已有知识的基础上，以简洁、生动的描述引起学生的兴趣，然后条理清晰地展开对比叙事，进而启发学生的积极思考。

三、符合表达要求构建方式语的规范性原则

任何一种表达方式本身都具有语言组织的规则与运用要求，只有依据特定的表述规则和运用原则才能使所选用的方式语发挥其独有的作用，达到既定的表达目的。既然是话语表达的方式，就必定涉及语言的呈现形式，它是话语主体思维内部的话语信息运算过程的结果所呈现出的有迹可循的话语形式。例如，叙事语言的构建常以时间序列、空间转换等元素为线索，叙述内容以事件发生的基本要素为基础。描述的基本要求在于从微观角度对人、事、物细节的刻画与再现。议论语言的表达需要注意论点、论据与论证过程三个基本元素的逻辑关系与相互联系，等等。教师在运用不同方式语时需要了解和掌握每一种方式语的表达功能、表达要求以及组织规则，才能够按照特定形式规则组织语言，构建起准确、适当的教学方式语。

四、追求教学效果创设方式语的实效性原则

教学方式语的选择、使用，是教学表达效果不断优化的过程。无论采取哪种方式，都是为了实现最佳的课堂教学效果。所谓言无定式，在完成既定教学目标的基础上，能够产生良好教学效果的表达方式语，就是最佳的教学方式语。

[案例3–6]

一位数学教师在讲授“比较分数的大小”时，运用了叙述式故事导入的方法：

话说唐僧师徒四人去西天取经，走进火焰山，热得要命，这时，猪八戒到一户人家要来一个西瓜，大家十分高兴。八戒心想：如果四个人平均分，我只能吃到这个西瓜的1/4，我跑了路，应该多吃一份，于是就说：“这西瓜是我去要来的，我得多要一份，我得吃1/5的西瓜！”悟空一听哈哈大笑，满口答应。谁知八戒分到1/5的西瓜以后，嘟着长嘴气极了。猪八戒究竟为什么这么气呢？请大家思考一下。到底1/4和1/5究竟哪个更大呢？今天我们

就来学习比较分数的大小。[1]

案例中的教师为了引起学生们的学习兴趣，先通过叙述故事的方式激起大家的兴奋，然后慢慢引入故事的核心，也是课程教学的主要内容——比较分数的大小。教师紧扣学习重点，生动形象地创设了问题情境，使叙述语言的运用产生了良好的表达效果。

善用、巧用教学方式语的教师，往往能够养成稳定的、个性化的语言表达习惯，形成鲜明的教学语言风格，能够以不断优化课堂教学效果为目标创造性地运用教学方式语，是小学教师教学语言素养不断提高的体现。

第三节　小学课堂教学中的叙述

小朋友们好！今天我给大家带来一个小故事。花果山风景秀丽，气候宜人，那里住着一群猴子。有一天，猴王给小猴分桃子。猴王说："给你6个桃子，平均分给你们3只小猴子吧。"小猴子听了，我只能得到2个桃子，连连摇头说："太少了，太少了。"猴王又说："好吧，给你60个桃子，平均分给你们30只小猴子，怎么样？"小猴子得寸进尺，挠挠头皮，试探地说："大王，再多给点儿行不行啊？"猴王一拍桌子，显示出慷慨大度的样子："那好吧，给你600只桃子，平均分给你们300只小猴子，你总该满意了吧？"小猴子觉得占了大便宜，开心地笑了，猴王也笑了。谁是聪明的一笑呢？为什么？[2]

案例中的教师运用叙述方式语进行了教学内容的导入，将所要讲授的数学知识融入故事的发生、发展、变化中，有情节、有信息、有事件，充分体现了叙述方式语的特点。本节将系统介绍案例中所运用的叙述方式语的定义、特点、作用以及表达要求，同时分析小学课堂教学叙述方式语的构建及其运用。

叙述，是日常生活中运用频率最高的表意交际类型。它是指将人的经历，事件发生、发展、变化的过程用各种表义语言传送出去的一种表意形态。小学课堂教学中所运用的叙述语，是指教师在课堂教学过程中针对不同教学内容进行表达时，完成叙事、沟通、信息传递等功能的教学口语表达形式。是教学中最基本、最常见，也是最主要的表意手段，用来展开情节，交代人物活动和事件经过。

① 改编自孟宪恺.微格教学与小学教学技能训练.北京：北京师范大学出版社，1998：112.
② 赵明瑜.特级教师课堂语言风格的案例研究.山东师范大学硕士论文，2011.

一、叙述性话语表达的特点和作用

叙述一般用于对人物及其经历进行综合介绍或概括交代；用于说明事物的发展变化及其状态、特征、构造、功用和成因；用于交代事件发生的时间、地点及经过；也可以用于情况介绍，为发表议论提供事实论据。叙述性话语具有结构顺畅、脉络清晰，语句衔接连贯和鲜明的时间线性特征；文辞朴素，简明扼要，富有流动性；语句的表义结构常有显示时间、地点、人物、事件等要素的出现。

（一）叙述性话语表达的特点

作为教师在课堂教学过程中对人物经历或事件的发生、发展、变化过程进行叙说和讲述时所运用的一种方式，叙述性话语表达具有以下两个显著的特点：

1. 逻辑性

叙述性话语是事件发生、发展、变化过程中基本要素的组合。这些要素之间的有机组合需要一个核心依据，才能够实现表意功能。因此，叙述性话语的组织需要有明确的核心逻辑线索，否则，叙述就会显得杂乱无章，信息冗余。叙述的逻辑性主要体现为时间关系的逻辑。人们对于时间的个体体验不仅是客观世界的各种持续不断的变化，而且也是个体思想和感情的运行次序。无论是顺叙、倒叙、还是插叙，都需要依据时间的线性逻辑来进行。另外，在事件叙述过程中还会有因果逻辑、时空逻辑、情感逻辑等逻辑性质的体现。

[案例3–7]

一位教师在上小学课文《小小的船》时，用叙述性话语来引入教学：

同学们，古时候，人们就想飞到月亮上去，我国民间就有一个神话故事叫《嫦娥奔月》，说的是人间有一个叫嫦娥的姑娘听说月亮上很美，于是想尽了一切办法，飞到了月亮上。当然这只是个神话。现在我们人类不但已经登上了月球，而且还能乘宇宙飞船再回到地球上来呢！前不久，咱们国家的“嫦娥三号”卫星就成功地登上了月球。到底月亮长什么样呢？让我们一起来看看。

在这一段叙述性话语中，教师运用的是时间的逻辑顺序来表述事件的发生。从“古时候”到“现在”再到“前不久”，以“登月”为核心线索，在众多人物、地点等要素信息中，清晰地完成了关于“人类登上月球”这一核心事件的叙述，充分体现了叙述的逻辑性。

2. 情节性

情节，体现为叙事作品中表现人物之间相互关系的一系列生活事件的发展过程。叙述性话语的表达除了从宏观的整体脉络着眼进行叙事外，还特别表现为微观情节要素的体现。叙述的情节刻画把关注点从事件发展的宏观脉络转移到人物或场景的微观细节，不仅丰富了叙述语的表现力和感染力，也传达出更多的情感需求和信息含量。如果叙述中没有或缺少情节的内容，就大大降低了叙述的表达效果。情节的表达是叙述不可缺少的重要特点。在叙述的推进中有定格，整体中见局部，共性中显特色，使叙述表达富有生命力与启发性。

[案例3–8]

一个教师在课堂上给大家讲教育家陶行知的故事。在讲到陶行知给那个用泥块砸同学的学生送糖的时候，说："放学后，陶行知来到校长室，这个学生早已经等在门口了。可一见面，陶行知却掏出一块糖放在他手里，并说：'这是奖给你的，因为你按时来到了这里，而我却迟到了。'学生惊讶地接过糖。随之，陶行知又掏出一块糖放到他手里，说：'这快糖也是奖给你的，因为我不让你再打人时你立即就住手了，这说明你很尊重我，我应该奖给你。'那个学生更惊讶了，感动地流下了眼泪！"

这个故事的叙述充满了情节性，这种细节刻画使表达极富感染力，也更加真实可信。

（二）叙述性话语表达的作用

1. 组织相关内容，交代事件的来龙去脉

客观事件发生过程中的关键要素与非关键要素很多，重要情节与次要情节、必要条件与充分条件、主要原因与次要原因、关键人物与次要人物等，话语表达者需要根据表达目的与动机的不同来筛选、组织相关的内容要素才能完成一个完整的叙述性表达。叙述性表达的结束，以事件发生过程的完整表述为标志，需要向信息接收者交代清楚必要的事件信息，否则，就是一个不成功或效果差的叙述。

2. 表述人物思想，介绍人物性格及关系

事件情节的发展除了事物发生的逻辑因素外，也常常由人物性格的发展逻辑来决定。因此，叙述的另外一个作用就是陈述相关人物的思想、态度或情感，展现多人或群体之间的相互关系，以实现叙述者的表达目的。

3. 承接上下语境，衔接过渡信息

除了主体内容的表达，在上下语境的起承转合之间，叙述性话语也常被用来进行过渡、衔接，起到桥梁的作用。

二、小学课堂教学中的叙述性话语构建

叙述作为人类交流的主要表达方式，广泛运用于不同语言交际领域的同

时，也被不同的语用主体根据不同的交际目的使用着。因此，同为叙述表达，由于语用主体、交际对象、目的等的不同，其话语构建也会发生相应的变化。

（一）小学课堂教学叙述语的构成

叙述的流程主要体现在叙述的表达和理解两个阶段。教师将需要表达的话语内容以叙述的形式进行组织，呈现给学生，力求让学生在话语理解过程中，接受叙述交流信息，提高理解质量。叙述交流以学生对叙述性话语理解效果的反馈为结束。叙述者依据表达意图将表达内容转化为不同形式的叙述形式，接受者将叙述转化为意义，见图3–1。

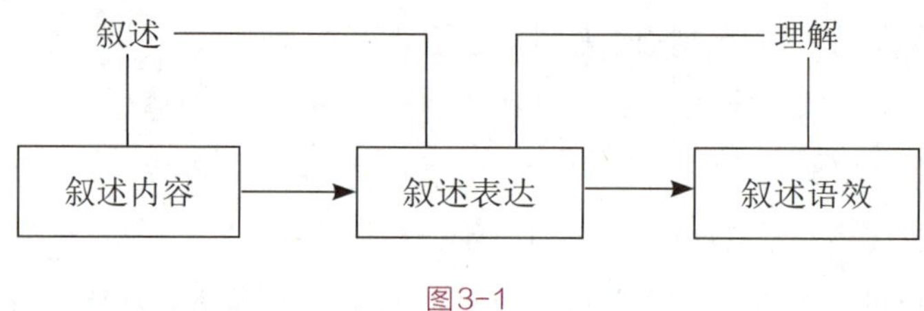

图3–1

图3–1中，“叙述内容”是需要表达的叙述素材本身的事件内容，“叙述表达”是叙述加工后的话语意思，“叙述语效”是受述者所理解的意思。

在这个过程中，叙述者依据叙述形式的要求来组织话语的信息编码过程。“叙述内容”决定叙述的要素，叙述水平的高低决定“叙述表达”的呈现，而“叙述语效”的反馈由受述者的理解效果来衡定。

在言语交际过程中，叙述内容=叙述表达=叙述语效的情况是言语行为的理想状态，然而，现实中常会出现叙述与理解的“剪刀差”，也就是话语理解过程中的信息丢失现象。因此，熟练运用叙述规则构建话语，才能确保信息传递的准确性，同时增强叙述交流的表现力，最大程度提高叙述的表达效果。

课程教学中，教师是叙述表达的主体，学生是叙述反馈的客体，二者之间以叙述语的形式传递信息、沟通交流，在相互协作的基础上完成特定的课程教学任务。“叙述内容”取决于教学内容的变量和教师的叙述要素的选择加工，“叙述表达”由教师这个特定的叙述者控制，而最终的“叙述语效”则通过受述者学生的理解效果得以表现。在这个过程中，对叙述过程具有主观决定性作用的环节就是叙述者（教师）的叙述语构建，如何构建科学有效的叙述语言，并以此达到成功的课堂教学交流是每一个教师必须掌握的教学语言技能。

（二）小学课堂教学中叙述性话语构建的内容

1. 叙述的要素

广义的叙述包含三大要素：环境、人物与事件。狭义的叙述要素具体为时间、地点、人物、事件、原因、结果六个要素。时间与地点即叙述的环境要素，事件本身、事件原因以及结果则是广义“事件要素”的内涵。无论是“三要素说”还是“六要素说”，都是叙述性话语构建的基本信息素材。也就是说，教师在教学叙述性话语构建时，必须从这六个基本信息出发来组织话语表达。

2. 事件的序列与逻辑结构

叙述，是依据一定的原则与结构，对核心事件进行语言表述的过程。事件，是形成叙述故事的素材信息的组合，是一系列零散信息的多元表现。它以不同的序列方式来呈现。通常的事件通过组织可以形成故事，而小学教学中叙述性话语构建的“事件”元素，主要是以教材内容信息方式来呈现的。小学课堂教学中的叙述性话语素材就是依据教学内容知识点的序列来呈现的。

叙述性话语的构建需要依据一定的逻辑线索。逻辑线索的选择是从不同的叙述要素出发来决定的。小学教学中常用的逻辑结构有时间逻辑、空间逻辑、因果逻辑及情感逻辑。时间逻辑以事件发展的时间变化为依据来组织其他信息元素完成语言表述。无论是人物活动的过程，还是事物发生发展变化的过程，都表现出一定的顺序性与持续性，即“过程”在一定时间条件下进行。空间逻辑是依据事件发生的空间变化来呈现事件过程的逻辑结构，是因地而变的事件叙述结构，如参观、旅游时的叙述表达；同一时间不同地点发生的关联事件叙述等。因果逻辑是以事件发生发展的变化因素为线索的叙述结构方式。任何事件的发生与变化一定会有一个原因或前提条件，它决定了事件发展的方向和最终的结果。因果逻辑一般都会遵循客观事物的发展规律，前因后果的逻辑联系相互呼应、有迹可循。情感逻辑是以人物主观态度、情感的变化为叙述线索的逻辑形式。人物是叙述过程中不可忽略的核心要素，事件的发生离不开人物，人物的变化也需要事件来表现。叙述事件中的人物要素变化是以主观情感态度的变化为线索的，它的变化以人物个性化发展为转移。

（三）小学课堂教学叙述性话语构建的方法

叙述者要以逻辑主线为中心，按照不同逻辑的既定序列结构来组织话语信息。按照叙述组织的结构方法，可以把小学课堂教学常用的叙述分为以下几种：

1. 顺叙

顺叙是指按时间的推移、空间的自然序列、叙述者或人物的思想感情发展的进程、人物活动的次序或事件的始末进行叙述的表意方式。简单地说，就是依据常规逻辑关系的既定结构来完成言语信息的组织安排，从前往后、由头至尾，前因后果，顺序表达。这是一种最基本、最常用的叙述方法。它循着事物发展的程序，符合人们的接受心理和阅读习惯，便于把叙述内容表述得条理清楚、自然顺畅。运用顺叙要注意区分主次、讲究详略，注意疏密相间，防止平铺直叙。

[案例3–9]

一位教师在上《太阳》一课时，运用了这样的叙述性导语：

小朋友们，你们知道吗？传说古时候天上有十个太阳，照得地面寸草不生，人们热得受不了了，就找了一个箭法很好的人射掉了九个，只留下一个，地面上才不那么热了，为什么射箭的人不把十个太阳全射下来呢？

这段导语，采用顺叙的表达方式，前后衔接严密，没有多余的信息，直接按照故事脉络交代主要情节，把叙述的重点放在了最终的提问上。按照故事顺序进行叙述的表达使语言逻辑清晰、流畅完整。

2. 倒叙

倒叙是指先把叙述事件的结局或事件发展过程中某个突出片断提到前边来说，然后再按事件的发生发展顺序展开叙述的表意方式。倒叙强调了事件的结果或高潮，容易造成悬念，形成波澜，引人入胜。采用这种方法要注意开头的“倒叙”与后续的“顺叙”部分的衔接，使之连接紧密、过渡自然。

[案例3–10]

小学语文课《艾滋病小斗士》的导课语：2001年的6月1日，和往常一样，是一个全世界儿童欢庆节日的日子，可是就在这一天，一个叫恩科西的12岁男孩儿去世了。他的死引起了全世界的关注，连联合国秘书长安南都为他的去世而感叹不已。这是为什么呢？恩科西是一个生长在南非的黑人孩子，由于妈妈是一位艾滋病患者，他一出生就携带着艾滋病病毒。……

这是一节语文课的开场语，教师使用倒叙的表达方式，引起了学生们的好奇心理，引发了对后续课文内容的关注与兴趣。前面结果的叙述引起了悬念，后面叙述内容的衔接过渡自然、联系紧密，将课文的主要内容围绕在核心人物的身上。

3. 插叙

插叙是在叙述过程中，根据表达内容的需要，暂时中断主线，插入相关的事情或必要的解说的一种表意方式。巧妙地运用插叙，可以扩大叙述跨度，丰富叙述内容，使整个叙述表达更加丰满，富于变化，曲折有致；可以使事件的发展和人物形象表现得更加充分突出，叙述的主题开掘得更加深刻。插叙的内容可以是对往事的回忆联想，可以是对某些情况的诠释说明，还可以是对人物、事件、背景的介绍。

[案例3–11]

小学语文课文《十里长街送总理》教学中教师的叙述：

总理的灵车到来后，人们眼睁睁地望着灵车，哭泣着，不由得回忆起周总理生前的情景——就在这十里长街上，我们的周总理陪着毛主席，检阅过多少次人民群众，迎送过多少位来自五洲四海的国际友人。

上述案例中的教师，运用插叙，把往常的场景与“送总理”时的场景进行时空对比，形成了一种情感激发的独特效果，更加凸显了叙述的表现力和感染力。作为教学语言，插叙能使结构变化丰富、角度多元，能够给学生们留下深刻的印象。

4. 补叙

补叙是有意把部分情节进行隐藏或在交代主要情节时对某个相关情节进行补充叙述的方式。故意“藏”去若干片断，到后面适当的地方再把这些片断“亮”出来，使听者有恍然大悟的感觉。通过这一“藏”一“亮”，造成叙事的波澜与起伏，增加表达的吸引力与表现力。

[案例3–12]

教师：为什么孔乙己会“青白脸色，皱纹间时常会夹些伤痕”呢？一个学生回答：说明他好吃懒做，经常偷东西被人打。教师借这个话题加入了一段补充的叙述：这位同学答得对。孔乙己是一个深受封建科举制度残害的下层知识分子，一生穷困潦倒，既未能进学，又不会营生，再加上他好吃懒做，不愿劳动，使他的生活连温饱都得不到保障，穷得“都要讨饭了”。因此，他不可能有上流社会达官豪绅那种“红光满面”、脑满肠肥的“富相”，只能是“青白脸色”，再配合他那件“又脏又破”的长衫，真是太落魄啦！

这个补充的叙述针对孔乙己的人物身份做了一个详细的介绍，不仅可以为进一步学习孔乙己这个人物的性格特征作铺垫，同时也使整个叙述的内容成为课文学习的良好补充。

5. 平叙

平叙也叫分叙，是对同一时间内发生在不同地点的两件或多件事情所作的平行叙述或交叉叙述。对那些紧系于同一主干事件中的分支进行叙述时，多采用交叉叙述，这样可以把头绪纷繁的人与事表现得有条不紊，并且突出了紧张气氛，增强了表达效果；对那些联系不甚紧密，而又由同一主线贯穿的几个人、事、物进行叙述时，则多采用齐头并进的平行叙述，这样可以把平行发展的事件交代得眉目清楚，显得从容不迫，而受述者则可以同时看到平行的各个事件，从而获得立体的感受。平叙可以一件事一件事地分别叙述，说完了这件事再讲那件事。平叙与插叙的区别是：插叙是在甲事中插入乙事，乙事为甲事服务；平叙则是甲事、乙事（或者更多事）同时记叙，每一件事情之间的关系是并列的、平行的，它们共同为叙述的主旨服务。一般来说，平叙属于相对复杂的叙述方式，在小学低年级的教学中不应大量使用，容易让学生，尤其是抽象思维能力较弱的低年级小学生难以抓住教师表述的关键内容。

[案例3–13]

一位教师在考试后反馈考试成绩时对学生说：

同学们，这次考试的成绩不错，班上的大部分同学都有很大的进步，尤其是小平同学，上次的考试他的简答题都空着，可是这次他不仅全都认真地作答，而且分数很高。这不仅是学习成绩的进步也是学习态度的转变，老师觉得，咱们全班同学都应该用掌声来鼓励一下他！同时，这次考试却有一位同学让老师很难过，上次考试中表现很好的阳阳，在这次考试中却明显地退步了。老师仔细看了他的试卷，他答错的原因并不是不会，而是粗心，这是咱们很多同学都存在的问题。

案例中的教师在反馈考试结果时运用了平叙的方式，同时列举两个典型学生的情况，对考试进行总结与评价。同时以两个学生的情况为主线，交代结果，对比分析，既能够凸显对比的效果，也可以突出教师的评价依据与态度。

小学课堂教学中，叙述占据了很大的比例。在叙述性话语表达的建构中应该主要依据逻辑关系与结构方式的不同来组织语言。逻辑关系决定了叙述表达的内在线索，而叙述结构则是话语信息最终呈现的外在方式。同一个逻辑线索的叙述内容可以不同的叙述结构方式来呈现。

（四）小学课堂教学叙述性话语的形式

常见的叙述形式有直述、转述、描述和评述四种。直述和转述，源于叙述者角度的不同，从不同角度来表现话语的叙述效果。而描述与评述，则是叙述性话语表达杂糅了描绘性话语以及议论性话语的口语表现形式，在叙述性话语为主的话语形式中，融入更具表现力、感染力的表达方式，来凸显叙述者的个体观点。

1. 直述

也称为直接叙述，它除了要把说话的内容表达出来，还要求把说话者的语气、态度具体而传神地表现出来。不加任何引言、铺垫及背景介绍，不做任何多余的修饰和抒情处理，直接对说话内容进行讲述，让受述者仿佛在听说话的录音或亲历事件现场。直接将故事人物原话复述给受述者的时候，用“原音重现”的表达效果来增强语言形式的表意效果，既还原了故事人物的态度与情感，实际上也间接地表达了叙述者本人的态度。

[案例3–14]

同学们，今天上课之前我要和大家讲个新《龟兔赛跑》的故事。乌龟跑赢了兔子后，骄傲地回到了海里，整天好吃懒做，不思进取。朋友来劝他，他说："哼！我连蹦蹦跳跳的兔子都战胜了，还有什么好努力的！"而兔子因为输了比赛，灰溜溜地回到森林里，每天拼命练习跑步，并且每天晚上睡觉前都一再提醒自己："偷懒误事儿，可千万不能再骄傲了。"到了第二年的动物运动会，乌龟和兔子又一次狭路相逢，来到了赛跑的跑道上。大家说，这一次，你觉得是乌龟会赢，还是兔子会赢？

案例中的教师用平铺直叙的方式，叙述了乌龟和兔子各自的改变。叙述中适当运用不同的语气进行角色的再现，使学生对乌龟和兔子不同的态度和表现有了清晰的认识。

2. 转述

也称为间接叙述，是叙述者转述别人的话给受述者听，就是从第三者的角度把话语用转述的口吻表达出来，主要目的是让受述者了解话语的内容，所以不那么注重语气、态度的一致性和传神性。转述与直述相对，不用"复制"事件的原型，重点是将故事人物的话语内容进行传达与告知。因此，转述更加注重的是话语的内容而非形式的语义表达。

[案例3–15]

一次上课前，班主任刘老师没有急着上课，而是满脸笑容地说："同学们，来上课的路上，我遇到了大家的数学老师，她告诉我说：'小刘，你们班可出了个数学小天才呀！这周的新课我还没上，他在预习时就已经掌握了呢！习题都做得非常好！'同学们，大家知不知道数学老师说的是谁啊？"……

案例中的教师采用了转述的方式，将数学老师说的话讲述给学生们听。通过对数学老师话语内容的转述以达到当众表扬学生认真预习的目的，也表达了自己对那位学生的赞扬之情。

3. 描述

描述，是指在叙述的过程中借用描写的方法，运用各种修辞手法对事物进行更为形象化的表达。描述是以叙述为主，描写为辅的叙述性话语形式。具体来说，叙述加描写，可以是先叙述后描写，也可以是叙述与描写相糅合的形式。先叙再描的形式是叙述性言语为主干，显示事情的性状、事件的进行态势等，然后进一步加以描绘。而叙述与描写杂糅的形式，则是相互融合、不可区分，描写旨在具体生动地显示人物或场景的状貌，以形象感染听者；叙述则是介绍人物经历和事件的时间地点和发展、变化、结束过程。叙述是纵的绵延，描写是横的扩展。无叙述就会杂乱无章，无描写则干瘪枯燥，所以叙述和描写常交错在一起，像织布的经线和纬线那样，融合在一起、不可区分。

[案例3–16]

在一节语文课上，教师在课文导入时问学生们：最近你受到表扬了吗？当时你的心情怎么样呢？

学生一：最近我受到了高老师的表扬，高老师说我是个活泼开朗的女孩，我当时非常高兴、非常开心！

学生二：我最近受到了妈妈的表扬，我帮妈妈把衣服从阳台拿回屋里，妈妈表扬了我，我很高兴，我今后一定要多帮妈妈做些家务活儿！

教师接着说：很好！大家受到表扬时心情都非常高兴，当我们做对了一件事情时，就会受到别人的表扬与赞赏，这时就会开心，对吗？那么和表扬相反，如果受到批评会怎么样呢？请回答第二个问题：最近你受到批评了吗？谈谈你受到批评时的感受。

学生一：最近我受到过批评，是因为有一次妈妈给我布置了任务，可我只顾着玩电脑，没有完成任务，当时我很难受，脸上火辣辣地，感觉自尊心受到了伤害。

学生二：我最近也受到了批评。因为我把我们家新买的花盆儿打碎了，我妈妈回来后就严厉地批评了我，说那是她最心爱的花盆儿。我心想，不就是个花盆儿，至于吗？

教师：好，请坐。有时候受到批评也会觉得不甘心，是吗？确实，受到了批评会很难受，受到表扬会很高兴。做对了一件事，我们就会受到表扬；而做错了事就会受到批评。可是，有一位小朋友叫巴迪，他做了一件事，同时受到了表扬和批评，怎么这么奇怪呢？我们一起来看看到底怎么回事。……

案例中的教师运用引导学生描述的方式来组织导语。在这个过程中，教师一方面要求学生们叙述受到表扬与批评的事件经历，另一方面强调学生受到不同待遇时的心理感受描绘。这样的描述是结合了事件发生的叙述要素与心理描写的一种表达方式，既有客观叙述，又有主观描写。

4. 评述

也称为论述。它是指一面叙述某一件事，一面又对这件事进行相应分析、评论的叙述性话语，是叙述为主，议论为辅的叙述性话语形式。评述能够具体地记叙事件，充分地抒发感情，而且能直接揭示所写对象的意义，因而历来为人们所重视。叙、议二者的关系是：叙是议的基础，议是叙的深化。换一种说法，叙是铺陈，议是点染。一般说来，议的文字不宜太长，用语应精辟、简练。叙述和议论结合的形式，是叙述者的智慧、情绪、心态的显现，精彩的议论可以为介绍性的叙述增添思想的深度，意味隽永。

[案例3-17]

教师请一位学生把“荐”字写在黑板上，这位学生完成得很好，只是“荐”字的下半部分写得窄了些，显得头大脚细。教师给出了这样的评价：“我相信，这位同学肯定是太紧张了，他写的这个“上下”结构的字，下半部分偏小了一点儿，没有发挥平常的水平，只要把下面的“存”字再写大一点儿，这个字就能站得更稳当了！不过这位同学很勇敢，也是咱们学习的好榜样！”

案例中的教师采用的就是评述的方式。叙议结合的评述表达，把表达者的主观议论贯穿到叙述语句中，让学生能够在教师的提示与指导下了解问题的实质，明确努力的方向。

第四节 小学课堂教学中的描写

教学名师窦桂梅在执教《游园不值》时用了一段描写性的话语：“亲爱的同学们，原来当我们的慧眼去发现的时候，我们突然感觉，这些自然的小生物啊，这苍苔，将我们的眼睛染绿；这红杏，将我们的心田滋润；这柴扉，让我们去感受那自然的回归。如果说，苍苔的绿将生命唤醒；那红杏的红啊，将春天的生命照亮。”①

窦老师运用了体现事物特征的描写性语言和表达情感的抒情性语言，凸显了苍苔的绿、红杏的红、柴扉的古朴自然。恰当运用描写性的语言能产生具体形象、如临其境的效果。本节将系统介绍描写方式语的定义、特点、作用以及表达要求，同时分析小学课堂教学描写方式语的建构及其运用。

描写，就是用生动形象的语言，把表述对象的形象、状态具体生动地表现出来的表达方式。描写的主要作用是刻画人物形象，显示人物活动与事件发生的环境与背景，使人有如见其人、如闻其声、如临其境的感觉。在小学课堂教学中，教师的描写性话语可以把教学内容生动化、形象化，以增强话语的表现力与感染力，同时可以刺激学生的形象思维，激发其想象力，培养学生的审美感受。

---

① 改编自陈燕萍.解读文本的五个关键词：听窦桂梅执教《游园不值》有感.湖南教育（教育综合），2006（23）.

一、描写性话语表达的特点和作用

描写一般是具体的，描人，要使人闻其声、睹其容；状物，要使之可见、可闻、可触、可感；绘景，可情景交融，以景衬人，以景寓情，景人合一，创造一种鲜明的意境。描写的表达方式运用于教学中，是为了刻画人物性格、展开故事情节和突出主题思想。

（一）描写性话语表达的特点

描写性话语的特点主要有以下几个方面：

1. 一致性

描写性话语表达的一致性，是指表达与被表达对象特征之间的相互对应与内涵统一。描写是对人、事、物、情的描绘与刻画，记人记事是否与事实一致，绘景状物是否表达了景物的状态与特色，角色人物的态度观点是否清晰鲜明就要看描写话语所呈现的“画面”是否与描写对象一致。描写不是对具体事物的简单复刻，而是在对描述对象本质把握的基础上，灵活运用言辞手段来表现事物的内涵特点。

[案例3–18]

一位教师在课堂中给孩子们描绘小明娟[①]时是这样说的：“小明娟左手紧握铅笔，右手按在作业本上。她的脸色略显苍白，两只滚圆的大眼睛注视着前方，闪烁着对求知的渴望，分明是在说：‘我要读书！’。”

教师使用的描写方式语，不仅有外在的特征描绘，也结合了描写对象本身的背景信息，表现了描写的本质和内涵。

2. 再现性

描写性话语的再现性，是描述表达形象化的根本要求。语言再现能力的高低决定了描写形象化的程度。描写的目的就在于通过语言在听者思维中构筑起具体可感的画面，唤起某种特殊的感受。

[案例3–19]

一位教师在课堂中要求学生们学着做自我介绍。他说：“小朋友们到讲台前面向全班同学做自我介绍的时候，第一要大胆。怎样做算大胆呢？身子要站直，抬起头，眼睛自然向前看。两眼看天花板或者地面，弯着腰，那都是胆小的表现。第二，大家说话不要太快，口齿要清楚，声音大一点儿，让坐在后面的同学都能听见！好不好？”[②]

---

① “希望工程”一张著名的新闻照片中的小女孩。

② 于永正．教海漫记．徐州：中国矿业大学出版社，1999：182.

这一段关于大胆发言的细节描写语言，真实生动地再现了一个学生站在讲台上发言时，应该有的模样。教师在给学生形容胆子大的表现时，抓住了身体姿势、眼神以及声音表现的细节特点进行描写，让学生能够在还没上台之前就在脑海中呈现一个具体的形象。

3. 具体性

叙述性话语着力于对事件要素的整体性陈述与介绍，描写性话语关注的则是细节，通过细节的描述，给人以直观、形象的感受。

[案例3–20]

一位教师在讲解《父亲》时，所使用的描写性语言：

这是一张忠厚善良、朴实慈祥的老人的脸。在那一道道深深的皱纹中，仿佛隐藏了一生的艰辛。眼睛有些昏花，但却安详，没有一点悲哀和怨恨，有的却是无限的欣慰和期望。你们看，他这双勤劳的大手，青筋罗布，骨节隆起，虽然粗糙得像干枯的松树皮，但却很有力量。

这段描述性话语在细致观察的基础上，先从总体印象说起，然后依次描绘“深深的皱纹”“昏花的眼睛”“青筋罗布的大手”等，抓住了“父亲”从面部到肢体的突出特征。细节的刻画，使父亲形象得以具体呈现，增强了感染力。

（二）描写性话语表达的作用

描写的目的在于让话语接受者对具体的事物有较为细致、可感的理解，因此，描写表达方式具有以下作用：

1. 情景再现，形象可感

描写的作用是再现自然景色、事物情状，描绘人物的形貌及内心世界，使再现内容具象化。通过语言绘形、绘声、绘色地再现客观事物的“样子”，让听者如见其色、如闻其声、如嗅其味、如临其境、如睹其人、如历其事。在课堂教学中，描写性话语表达使教师能够在有限的时空背景下，将学生的思维带入到一个无限的想象空间语境中，达到刺激学生想象思维的目的。

2. 激发想象，引发审美

美感的本质，是与生命、与人生紧密联系的直接的经验，它是瞬间的直觉，在瞬间的直觉感受中创造出的反映本然生活的个性化意象世界。作为审美的主体，学生需要对审美的客体进行关注、感受，进而理解，达到内心情感的紧密联系之后，获得美感的体验。而描绘性语言的表达是把客观世界中审美客体的美感特征具体化、形象化、外显化的过程。教师的描绘性语言表达能够将审美客体隐性的、潜在的美感特征与学生这一审美主体联系起来，为学生打开审美体验的通道。具体细致的描绘语言，能够刺激人脑感受神经与具象思维的认知，激发情境的再现，引发审美共鸣；生动形象的描绘语言，能够引起抽象思维与创造想象的运动，启发情感体验的感受，引起美感的直觉。同样的月光，“疑是地上霜”的月光让人感觉清冷，“茭白般的月光”给人以亲切感，“蜡烛一样的月光”却是温暖隐约的。不同的语言描述表达带给听者的是不同情境、心境下的感同身受的审美体验。

二、小学课堂教学中描写性话语的构建

话语构建涉及对象、目的、语境等诸多要素。小学课堂教学中描写性话语的构建受制于具体的教学语境、教学目的和教学对象。

（一）小学课堂教学描写性话语构建的原则

1. 准确把握描写对象

描写对象是多种多样的，人物、环境、事物、场景、细节、心理都可以进行详尽的描绘与再现。在小学课堂教学中，描写可以为教师的教学对象增添浓厚而鲜明的表现力与感染力，以语言符号的再现来激发学生的形象思维与想象力。描写性表达对象的把握一方面取决于课堂教学表达内容的要求、教学的重点与目标；另一方面，则依赖于教师对话语表达的把控能力，取决于教师教学能力与语言表达。

2. 感性地呈现事物

与说明性话语表达强调语言的信息量、准确性与客观角度不同，描写性话语强调语言感性思维的特殊性，即使用可感、可知、可想象的感觉化语言来表现事物特征，同时以引起听者共鸣，刺激形象思维为目的。描写性话语的语言特色就在于针对细枝末节的着力呈现，要让倾听者印象深刻，就必须富于感性表达。例如，对一个人的描写可以是“他个儿高高的，长得很瘦，却从不驼背；眼睛很小，却炯炯有神；他特别爱笑，一笑起来就会露出洁白的牙齿”。这一段人物的描绘显然表现了描写者对描写对象的好感。如果把每一句话后面的部分去掉，改为“他个儿高高的，长得很瘦；眼睛很小，还特别爱笑”，就缺乏感性的态度与感染力了。

3. 个性化地组织话语

描写的表达方式很多，不同的描写类型就有多种不同的描写方式。不同的描述主体对同一个类型、同一个内容的描写性话语表达完全是个性化话语组织的表达。具体表现在选词、成句、布局、修辞使用等方面的不同。例如，一位学生尝试着给课文中的人物加台词时说：“你也带孩子，人家也带孩子，你带的孩子又脏又瘦，人家带的孩子又白又胖。”而另一位学生却描写为：“你也带孩子，人家也带孩子，怎么你带的就跟从垃圾堆拣出来的似的，人家带的就像才剥了壳的鸡

蛋心子，又白又光鲜。”同为描写，由于语用个体所使用的语言表现手段不同，所呈现的事物的样态也会各异。描写表达方式的个性化是语用者语言表达风格化的表现。

（二）小学课堂教学描写性话语构建的内容及方式

基于小学课堂教学的需要，教师在进行描写性话语构建时，应该立足于描写的类型及方法，根据不同类型的特点进行方法的选择，进而完成描写性话语的构建。

1. 小学课堂教学常用的描写类型

从内容的角度看，小学课堂教学常用的描写类型包括人物描写、环境描写和事物描写三类。人物描写是对人物形象的刻画。人物的性格、命运、心理、情感、情绪，以及人物关系的描绘不仅可以反映社会生活的真实性，同时也是具有审美价值的语言教学要素。人物是题材的第一要素，人物的描写表述可以从正面描写和侧面描写来反映。环境描写是指对人物与之发生直接关系的外界条件——社会和自然的描写。环境描写包括自然环境和社会环境描写。自然环境描写是对人物活动的自然景物进行的具体描述。精细的观察、独特的角度，以及突出表达主旨是自然景物描写最重要的表达要求。社会环境描写从狭义上讲，是指人物活动的处所、背景、氛围等；而从广义上讲，是指一定的历史时期的社会生活、人际关系的总和。事物描写，是对物体的描摹。目的在于使听者对所描摹的物体有一个准确而鲜明的具体印象，要求以形写神、形神兼备。

从叙述结构的角度看，小学课堂教学常用的描写类型包括正面描写、侧面描写两类。正面描写，指直接描写人物的外貌、心理和行动。开门见山，直入主题。侧面描写，又叫间接描写，是从对其他人物、事件的叙述和描写中渲染气氛、烘托人物的描写方法。

2. 小学课堂教学常用的描写方式

小学课堂教学常用的描写方式有静态与动态、概括与具体、主观与客观、白描与细描、衬托与烘托及情景交融等。

（1）静态描写，指平面式地、静止地对景物进行描写，采用画面式的平铺直叙来描写环境，忽略动态景物的运动化形态，突出环境整体性的静态景象。动态描写，指以动来写静，或把物用拟人化的手法进行描写。

（2）概括与具体是指我们在对环境进行描写时，不仅要从整体入手，突出整体环境的总体印象，还可以选取景物中的局部或细节来进行突出描述，使环境在话语的多层次表述中立体化地呈现在听者脑海中，增添符号表达的形象性。

（3）主观与客观是指描写者主观加工与景物客观特点的结合。在景物描写时，要做到景为情设、景中寓情、景以情迁、情景交融。这个时候描述者本身的主观情感态度，就需要自然地融入景物的语言描绘中，不能为写景而写景，让景物显得散乱、呆板。

（4）白描，就是以简单、质朴的文字，抓住人物或事物的特征，直接勾勒人物或事物形象的方法。白描突出了表达的真情实感，突出了描写对象的真实感，留给话语接受者思考与感受的空间。细描是对事物的主要特征作细致入微的刻画表达。细描用词绚丽、色彩斑斓，多采用一些华丽的辞藻或表述，常运用对比、比喻、拟人、夸张等修辞手法。在教师的教学语言运用中，细描的表述可以使用在一些文学性强的教学内容中，例如诗歌、童话的讲解。

（5）为了突出主要事物，用类似的事物或反面的、有差别的事物作陪衬的修辞手法叫衬托。运用衬托手法，能突出主体或渲染主体，使之形象鲜明，给人以深刻的感受。用类似事物来陪衬的叫正衬，用相反事物来突出的叫反衬。烘托和衬托都是着眼于“托”，即使某种事物、某个形象或某种情感得到凸显。但是烘托和衬托两者的手段、方式不同，衬托主要通过对该事物和与其相似或相对的事物的对照映衬来完成；烘托主要通过对该事物做外在的、侧面的描写来实现。

（6）情景交融中的“情”指情感、思想、观念等主观的内蕴实质，是语言表达的主旨；而“景”则指由人所遇、所想、所见的“人、事、物、景”所构成的社会生活图景，它是一种客观存在，是承载主旨的形象。情景交融，是描写语言表达的最高境界。这种表达是以超功利态度的审美体验为核心的表达。从触物生情到寓情于景，用语言符号创造出“形神一致”的意境，通过对人、事、物的生动描写表达心物交感的审美体验。这样的语言表达有利于让小学生在语言能力发展的学习过程中培养高尚的审美情趣以及良好的人文素养。

第五节 小学课堂教学中的议论

全国著名特级教师薛法根执教《做什么事最快乐》一课时，这样说道：“看着你们这么用心地读课文，老师真快乐！你们快乐吗？小朋友读得真专心！被老师摸过脑袋的小朋友请举手！你们读得特别认真，所以老师情不自禁地摸了一下你们的小脑袋，很喜欢你们！得到别人的礼物是快乐的，和别人一起分享也是快乐的。得到别人的表扬是快乐的。只要我们多为别人着想，做自己能做的事情，你就会得到真正的快乐！”①

在这段评价语中，薛老师层层递进，先夸赞学生，然后再结合自己“摸学生

① 改编自绿色圃中小学教育网.http://www.lspjy.com/thread-148457-1-1.html

小脑袋”的行为解释和论证什么是真正的快乐，有理有据，逻辑严密，使学生结合教师的话语理解课文，同时，也为树立学生正确的价值观奠定基础。本节将讨论议论性话语表达的特点、要求、作用，同时分析小学课堂教学议论方式语的建构及其运用。

议论，是一种说话人或写作者对某个对象发表见解，以表明自己的观点和态度的表达方式。通过说话人或写作者的评论分析和严密的逻辑论证进行说理，使听话者或读者了解、接受自己的观点或改变原来的观点。议论通常由论点、论据和论证三要素组成。议论分两大类：“立论”和“驳论”。立论称“证明”式表达，驳论称“反驳”式表达。议论能够使话语或文章鲜明、深刻，具有较强的哲理性和理论深度。在小学教学中，议论能帮助教师解释事物的本质属性，同时论证自己的观点。

一、议论性话语表达的特点和要求

议论就是用说理的办法，以概念、判断、推理等逻辑形式，直接对客观事物进行分析、评论、证明。教师在进行教育教学时，常会用到议论性的话语，让学生接受正确的观点，获得良好的引导。正确认识议论性话语表达，能使教师有效地运用议论为表达服务。

（一）议论性话语表达的特点

议论性话语表达以阐明观点为目的，如果不能证明或证明不力，观点就会立不住。教师正确地阐述和证明观点，在教学中尤为重要。小学生正处于价值观建立的阶段，对教师具有很强的依赖性。因此，小学教师的议论性话语表达应具有观点明确、逻辑严密、论据准确充实及揭示本质的特点，只有这样，才能给学生以清晰、明确的认知，有利于学生对知识的理解和接受。

1. 观点明确

议论的价值，主要取决于观点是否正确反映事物的本质和内在规律。因此，表述者提倡什么、反对什么，态度必须鲜明，不能模棱两可。教师在进行议论性话语表达时必须鲜明地提出中心论点，不能含糊。如果对自己所论证的论点还拿不准，或在认识上还是模糊的，那么“以其昏昏，使人昭昭”，自然就谈不上中心鲜明、突出。教师在进行教学和教育时，一定要做到观点鲜明，特别是在表扬或批评学生时，要让学生明确自己的行为是对是错，不能模棱两可，否则不但达不到教育学生的目的，还会让学生感到困惑。

2. 逻辑严密

议论的逻辑性是指教师在进行议论性话语表达时，话语内容应紧扣论点层层展开，条理清晰、措辞严谨。当教师提出自己的观点后，在议论过程中，应该紧紧围绕自己的观点进行论证，不枝不蔓、层层推进。

[案例3–21]

一位教师在跟学生讨论“读书的重要性”时，这样说道：“‘书中自有黄金屋，书中自有颜如玉。’便是自古人们都称论的。不读书，诸葛亮怎晓天文知地理？不读书，杜甫可会写出脍炙人口、激荡人心的诗句？”

这位教师紧紧围绕核心观点——“读书重要”引经据典，并通过三个反问来论证，论据本身按照时间顺序排列，层层推进、有理有据、条理清晰、逻辑严密。

3. 论据准确充实

充实的材料可以使话语有血有肉，打动人、说服人。充实的论据应该建立在准确的基础之上。准确一指所使用的论据事实应该是准确无误的；二指使用论据不能“南辕北辙”。

[案例3–22]

一位教师在谈到“雷锋精神很重要”时，这样说道：“一个美国商人这样看待雷锋精神：‘雷锋精神是人类应该有的，应把雷锋精神弘扬到全世界。要学习雷锋对待事业的态度，学习雷锋刻苦学习的钉子精神，学习雷锋关心人、爱护人、支持人、理解人的品质。’一个日本企业家这样感叹：‘雷锋仅20多岁就做了那么多的好事，成为伟大的英雄，对人类是有贡献的。学雷锋无国界之分，把雷锋精神引进我们公司，运用到生产实践中去，会改变员工的精神面貌，产生巨大的效果。’无论我们从事什么工作，都不能缺少雷锋精神。再平凡的岗位都可以做出不平凡的贡献。取得成功最重要的不是我们的能力大小，而是一个人的道德品质。任何时候，雷锋身上助人为乐、爱岗敬业、积极进取、勤俭节约的品质都是我们不断学习的要素。”

这位教师在论证时，列举两条关于外国人看待雷锋精神的论据来说明雷锋精神在整个世界的影响力，论据真实而充分。结尾时，结合了人的道德品质进行论述，使论证不仅仅停留在雷锋精神对世界的影响力上，而是回到使学生明白学习雷锋的重要性的重点上。整个论证过程，论据不仅充实而且丰富，具有很强的说服力。

4. 揭示本质

议论就是通过阐述事理从而揭示事物的本质内涵和根本属性的过程。议论性话语是运用确凿的事实、无可辩驳的道理、逻辑严密的语言进行论证，从而揭示客观本质的语言表达方式。

[案例3–23]

一位教师在谈到“美”时，这样说：“美有很多，但真正的美是从心灵深处散发出来的。前两天一位同学身体不舒服，毫无防备地吐了一地。有的同学不禁捂住鼻子，满脸厌恶的神情。这位同学当时也慌了，愣在座位上。这时班上的几位同学忙跑出教室拿来拖把，自发地清理着地上的残留物。捂着鼻子的同学也放下了手。没有任何个人色彩，没有任何功利的东西，这一切行为仅仅是出于对同学的关心，纯粹是同学之间的爱。那几个同学的成绩或许不是最好的，或许在老师的眼中不是听话的优等生，但在那一刻，他们的行为无疑是最美的，最高尚的！”

这位教师从学生身边的事情出发，通过论述，让学生体会美的本质和内涵，帮助学生建立正确的价值观。

总之，在课堂教学中恰当运用议论表达方式，常有“画龙点睛”之妙，既可加强学生的理解，还可以提高学生的分析能力和鉴赏能力。在日常教育中，教师合理地运用议论性的话语，能够达到启发学生、激励学生，帮助学生建立正确的人生观、价值观和世界观的教育效果。

（二）议论性话语表达的要求

议论性话语的表达具有以下要求：

1. 实事求是

议论性的话语表达切忌说空话、大话、套话，要避免空发议论，滥提口号，乱发号召。6~12岁的小学生还不具备完全独立思考的能力，他们还处于感性认识世界的阶段，往往在辨别是非、判断正误等方面表现为对教师及家长完全的依赖和信任。因此，小学教师在进行议论性话语表达时，如果不能做到实事求是，将会对学生的成长及世界观的形成产生不良的影响。

2. 持论公允

指教师在进行议论性话语表达时，要做到立论公正，不偏袒，言论公平并合于情理。持论公允，不仅体现在论据的选择要恰当，还表现在整个论证过程要完整有序。这个“序”就是结构。教师在发表自己的观点和表明自己的态度之前必须有一个总体的构想，这个构想就是话语的结构。结构安排得好，表达才能完整有序。小学生的接受能力及水平比较低，因此，教师更要结合他们的特点，选择恰当的事实，用适宜小学生接受的方式使用议论性话语来进行教学和教育。

3. 语言精当

议论性话语表达具有逻辑严密的特点。这决定了教师在进行议论性话语的表达时，要思路清晰，注意字斟句酌，选择最能准确反映事物本质、表达思想感情的词语，以体现议论性话语的科学性。在表达时，抓住论点，紧扣论题，避免枝蔓庞杂、主干不清，避免无效信息的堆砌。这样，在进行议论性话语表达时，才能保证话语信息的有效性，体现议论性话语表达的揭示本质的特点。

二、小学教学中的议论性话语构建

小学课堂教学中的议论性话语是教师对事物进行分析、评论、说服，以表明自己的见解、主张、态度的话语表达类型。议论性话语的建构，需要关注建构的内容及方式。

（一）小学课堂教学议论性话语构建的内容

议论性话语的建构需要教师在了解其特点及要求的基础上，着眼于论点、论据、论证三项基本内容。

1. 小学课堂教学议论性话语中的论点

小学课堂教学议论性话语中的论点指的是教师对所论述的问题持有的基本态度、观点和主张。论点，是正确、鲜明阐述自我观点的句子，是议论性话语的灵魂和统帅。论点应该正确、鲜明、新颖，有意义。议论性话语论点出现的位置一般有四个：话题、开头、话语中间、结尾。由于小学生的理解及分析能力、水平都比较低，所以小学课堂教学议论性话语中论点的位置较多情况是在话语的开头，开门见山地阐述教师的观点、态度和主张，使学生不用更多地去辨析教师的话语目的。当开始与结尾出现类似的话语时，开头的为论点，结尾处的是对论点的总结和呼应。

小学课堂教学议论性话语中论点的呈现方式有以下几种：

（1）直接阐明论点

教师直截了当地阐明自己的观点、态度和主张，让学生一目了然。教师表扬或批评学生的时候，常常会用这种方式来呈现议论性话语的论点。

[案例3–24]

小强开学以来几次测验成绩都不尽如人意，他是个有韧性的男生，在教师的鼓励下，刻苦努力，终于在期末时取得了班级第二的好成绩，班主任这样表扬他：“祝贺你！通过这一段时间的学习，老师知道你是一个有意气的好学生。人有意气，才能摧不垮，压不倒，追求不泯，意志不衰。”

第一句话就阐明了教师的态度，然后再围绕这一态度进行论证，直接明了。

（2）由事例引出论点

教师在阐述观点、态度及主张之前，先讲述事例，由事例引出论点。在进行主题班会和日常教育中常会用这种方式进行议论。

[案例3-25]

在一次主题为“助人为乐”的班级讨论会上，教师这样说道：“同学们，今天老师先给大家讲一个故事。著名书法家王羲之的书法天下闻名，但是他轻易不肯给人写字。有一天，王羲之在路上遇见了一位贫苦的老婆婆，她提着一篮竹扇在集市旁叫卖，却没有什么人去买。他看到后心里深感同情，于是就帮老婆婆在每把扇子上都题上字。人们知道后纷纷围拢来抢着购买，一篮子竹扇很快被抢购一空。等着买米下锅的老婆婆非常高兴，十分感谢乐于助人的大书法家。助人为乐是一种美德，你小小的一个行动，对于他人来说或许是天大的帮助……”

这段议论性话语，由一个故事引出论点“助人为乐是一种美德”，小学生喜欢听故事，这样的方式，能够牢牢抓住小学生的注意力，达到很好的教育效果。

（3）结合课堂教学内容提出论点

在小学课堂教学中，教师常常会根据教学内容发表个人的观点、态度或主张。例如，在小学五年级语文课文《宽容》的教学中，教师在讲完课文后说道：“宽容是一种美德。同学们留心一下就不难发现，在人际交往中，凡能做到宽以待人的人，一般都是深受大家欢迎的人。”根据课文《宽容》的内容来阐发教师的观点，能够巩固教学内容，同时又能起到对内容进行延伸的作用。

2. 小学课堂教学议论性话语中的论据

小学课堂教学议论性话语中的论据，就是教师用来证明其论点的材料。它是论点得以成立的基础，是教师用来证明论点的理由和根据，主要解决用什么来证明论点的问题。小学课堂教学议论性话语中的论据主要包括事实材料和理论材料两类。事实材料，包括具体事例、历史事实、图片实物和统计数字等；理论材料是指客观规律、科学真理，以及至理名言、格言警句和谚语等。

教师在进行议论性话语构建时，要注意论据应该具有确凿性、典型性，并且要与论点统一。确凿性，指的是教师在进行论证时必须选择那些确凿的事实。历史事件、图片实物和统计数据等事实材料本身都具有一定的可靠性，在引用经过实践检验的理论材料作为论据时，必须注意所引理论本身的精确含义，要用通俗易懂的语言将其中的含义讲述给学生。典型性，指的是教师引用的事例应该具有广泛的代表性，代表这一类事物的普遍特点和一般性质；同时注意尽量找一些小学生知识范围内的典型论据，以便他们理解。

3. 小学课堂教学议论性话语中的论证

小学课堂教学议论性话语中的论证，指的是教师运用论据来证明论点的过程，解决怎样证明的问题，它反映了论点与论据之间的逻辑关系及内在的联系。

小学课堂教学议论性话语中论证的类型主要有立论和驳论两种。

立论是教师对一定的事件或问题从正面阐述自己的见解和主张的论证方法。比如对学生的正面表扬和批评、对教学内容的总结性议论等。立论需要注意以下几点：

（1）表达的看法和主张必须是经过认真的思考或者一定的实践，确实是正确的认识和见解，或者是能切实解决学生实际问题的主张。要使学生易于接受，同时又能增长知识，提高对事物的认识。

（2）必须围绕所论述的问题和中心论点进行论证。开始提出怎样的问题，结尾要归结到这一问题。在论证过程中，不能离题万里，任意发挥，或者任意变换论题，要首尾一致。

（3）“立”往往建立在“破”的基础之上。在立论的过程中，需要列举一些错误的见解和主张，加以否定和辩驳，以增强说服力，使学生能够充分了解自己的观点。

驳论是以有力的论据反驳他人错误论点的论证方式。驳论有三种方法：反驳论点、反驳论据、反驳论证。由于议论性话语是由论点、论据、论证三部分有机构成的，因此驳倒了论据或论证，也就否定了论点，与直接反驳论点具有同样效果。由于小学生的逻辑思维能力较弱，因此，教师可多采用反驳论点的方式进行驳论。

（二）小学课堂教学议论性话语构建的方式

小学课堂教学议论性话语构建的方式涉及以下两个方面：

1. 小学课堂教学中议论性话语的表现形式

小学课堂教学中议论性话语的表现形式主要有先叙后议、夹叙夹议、先议后述三种。

（1）先叙后议，就是先叙事、后议论。先前的叙述为后面的议论作铺垫，议论起到总结及点明中心的作用。

[案例3-26]

一位教师在给学生讲对“诚信”的理解时，这样说道：“一个年轻人得到了上帝的恩赐，拥有了7个背囊，分别是健康、美貌、诚信、机敏、才学、金钱、荣誉。在过河的时候，风浪很大，小船不堪重负，非常危险。船公告诉他，必须丢掉一个背囊，年轻人思考了一会儿，把“诚信”这个背囊丢掉了。我们的人生总是无法十全十美的，有时为了某种原因而舍弃一些珍贵的东西也是不可避免的。但是我认为这个年轻人十分愚笨，为了一些荣华富贵和物质方面的享受，而舍弃了人生命中最宝贵的东西——诚信！他也许会认为这是一个明智的选择，我想他并不知道“诚信”是人生的支柱。因为人无信不立。没有了诚信，你走到哪里都没有人会相信你，你自然就得不到帮助……”

此案例中，教师在叙述一段小故事后，紧接着针对故事进行议论，从而得出“诚信对于人之重要”的结论。这样的表述方式能够抓住学生的兴趣点，吸引学生的注意力，进而接受教师的观点，达到教育、教学的目的。

（2）夹叙夹议是一边叙述事件，一边又对事件进行分析、评论。夹叙夹议的特点表现为：一是由叙而议，再叙再议，多层叙述与多层议论穿插交错，由浅入深，由轻而重，螺旋上升，最后归入主旨。二是叙议结合，边叙边议，贯穿前后。在议论性话语表达时运用夹叙夹议法，不仅能升华思想意义，而且可以强化感情。

[案例3–27]

一位教师在引导学生正确面对挫折和失败时，这样说道：“同学们，人的一生中，都要经历很多件事。其中，不乏失败的事。比如这次考试，有的同学成绩不理想；比如上次运动会，我们没有取得好成绩，等等。面对失败，不同的人会有不同的态度。有些人一蹶不振，自暴自弃；而另一些人则不同，面对失败，他们总会积极地寻找失败的原因，从头再来。‘失败是成功之母’，这是我们都知道的道理。罗曼·罗兰也曾说过：‘要化悲痛为力量。’美国前总统林肯就是个非常典型的例子。他年轻的时候，做生意、竞选议员，前前后后努力了二十多次，均以失败告终。但他最后终于成为了美国历史上最伟大的总统之一。在漫长的人生之路上，我们都会经历大大小小多次失败。有的失败，甚至超出了我们的心理承受能力。但是，我们不能气馁，不能向失败认输，那样的话，就相当于抛弃了自己。我们应该正确面对失败，勇往直前。”

这段话语，叙中有议，议中有叙，透彻地说明了人面对失败时，应该拥有的态度。

（3）先议后述，就是开门见山地提出观点，并以此统领话语内容，使所记事件的意义，通过议论之后，显得清楚明白。

[案例3–28]

教师在谈及对友谊的看法时说道：“友谊是最常记起、最常听到，却又最难得到的东西。它不同于亲情，但却那么温暖，那么灿烂。友谊陪伴我们一生。在运动会上，同学们摩拳擦掌、跃跃欲试，为班级的荣誉争光。在运动员比赛的时候，其他同学为他加油呐喊，让运动员跑得更带劲儿了，拿到了平时拿不到的名次。比赛失利的时候，同学们围拢起来，互相帮忙和安慰，这是什么？这就是友谊，这就是友谊的力量！在课间，同学们互相学习、互相帮助，有的补英语，有的补数学，有的补语文，这是什么？这也是友谊。友谊就像冬天的太阳、夏日的清风，像夜空中的皓月，像旅途中的伴侣。同学们，你们现在知道友谊是什么了吗？其实友谊是一股巨大的合力，是一种伟大的力量。”

这段话，教师先明确了观点，然后通过叙述，论证了观点，使观点更加明确。

2. 小学课堂教学中常用的议论性话语的表达方法

小学课堂教学中议论性话语的表达方法主要有：归纳法、演绎法、类比法、例证法、对比法。

（1）归纳法是通过分析、综合若干事实材料，概括它们的共同属性，从而得出一个带有普遍性、规律性结论的论证方法。它是由个别到一般的概括过程。

[案例3–29]

教师在给学生讲解“运动产生热”这个规律时说道：“冬天的时候，小朋友们是不是会感觉到手特别冷，都快冻僵了？这个时候如果大家摩擦手掌，是不是会感到手开始暖和了？大家知道钻木取火的道理吗？因为摩擦木头，所以木头变热，速度加快，就越来越热，于是就产生了火。所以我们可以得出一个规律：运动能产生热。”

这段论证，就是通过两个事实材料，概括了它们的特点，归纳出了“运动产生热”这个规律。

（2）演绎法是从一般性的前提出发，通过推导（演绎），得出个别结论的论证方法。它是由一般到个别的推理过程。

[案例3–30]

教师在小学语文课《董存瑞舍身炸碉堡》的讲解中说道：“人总要死的，但是死的意义有所不同。中国古时候有位文学家叫做司马迁，他说过：‘人固有一死，或重于泰山，或轻于鸿毛。’为人民利益而牺牲，就比泰山重，董存瑞为了新中国的胜利，牺牲了自己，他的死比泰山还要重……”

这段论证就用了演绎法。一般性前提是“为人民利益而牺牲，就比泰山重”，个别对象是“董存瑞舍身炸碉堡”，推导出“董存瑞的死比泰山还要重”这一结论。

（3）类比法是用已知的事物或事理推导出另一类似的事物或事理的论证方法。它是个别到个别的推理形式，通常用含义明确的已知事物与相似的未知事物进行比较，从而推出新的结论。①

[案例3–31]

一只蚌不经意间吞下了一粒沙，此后，它难受极了，沙子不停地摩擦，

① 石煜华，徐丹辉.写作与语言教程.北京：中国传媒大学出版社，2010：94.

蚌为了摆脱痛苦，不断地挣扎，不断地抗争，结果，它体内的那粒粗糙的沙子竟然变成了一颗晶莹圆润的珍珠。这只蚌曾经是一只伤心的蚌，而现在它却成为了珍珠的载体。在我们的人生道路上，免不了会有挫折和痛苦，只要我们积极抗争、努力争取，美丽的风景会等着我们的。

这是一段具有哲理的议论性话语，教师将论点置于故事中，论证了面对困难的态度。教师先讲述了“蚌的遭遇”，然后推导出了不一样的结果。将“珍珠”与“遭遇”进行类比，论证有理有据，同时充满了诗意。需要注意的是，教师在运用类比法的时候，应该伴随着具体的事物，达到话语形象具体、内容生动的效果。

（4）例证法是列出观点后，举出具体实例证明观点的论证方法。对于小学生而言，多举例子，能够让他们在例子中形象地感受和理解教师提出的观点或主张。例如，在讲到对“宽容”的理解时，教师可以这样论证：“宽容是一种美德。在人际交往中，凡能做到宽以待人者，一般都深受众人的欢迎。德国大文学家歌德一次外出散步，在小路上迎面碰到一位曾对他的作品提出过严厉批评的评论家。这位评论家盛气凌人地对歌德说：‘我从来不给傻子让路。’而歌德却答道：‘而我正相反！’笑容可掬地为对方让路。歌德的宽容、机智和幽默不仅巧妙地维护了自己的尊严，而且避免了一场无谓的争吵。所以，我们在与同学相处时，也要宽容一点，宽容是世界上最真挚、最纯洁、最朴素的美。”

（5）对比法，就是把两种事物或者两种情况加以对照、比较，突出它们的差异，从中引出结论的一种论证方法。

[案例3–32]

一位教师在讲到成语“勤能补拙”时，采用了对比论证：“我国明代有一位文学家叫张溥，他小时候很‘笨’，别人读一会儿就能背下来的东西，他往往要读几十遍才能背下来。但是，他并没有灰心，每拿到一篇文章，先认真抄一遍，校正好，再大声朗读一遍，然后烧掉，接着再抄。这样，一篇文章往往要抄六七遍。后来，他逐渐变得文思敏捷、出口成章。26岁写下了名扬天下的《五人墓碑记》。 相反，仲永5岁就能赋诗，可谓天赋出众。凭着聪明，他父亲带他四处作诗炫耀。仲永再也不思进取，长大以后，他变得庸庸碌碌，毫无作为。所以，我们应该勤奋学习，哪怕我们不是最聪明的，最后我们都能获得成功。”

通过对比产生的反差，往往容易让学生接受教师的论点。

每一种表达方法都有自己的特点，教师在进行议论性话语表达时，要根据具体情况进行选择，为有理有据地论证自己的观点、态度、见解服务。

第六节 小学课堂教学中的说明

一位教师向小学生解释水是什么时说道："水是无色透明的。有的同学可能会说水是白色的，我们拿水同牛奶比较一下就会明白，牛奶才是白色的，而水什么颜色也没有。如果把一根小木棍插入牛奶里，你会发现我们就看不见它了。再把同样的小木棍插入清水中呢，我们仍然能够透过清水看见它。所以水是透明的。"这是一段说明性的方式语，教师运用了作比较的方法，把水和牛奶进行比较，让学生们了解水的颜色，使"透明"的概念变得具体形象。在说明性方式语的构建中，除了作比较以外，还有其他9种运用方法。本节将学习说明性话语表达的特点、要求及构建时需要注意的问题。

说明是用简明扼要的语言，把事物的形状、性质、特征、成因、关系、功用等解说或介绍清楚的表达方式。被解说的对象，有的是实体的事物，如山川、江河、花草、树木、建筑、器物等；有的是抽象的道理，如思想、意识、修养、观点、概念、原理、技术等。说明性方式语是课堂教学常用的方式语之一。

一、说明性话语表达的特点和要求

说明能够客观、科学、准确地解说知识，能让话语条理清晰，增强知识性和科学性，是教师揭示背景、解释概念、介绍知识的重要表达方式。

（一）说明性话语表达的特点

小学课堂教学说明性话语具有以下几个特点：

1. 科学严谨

说明的内容需要具有一定的知识性。这种知识，或者来自有关科学研究资料，或者是亲身实践、调查、考察所得，都具有科学性。为了要把事物说明白，就必须把握事物的特征，进而揭示出事物的本质属性，即不仅要说明"是什么"，还要说明"为什么"。小学教学中，会涉及自然学科的一些概念或重要知识点，教师的话语要做到精确。例如，一位教师是这样说明"空气"的："空气，无色，无味，它由很多成分组成。我们摸不着、看不见、嗅不到、尝不了……但是，它就在我们的身边，它就在我们的生活中。它时时伴随着我们，与我们密不可分。""无色、无味，它由很多成分组成"是对空气科学性的说明，用词准确、严谨。

2. 简练清晰

说明的目的是突出被说明对象的特征或本质属性，因此，抓住事物的特征，简练清晰地进行表达，是说明性话语表达的核心。教师在对事物特征进行说明时，要做到用词准确、造句恰当，要用精练的话语把较丰富的教学内容表达出来，干净利落，让学生容易把握要点，理解话语的内容，达到讲解和传输知识的目的。

3. 通俗易懂

小学生是用具体的形象思维来认识事物的，他们难以区分概念的本质和非本质属性。教师需要运用小学生能够听懂的语言，把抽象的概念说得具体，把深奥的道理说得浅显，把专业的知识说得有趣味。例如，一位教师是这样说明芒果的外部特征的："芒果，有大有小，看上去像是一个大大的水滴。芒果的颜色是亮黄亮黄的，所以，也像是一位身穿黄灿灿衣服的热情的夫人。"这位教师对芒果的说明非常形象，用小学生容易接受的方式讲解了芒果的大小、形状和颜色，把芒果的外部特征细致地描绘了出来，通俗易懂。

总之，教师恰当地运用说明这一表达方式，能提高说明话语的科学性和准确性，使说明的对象更具体、更生动，让学生更明白，更能增强说服力，突出主题。

（二）说明性话语表达的要求

1. 严密准确

说明性话语表达中的严密准确是指话语结构层次清晰、话语内容准确恰当。小学课堂教学说明性话语具有传播知识的功能，这就决定了它必须有严密的科学性。无论是在课堂教学中说明事物的性质、构造、功用还是解释概念、观点，都要注意语言的严密、准确。严密、准确表现在两个方面：一是对事物的阶段、层次、结构等方面的把握要精确，保证在说明的过程中脉络清楚、层次分明；二是要恰当地把事物的情况介绍、讲解清楚，避免学生在获取知识的时候产生理解的偏差。

2. 生动形象

说明性话语表达中的生动形象是指话语内容要符合小学生的思维模式，具有可感性、趣味性。针对小学生的话语接受特点，教师在教学中灵活运用生动形象的说明性话语，可引起学生的学习兴趣，使其在生动可感、轻松愉快的课堂上，学有所乐、学有所获。

[案例3–33]

教师在对"芒果"进行说明时使用了这样的表达：

"芒果摸起来，很光滑、很柔软，就像是小朋友的皮肤一样。拿起芒果，闻起来，一股清新的香气扑鼻而来。拨开一层黄色的果皮，露出了香甜可口的果肉，咬上一口，甜滋滋的，好吃的让人回味无穷。芒果的营养十分丰富，而且还可以增加人体所需的能量。不过，芒果吃多了对身体也是不好的。所以，一定不可以多吃哦！”

上述关于“芒果”的说明性话语，教师从芒果的果皮，到芒果的气味，到芒果的口感味道，再到芒果的营养价值进行说明，层层推进，逻辑严密，用词恰当准确，话语生动形象，用通俗易懂的话语说明了芒果的特征。

二、小学教学中说明性话语的构建

小学课堂教学中的说明话性话语是教师为了阐释或解说教学内容、说明道理所使用的话语表达类型。说明性话语的建构，需要关注构建的内容及方式。

（一）小学课堂教学说明性话语构建的内容

说明性话语的构建需要教师在了解其特点及要求的基础上，着眼于说明对象和说明顺序两项基本内容。

1. 说明对象

说明对象指的是教师需要解说的具体对象，或是具体事物，或是道理等。教师在进行说明性话语构建时，首先要明确说明的对象，是介绍某种具体事物，还是在解说某种抽象的事理。只有明确了说明的对象，才能针对这个对象进行分析，找到它的主要特征，选择适当的说明方法，用学生容易接受的方式对其进行说明。在明确了说明对象后，要仔细对其进行分析，抓住被说明对象的特征。只有把事物的独特之处突出地表现出来，才能给人以准确的、深刻的印象。特征包括两个方面：一是外显特征，如事物的颜色、质地、形状、温度、空间位置等；二是内隐特征，如事物的成因、原理、变化过程、内部结构、习性、性能、风格，等等。

[例1]

它是哺乳动物，全身盖着一层雪白的毛，有嘴，有鼻子，有眼睛，长着四条腿，一条尾巴。

[例2]

它长着一身柔软的、雪白的毛，嘴巴是三瓣的，一双眼睛又红又亮，两只耳朵很长，它喜欢吃胡萝卜，走起路来一跳一跳的。

例1只说明了小白兔的一部分特征，没有说清楚这种动物的独有特征，所以符合条件的还有其他动物，例如小白狗、小白猫、北极熊等。例2则针对小白兔的独有特征进行了说明，准确、清晰，符合说明性话语建构的要求。

2. 说明顺序

说明顺序，指的是教师在对说明对象进行讲解说明时所遵循的顺序。合理的说明顺序能充分表现事物或事理本身的特征，也符合小学生认识事物的规律。常见的说明顺序有时间顺序、空间顺序和逻辑顺序。

（1）时间顺序是按照事理发展的先后来介绍某一事物的说明顺序。在小学课堂教学说明性话语中，按照时间顺序进行说明的方法主要用于介绍人物的生平、记录科学家研究历程、说明产品制作、历史发展、动植物生长，等等。例如，一位教师在介绍詹天佑时这样说："爱国工程师、铁路工程专家詹天佑在12岁时到香港报考了清政府筹办的'幼童出洋预习班'，留学于美国。21岁时，又以优异成绩毕业于美国耶鲁大学。回国后詹天佑进入马尾船政学堂学习，学成后被派往福建水师担任炮手，参加了'马尾海战'。"按照时间顺序进行说明，能够将人物的人生发展轨迹解释清楚。

（2）空间顺序是按照事物的空间存在的形式，一般用来说明某种事物的构造或形态。这种说明顺序有利于全面说明事物各方面的特征。空间顺序表达主要包括：从外到内、从上到下、从南到北、从东到西、由远及近、由近及远、从点到面、从整体到局部等。例如，"故宫城前左边有太庙，右边有社稷坛，城内分外朝和内廷两区。外朝在前边，中轴线上有太和殿、中和殿、保和殿，左边有文华殿，右边有武英殿。内廷在后边，中轴线上有乾清宫、交泰殿、坤宁宫、御花园，左边有东六宫及外东路，右边有西六宫及外西路。"这段关于"故宫"的介绍，就是按照空间顺序来进行说明的。通过教师的说明，学生能够清晰地在脑海中呈现一幅故宫的平面图。

（3）逻辑顺序是按照事物的内部联系或人们认识事物的过程来安排说明顺序。事物的内部联系包括因果关系、层递关系、主次关系、总分关系、并列关系等。教师在进行说明性话语构建时，不管是实体的事物，如山川、江河、花草、树木、器物等，还是抽象的事理，如思想、观点、概念、原理、技术等，都适用于以逻辑顺序来说明。按照逻辑顺序进行说明，能够将事物之间的关系说清楚，把繁复的内容介绍得有条不紊。逻辑顺序主要有12种：从原因到结果、从主要到次要、从整体到部分、从概括到具体、从现象到本质、从特殊到一般、从结果到原因、从次要到主要、从部分到整体、从具体到概括、从本质到现象、从一般到特殊。例如，"金塘大桥，全长26.54公里，是舟山规模最大的跨海大桥，有斜拉桥、连续钢构桥、连续梁桥等多种桥型。"这段说明性话语按照并列逻辑循序展开，说明了金塘大桥的长度、规模、结构，清晰地介绍了金塘大桥的特点。

（二）小学课堂教学说明性话语构建的方式

小学课堂教学说明性话语构建的方式涉及以下两个方面：

1. 小学课堂教学说明性话语的表现形式

在小学课堂教学中，教师常用到的说明性话语形式有两种，即概说和解说。

（1）概说就是大略地说明事物、事理，是对被说明对象的一种概括说明。例如，教师在给学生介绍发明家爱迪生时，这样说：“爱迪生发明了电灯，所以他被称为‘光明之父’。除了发明电灯外，爱迪生还发明了其他很多的东西，有一千多种，所以他也是‘发明大王’。”这样的概说省去了一些细节，针对爱迪生的主要贡献和特点进行了说明，便于学生对知识的整体理解和掌握。

（2）解说就是解释说明。在进行解说时，要结合说明的各种方法进行，用直观、生动、形象的方式让学生们了解、掌握被说明对象。例如，一位老教师在讲小学数学中分数各部分名称时说道：“同学们，我们开始把一个大圆月饼从中间切开，平均分成两份，这一刀啊，就代表平均分，用一横表示，咱把它叫分数线。分两份的‘2’写在下面，叫‘分母’。这一半月饼是两份中的一份，就写在上面。它和下面的分母关系密切，该起个什么名呢？它就像分母的孩子，我们叫它‘分子’。”详细而又生动的解说，能使学生理解“分数”的概念。

2. 小学课堂教学中常用的说明方法

在小学课堂教学中，教师说明性话语表达常用的方法有举例子、列数字、打比方、作比较、分类别、列图表、下定义、作诠释、引资料、摹状貌等。

（1）举例子，是教师举出实际事例来说明事物，使所要说明的事物具体化，以便学生理解。

[案例3-34] 什么是“在乎”①

教师：你很在乎这次发言，所以你读得很棒。

教师：在家里谁在乎你？

学生1：爸爸妈妈在乎我，他们很关心我的身体、学习，每天都送我上学，希望我什么都好。

学生2：在家里，爷爷奶奶在乎我，最疼我，有什么好吃的都拿给我。

教师：在学校里谁在乎你？

学生1：老师在乎我，她很在意我们的学习，教我们做人的道理。

学生2：老师很关心我们的身体，有一次我生病了，是老师送我去医院。

教师：老师想问问你们，这么多人在乎你们，那么你们在乎谁呢？

学生1：我在乎妈妈，妈妈很辛苦，我要帮妈妈做些家务劳动。

---

① 《浅水洼里的小鱼》教学设计.http://www.ywkt.com/ArticleShow.asp?ArticleID=14994

学生2：我在乎奶奶，她很老了，我怕她离开我，永远不回来了。

教师：是啊，你们都是有爱心的孩子，知道在乎别人。今天我们学习的课文，讲的是谁在乎谁呢？读过课文的小朋友肯定都知道，还不知道的小朋友，请赶快再读读。

“在乎”一词在课文中既是重点，也是难点。教师对学生的评价“你很在乎这次发言”，使学生对这个词有了初步的印象，接着在三次举例式的提问中让学生不知不觉地说出了“在乎”的含义，即“很在意”“很关心”“很疼爱”的意思。正确理解“在乎”一词的内涵，把握了“在乎”在课文中的含义和重要性，这对整堂课的学习来说，是点睛之笔，是灵魂所在。

（2）列数字也可以使所要说明的事物具体化。在运用列数字进行说明时需要注意的是：引用的数字，一定要准确无误，即使是估计的数字也要有可靠的根据。运用列数字的方法进行说明，既能准确客观地反映事实情况，又有较强的说服力，更体现了说明性话语的准确性。例如，教师在讲到故宫时，是这样描述的：“从天上看下去，故宫是一个长方形，故宫很大，一共有大大小小的宫殿70多座，房屋共有9000多间……”。在这段说明性话语中用了“70多座”、“9000多间”这两个数字，说明了故宫博物院的大小。小学生已经对数字有一定的认识，教师运用这两个数字能够让故宫博物院的大小更加具体可感。

（3）打比方是利用两种不同事物之间的相似之处作比较，以突出事物的形状特点，增强说明的形象性和生动性。通过打比方能够使抽象的事物和道理变得具体。

[案例3–35]

在二年级的数学课中，教师在讲授“四则混合运算”时，这样说道：“加和减就好比两个同学，谁排在前面谁先进（从左到右计算），乘除就好比两个老师，谁在前面谁先进，加减乘除在一起，就得同学让老师了（先乘除后加减），但是，现在队伍里出现了一个腿受伤缠了绷带的人（带小括号），无论他是老师还是同学，都得怎么样？”孩子们异口同声地答道“让他先进”。

对于二年级的学生而言，“四则混合运算”是一个难点，当加减乘除、括号放一块儿，学生往往对先算什么，后算什么容易混淆，因而出现计算错误。通过教师这样打比方的讲解，学生们不仅接受了新知识，还记住了“四则混合运算”的运算方法。

（4）作比较是将两种类别相同或不同的事物、现象加以比较来说明事物特征的说明方法。在说明某些抽象的或者是比较陌生的事物时，可以用具体的或者学生已经熟悉的事物和它比较，使学生获得具体而鲜明的印象。教师在作比较的时候，可以是同类相比，也可以是异类相比；可以对事物进行“横比”，也可以对事物进行“纵比”。

[案例3-36]

在小学自然课上，教师是这样介绍恐龙的：“恐龙家族适应环境，因而发展迅速，恐龙向着多样性方向发展，恐龙的种群数目也在不断增加，恐龙由此开始支配地球陆地生态系统。恐龙种类很多，体形和习性相差也大。其中个子大的，可以有几十头大象加起来那么大；小的，却跟一只鸡差不多。从它们吃的食物来看，有素食者，就是吃植物的恐龙，它们的性格比较温顺；也有肉食者，就是吃动物的恐龙，它们的性格凶暴；还有荤素都吃的，就是杂食性恐龙。”

教师通过对恐龙体型、食性进行比较，使学生能够清楚地了解“恐龙”这一消失了的物种。

（5）分类别是把事物根据形状、性质、成因、功用等属性分成若干类，然后依照类别逐一加以说明。分类别是将复杂的事物说清楚的重要方法，教师可以通过这个方法，清晰地说明事物的特点，条理清晰、一目了然。例如，教师在介绍图书馆的时候，可以这样讲解：“同学们都知道图书馆里有很多书，但它们并不是杂乱无章的。图书馆里的书，按国别分，有中国的、外国的；按时代来分，有古典的、现代的；按性质来分，有科技的、文学的以及政治经济方面的等。”通过这样的分类说明，让学生了解图书馆的藏书情况。

（6）列图表可以弥补单用文字表达的欠缺，把复杂的事物说清楚。图表对某些事物的阐释更直观、更清晰。例如，自然课教师在讲到地理知识的时候，就可以为学生展示世界地图，来辅助完成讲解；教师在讲到家谱时，可以画出家谱图来进行讲解。

（7）下定义是用科学性的语言对被说明对象做周全严密的规定，形式上一般是判断句。下定义要有严密性和科学性，一般用公式化的语句来表达“某某是什么”。例如，“统筹方法，是一种安排工作进程的数学方法。”并不是所有的判断句都是下定义，比如“风是沙漠向人类进攻的武器”，这是用打比方的方法说明风在沙漠向人类进攻中的作用，不是下定义。又比如“人类语言的特点就在于能用变化无穷的语言，表达变化无穷的意义”，这句话是解说语言的特征，不是下定义。下定义是能准确、简明地说明事物的本质特征，属于概括说明。需要指出的是：在小学课堂教学中，教师如果运用下定义的方法对事物进行说明时，一定要结合其他说明方法进一步阐释事物。因为定义具有高度的概括性，小学生很难理解。所以，将下定义与打比方、举例子等其他说明方法结合使用，更能够使小学生明白教学的内容。

（8）作诠释就是从一个侧面就事物的某一个特点做些一般性的解释。例如，教师在给学生讲解科技产品的时候，是这样说的：“手机是一种高科技的电子产品，它蕴含了很多的科技。我们可以用它打电话、发短信、玩游戏，甚至还可以上网。”教师首先确定了手机的性质类型，然后通过进一步的解释，说明手机丰富的功能，以此形象地让学生了解什么是高科技电子产品，即多功能的、先进的电子产品。

（9）引资料是教师为了使说明的内容更充实、具体，引用一些文献资料、诗词、俗语、名人名言等，使说明更具说服力。例如，教师在向学生说明“努力的重要性”这个话题时，这样说道：“爱因斯坦曾经说过‘天才等于百分之一的天赋加百分之九十九的汗水’。同学们，那百分之九十九的汗水就是大家的努力。大家现在努力学习，将来努力工作，才能拥有美好的生活。”通过引用爱因斯坦的名言来说明“努力”的重要性，不仅使学生理解了教师的话语内容，而且增加了话语的分量。教师在引用资料时，要注意资料的选择应该符合小学生的知识水平，不宜引用过于晦涩、难懂的资料。

（10）摹状貌是通过描写事物的形状或面貌来说明事物特征的一种说明方法。在说明性话语表达中，这种方法能够使被说明对象更形象生动、具体，令学生印象更加深刻。在进行摹状貌时，教师对说明对象的形状和面貌的描绘要准确、生动，使学生产生形象性的联想。例如，一位教师在介绍古代文明建筑金字塔时，这样说道：“金字塔是很古老的建筑，它非常神秘。考古人员在里面发现了许多特殊形状的符号，它们被雕刻在墙面或者石头上。这些符号有的像爬行动物，有的像古代人物，还有的像是天空中的星星，更有的像是古代中国的汉字，可是至今都没有被破译，人们不知道它们的真正含义。”通过这样的表述，形象地说明了金字塔中这些古老符号的特点，让学生能够发挥想象了解这些符号的样态。

第七节　小学课堂教学中的抒情

6~12岁的小学生认识事物的方式以具体形象思维为主，抒情是感性的表达，比较切合小学生的思维特点。在进行抒情性话语表达时教师应该如何认知抒情性话语？应该如何构建抒情性话语？应该掌握哪些构建方法？这些都是本节要探讨的主要内容。

抒情，即表达情思、抒发情感，是指以形式化的话语组织，象征性地表现个人内心情感的一种话语表达的活动。“情动于中而形于言”，小学教师在教育教学中，是伴随着一定的情感体验的，这种感情必然会渗透到话语中，从而打动学生、感染学生。

一、抒情性话语表达的特点和要求

情感是人对客观事物产生的一种带有特殊色彩的体验的心理现象，它来源于社会生活的作用和自然环境的刺激。在这种作用或刺激下，人们时刻都会产生各种情感体验，有欢愉有痛苦，有悲哀有恐惧。抒情就是宣泄各种感情的方式之一。任何话语都离不开说话者的感情。[①]

（一）抒情性话语表达的特点

语用者运用抒情性话语，内心首先被打动，然后通过自己的表达，传达给接受者。抒情性话语往往能够打动话语接受者，使其受到感染，产生共鸣。因此，抒情性话语表达主要有以下特点：

1. 主观性

作为语用个体的教师，其自身看待事物的方式方法以及内心体验和感受并不相同，表达出的抒情性话语也不尽相同。王国维曾说："以我观物，故物皆粉我之色彩。"教师在进行抒情性话语表达时，不仅仅描绘客观事物，还按照自己的个性去表现内心对外在客观事物的种种反映。这种主观性使学生不仅通过作者的话语领略到了客观事物的独特性，更重要的是让学生从中体会到了教师的情感。例如，一位教师在讲到梦想时，这样说："同学们，你们的梦想是什么呢？有的同学可能梦想有一天能到太空遨游，有的同学可能梦想着长大能环游世界，有的同学可能梦想将来能成为一个伟大的人……我们每个人都应该有梦想。梦想是自由的，不受束缚的，它就像长了翅膀的小鸟，可以飞得很高、飞得很远。让梦想带着我们飞翔吧！"这位教师并没有从定义、特点、性质等方面来对梦想进行表述，而是通过抒发情感的方式来表达。教师的抒情性话语表现出教师自己对梦想的态度、观点及看法，并且通过比拟的方法，生动地向学生们讲述了"梦想"这个抽象词语的概念。

2. 个性化

个性化，即在大众化的基础上增加独特、另类、拥有自己特质的需要，独具一格、别开生面，体现出与众不同的效果。课堂教学使用的抒情性话语是教师对客观事物或事理"消化""吸收"后表达教师个人感情的话语。教师抒情性话语个性化的特点体现在两个方面：首先，教师对客观事物或事理的理解以及感受不完全相同，因此，所发出的感情是教师特有的。其次，教师的语言风格也各不相

---

① 石煜华，徐丹辉.写作与语言教程.北京：中国传媒大学出版社，2010：108.

同，有的教师风趣幽默、有的教师严谨缜密、有的教师亲切温和、有的教师犀利深刻，同样的感情由具有不同语言风格的教师表达，效果都会完全不同。同样是关于梦想的解释，另一位教师是这样表达的："同学们，梦想是人类对于美好事物的一种憧憬和渴望。有时梦想是不切实际的，但毫无疑问，梦想是人类最天真、最无邪、最美丽、最可爱的愿望！"这位教师与前面一位教师的表达完全不同，他运用了排比的方式抒发了自己对梦想的看法。前一位教师的表达形象生动，这位教师的表达则显得理性朴实。两位教师不同的表达，体现着教师不同的个性。

3. 诗意化

诗意就是像诗一般给人以激动和美感的情意或意境，它是人们经历生命感动后，借助丰富的想象与联想，用超越生活的审美眼光过滤现实，把自己的人生阅历和情感、情趣表达出来。诗意的话语能够营造凝练、和谐、新鲜、优美的动人意蕴和境界。课堂教学抒情性话语诗意化的特点指的是教师以诗意情怀、形象化手段创造性地赋予事物以深意，用含蓄、凝练而又意蕴丰富的方式，将真挚的情感和智慧的哲理极具审美意味地表达出来，从而创造出诗意的精神空间，以召唤师生共同进入诗意境界。它是教师情感与智慧高度融合的结晶。教师诗意化的抒情性话语能够激活学生的审美情感，引导学生进行深入的情感交流和心灵对话，同时，拓展学生的想象空间，帮助学生更深层次地体悟教师的独特情感。例如，一位教师在讲到四季时这样说："春天，大地郁郁葱葱；夏天，大地色彩缤纷；秋天，大地金光闪闪；冬天，大地银装素裹。这就是奇妙的四季！"这位教师用颜色说明了四季的特点，从而抒发了对四季的感叹。这段抒情性话语是具有诗意化特点的，具有很强的画面感，让人展开丰富的联想，营造了动人的意境。

总之，恰当地使用抒情表达方式能增强教师话语的感染力和表现力，能营造意境，表现和深化主题，同时还可以渲染气氛。

（二）抒情性话语表达的要求

抒情是教师最基本、最常用的情感表达方式。教师在运用抒情性话语进行表达时，要注意以下几点：

1. 真实自然，诚实可信

情感的抒发，贵在真挚。孔子说："情欲信，辞欲巧。"信，就是真实。教师对所表现的事物，要有深切的感受，情感要发自内心，这样的抒情，才是真挚的、诚实可信的。虚假的、矫揉造作的情感，不仅不能感染学生，还会给他们带来潜移默化的负面影响。

[案例3–37]

一位教师在谈到"讲文明"时这样说："我们是这所学校的主人，我们就要有主人翁的意识。好的文明习惯，可以影响我们的学习、我们的生活，甚至一生都将受用不尽，有时一声‘你好’能给别人带去一天的好心情，一句‘谢谢’就能消除人与人之间的冷漠，一声‘对不起’能瞬间化解一场小小的冲突，一个‘不要紧’等于给人吹去阵阵温润的春风。文明的举止、文明的行为，加上恬静、优雅、舒适的学习环境，浓郁的文化氛围，会启迪我们不断探索、求知。同学们，让我们携起手来，学做文明人，清洁环境，文明校园，从我做起，从每一件小事做起，抛弃我们身上种种不文明行为，养成良好的行为习惯。让文明之花开遍校园，让文明行为习惯伴我们成长！”

这段话结合小学生的实际，有理有据，发自教师内心，语言朴实、简洁，能够让学生体会到教师的观点和情感。

2. 感情丰富，引发共鸣

小学生处于感性认识世界的阶段，他们感情比较丰富，对事物比较敏感。因此，教师在实施教育教学时，要注意用丰富的感情吸引学生的注意力，使学生产生共鸣。小学教师在运用抒情性话语时，要形象生动，具有个性，切忌呆板和干瘪。

[案例 3–38]

一位乡村小学教师在启发学生发现身边的美时，这样说道：“同学们，大家有没有发现，我们的学校变美了？学校以前操场上的跑道是泥沙铺的，只要一跑步，就烟尘滚滚，下完雨，跑道就更泥泞了。现在好了，学校为我们重新修整了跑道，让大家能够在跑道上愉快地奔跑。学校原来的篮球场是沙地，篮球架也很破旧。现在学校为我们换了崭新的玻璃钢球架，用彩色砖为我们铺了一个漂亮的篮球场地，同学们可以开心地打篮球了。学校东面原来是几间破旧的瓦房，现在瓦房被拆除了，地面都铺上了彩色砖，种上了可爱的小草，学校还为我们装上了健身器材，当你们跳完绳、跑完步的时候，还可以到健身器材上去活动，可以悠闲地荡秋千，还可以去锻炼手臂上的肌肉。我们的学校就这样变得越来越美了。一位哲人曾说：‘生活中并不缺乏美，而是缺乏发现美的眼睛。’自然万物皆有美，让我们拥有一双善于发现美的眼睛，其实美就在我们的身边！”

案例中的教师用平实、生动、形象的语言带领学生感受校园的变化，让学生体会理解美就在身边。

3. 感情健康，引人向上

小学教师必须将“知、情、意”与“真、善、美”巧妙地融合，用理想、真情和饱含智慧的哲理敲击学生的心扉。教师抒发的感情，必须具有健康的情趣，用健康的、朝气蓬勃的思想感情去打动学生。低级、消极、颓废等不健康的感情，是要坚决反对的。小学生正处于世界观、人生观、价值观塑造的阶段，积极正面、健康向上的感情能有效地帮助他们建立正确的世界观、人生观和价值观。当学生遇到困难时，教师应该鼓励学生开动脑筋克服困难；当学生产生厌学情绪时，教师应帮助学生找到学习的兴趣；当学生出现不文明的行为时，教师应该及时指出，帮助其改正。

二、小学课堂教学中的抒情性话语构建

课堂教学中，教师进行抒情性话语构建时要注意内容和形式两个方面，通过内容和形式的完美结合产生抒情特有的表达效果。

（一）小学课堂教学抒情性话语构建的内容

小学教师的抒情性话语由声音、景象和感情构成，这三个要素的完美结合使教师抒情性话语能够烘托气氛、营造意境、深化主题，引导学生审美，从而达到课堂教学的目的。

1. 声音

课堂教学中教师的声音，指的是教师在进行抒情性话语表达时发出的抑扬顿挫、优美动听的普通话有声语言。声音也是一种魅力，悦耳的声音总能给人带来美感。普通话一个重要的特点就是音节中元音占主导地位，元音成分多发音响亮、悦耳，辅音中清音占优势。四个声调变化明显，听上去有抑扬顿挫的音乐色彩，节奏感强，和谐悦耳。普通话的双音节、三音节、四音节词有约定俗成的轻重格式，节奏明朗，富有韵律。儿化音也给语音带来柔美、细腻的感觉。双声、叠韵、叠音的一些词更显示出普通话的音乐性。教师在抒情时，应该结合其内容，使语调的抑扬和语音流的顿挫随感情跌宕起伏而变化，产生一定节奏感，从而给学生带来美的享受。这就需要注意停连、重音、语气、节奏等元素。

停连，就是指停顿和连接。在教师有声语言的语流中，那些为表情达意所需要的声音的中断和休止就是停顿；那些声音不中断、不休止的地方就是连接。停连是教师有声语言的标点符号。准确运用停连，能使教师在抒发情感时做到顿挫之美。

话语表达中，那些根据语句目的、思想感情需要给予强调的词或短语就叫重音。它解决语句内部各词或词组之间的主次关系问题。教师在话语表达时，需要有重点，尤其在进行抒情性话语表达时，恰当运用重音，能够使语句目的更加突出，使逻辑关系更加严密，使感情色彩更加鲜明。例如，在讲到麦田的时候，教师感叹道："远处的麦田一望无际，平整得像一块绿油油的地毯，风儿一吹，翻滚的麦浪多像一片绿色的海洋啊！"这句话如果没有重音，那么听起来枯燥无味，完全不能让学生感受到教师所抒发的情感。应该将"一望无际""绿油

油”“地毯”“麦浪”“海洋”作为重音突出出来，使这句话重点清晰、目的明确，让学生较好地体会到教师所表述的景象。

语气是语句“神”与“形”的结合体。语气的“神”除了包含形象感受唤起的感情色彩的内涵之外，还包含着语言链条中反映出来的“并列”“递进”“转折”“因果”“领起”“总括”“主次”等逻辑感受，也包含着语言传播过程中与学生的交流、呼应，这三方面的感受交织在一起成为语气的“神”。语气的“形”，即语势。丰富的思想感情只有透过变化多样的声音形式，即语势的变化才能让人毫不费力地直接感觉到，相反，刻板、单调，以不变应万变的声音形式只会使本来要表达的思想感情褪色。

节奏，是以思想感情运动为依据的声音运动形式，表现为有声语言语流的抑扬顿挫、轻重缓急。教师在进行抒情性话语表达时，运用节奏可以达到抑扬顿挫的效果。例如，“同学们，你们见过麦苗吗？田地里的麦苗嫩嫩的、绿绿的，在叶尖还有晶莹的露珠。这是麦苗在向我们展示呢，那晶莹的露珠就像她的眼睛，一闪一闪的！”教师在表达这段话时，首先应该在第一句疑问句后停顿，疑问句的表述应该采用半起式的语势，语势上扬，吸引学生的注意力。然后在对麦苗进行描述时，语气是欣喜的。在“在叶尖还有晶莹的露珠”前，应该加快语速，凸显出递进的语句关系。对最后一句话的处理应该放慢语速，展现出画面，达到回味的效果。在整段话的表达时，还应注意停连和重音的设计，使这段话展现出欢快的节奏。

2. 景象

景象，指的是在课堂教学抒情性话语中教师描绘出来的情景及意象。这里的景象或是因观察景物而有感而发的景物，或是借景抒情的景，或是咏物言志中事物展现的精神，或是寓情于事中事件的经过，又或是寓情于理中议论产生的联想，等等。总之，教师在进行抒情性话语表达时，要尽可能把这个景象描绘得细致、生动、形象，使这个景象具体可感，以便学生充分展开联想，体会教师要表达的内容，从而准确把握教师抒发的感情。例如，“昨天值日的同学把教室打扫得非常干净，教室一尘不染，窗户玻璃亮得像镜子一样。”这句抒情话语非常简短，但是其中的“镜子”一词能够使学生产生联想与想象，在脑海中产生丰富的画面。镜子是学生比较熟悉的东西，是具体可感的。通过形象的比喻，学生脑海里能够马上浮现出一个照镜子的景象，从而理解教师的话语内容，同时感受到教师所抒发的情感。

3. 感情

感情，就是指教师在进行教学时针对某一事物所表现出来的情感。教师的感情必须是真实的、自然的、向上的。教师感情的动力主要来源于美感、爱意、信念和生命。

（1）美感是激发教师“抒情”的第一种动力。当人们面对美丽动人的对象时，那种形式上的极度适意会使人的内心产生出无法抑制的冲动和激荡。若要将这一份因美感而产生的情表现出来，就生成了“抒情”的第一种形态——对自然美、社会美与人之美的欣赏。美由心生，美是心灵的感受和领悟。美常常是非功利性的，人们应该把美看作是一种具有超越时空、超越外在目的的力量。教育是塑造心灵的事业，教师尤其需要用心去感受美，应该提高自己发现美的能力，为感情的抒发奠定基础。

（2）爱意是激发教师“抒情”的第二种动力。人们时常会因感受到人性的美好和充实而在心里涌出一股暖流。这种温馨之情不仅建立在具体的伦理上，而且也扎根在具有永恒性的普遍的人性之中。爱意往往会引发人类一种圣洁的感情，推动人们去赞美人性中纯洁无私的情怀。教师在进行抒情性话语表达时，应注意用爱去激发学生，抒发积极向上的情怀。

（3）信念是激发教师“抒情”的第三种动力。信念，主要指涵盖世界观、人生观在内的价值观念，具体地说，即“真”与“善”。教师应通过学习和修养，树立起“真”与“善”的信念，从而将心中美好的人性与人格的激情抒发出来。教师的人格魅力、个人修养是需要不断培养的。教师应为人师表，教师的言行举止反映着教师的信念，教师应该心怀“真”与“善”，言传身教，感染学生，引发共鸣。

（4）生命是激发起教师“抒情”的第四种动力。生命是伟大的，生命是万物、万事之源。生命的存在足以让人情意盎然，生的激动激励着人类一直在为生命的美好、力量以及永恒的存在而抒发情感。教师应该热爱生命，以此激发感情，从而完成抒情性话语表达的构建。

在声音、景象的基础之上抒发感情，感情以声音和景象为依托，感情的真实、自然、向上也影响声音的塑造和景象的描绘。三者相互影响、相互依存，只有三者完美结合，才能达到最有效的共鸣效果，使教师的抒情性话语发挥其重要的作用。

（二）小学课堂教学抒情性话语构建的方式

在小学课堂教学中，教师常用的抒情方法有两种：直接抒情和间接抒情。同时，抒情性话语的表现形式也通过这两种方法表现出来，或直抒胸臆，或委婉流转，或先抒情后叙述、描写、议论、说明，或先叙述、描写、议论、说明后抒情，或在叙述、描写、议论、说明中进行抒情。

1. 直接抒情

直接抒情，是直接倾吐自己的情感的表达方法。这种抒情直抒胸臆，直截了当，表达情感比较直白、强烈。直抒胸臆的特点是：不要任何“附着物”，而是思想感情直截了当地宣泄；不讲究含蓄委婉，而是思想感情毫无遮掩地袒露。这种直陈肺腑的抒情方式，是教师对事物、事理的强烈感触引发的情感表露，往往显得坦率真挚、质朴诚恳，很能打动人心。例如，“一方有难，八方支援”，同学们，雅安市芦山县强震以来，我们透过电视走进了灾区，看到了母亲为了保护自己孩子，被压在了废墟之中，这是伟大的母爱；看到了人民解放军的不屈不挠，排除艰险救助伤者；看到了灾区民众互相帮助，顽强面对天灾的精神；更看到了全国人民的万众一心、众志成城，支援灾区的团结精神！

2. 间接抒情

间接抒情，是把感情融于形象之中，借助具体的人、事、物、景，使抽象的主观感情客观化、形象化，以达到抒情目的的一种方式。情感的抒发都需要一个中介，情感往往渗透在叙述、描写、议论之中，隐藏在事、景、理之后，所以情感的表达比较含蓄委婉。间接抒情可以分为以下几种：

（1）寓情于景，是借助对景的描绘来抒发感情，即借景抒情、情景交融。其特点是移情入景，看似话景，实则抒情。教师把主观感情融入到对客观景物的描绘之中，使描绘的对象具有了浓郁的主观色彩。

[案例3–39]

教师在讲到春天的时候，这样说道：“同学们，你们喜欢春天吗？当冬爷爷送走了大地的严寒后，春姑娘就迈着轻盈的脚步，来到了人间。燕子爸爸带着燕子妈妈一起唱着春天的歌，从遥远的北方飞来了。春风轻轻地吹着，吹绿了河边的柳条。春雨柔柔地下着，滋润着嫩绿的小草。在万物复苏的春天，一切都是新的。我们怎能不喜欢春天呢？”

教师通过拟人化的描述，将对春天的喜爱抒发了出来。语言生动、活泼，使小学生们容易接受。

（2）触景生情，是指触及外界景物而引起情思，发出感叹的方法。这种方法可以先描绘景，再抒情；也可以先抒发对景物的感受，然后再描绘景物；还可以把二者交织起来，一边话景，一边抒情，对景物的描绘是为了抒情。

[案例3–40]

教师在提倡节约粮食时这样说道：“同学们，昨天我去食堂，看到这样的一幕，有一些同学打了很多饭菜，结果吃不完，就倒入垃圾桶了；还有的同学在吃饭时，挑三拣四，满桌子都是他挑出来的菜。看到这些，我想到了在电视里看到的很多非洲小朋友，个个因饥饿瘦骨嶙峋，他们睁着无辜的大眼睛，仿佛在说：我肚子饿。每年世界上有很多人因为饥饿而离开了这个世界。相比而言，你们的生活是多么的幸福：有爸爸妈妈的疼爱，有大房子住，想吃什么，爸妈会买给你们……正因为生活条件太好了，所以才养成了不节约粮食的坏毛病。从现在开始，我们一起努力，节约每一粒粮食，做一个不浪费粮食的好孩子！”

这段话，教师通过看到浪费粮食的景象而抒发感情，教育学生节约粮食，感情真挚自然。

（3）咏物寓情，是通过描述客观事物来表达自己思想感情的一种表现手法。咏物寓情的关键在于“寓”。它的特点是只描述物象，不直接抒情，将所要表达的思想感情寄寓在对物象的具体描绘之中，通过比喻、拟人、象征等方式，委婉曲折地表现教师的思想感情。

[案例3-41]

在一堂音乐课上，教师这样说道：“为什么，很多人都喜欢音乐？因为音符像一个个的小天使，带着一丝微笑，带着一丝调皮，从我的指间轻轻溜出，连缀成彩虹般美丽的乐章。音符们柔柔的，一个接着一个，张开小嘴，把我的心情，借着圆润的乐曲，轻轻地唱了出来。于是，甜甜的音符仿佛充满着花香的气味。所以很多人在听到音乐了都会醉倒在音符的怀抱里。”

这段话中，没有直接抒发情感，但是通过对音符拟人化的描述，让学生去体会音乐的魅力。

（4）咏物言志，是有感于外物而述志抒怀的方法。它与咏物寓情的区别是：咏物寓情只描绘事物，不直接抒情，以状物代替抒情；咏物言志既描绘事物，也直接抒怀，因物生情，有感而发。

[案例3-42]

一位教师在自然课上讲到植物的结构时，这样说道：“同学们，你们发现了吗？大多数的树根和花根都不美丽，它们光秃秃的，互相缠绕在一起，深深地扎在土壤里。而与它们相反，大多数的花却光彩夺目，美丽照人。正因为这些并不美丽的树根、花根，才有了树木的青翠茂盛，才有了牡丹的国色天香、桂花的芳香四溢、梅花的傲雪红艳……世界正因为根所伸出的美丽而变得丰富多彩。其实我们人也一样，外表只是一种装潢，而真正表现自己的是伸出的美丽。”

这位教师通过描绘植物的根与花的样态和关系，进而阐发了关于内在美的感叹，使学生不仅学到了自然科学，同时也学到了做人的道理。

（5）融情于事，指通过叙述事件来抒发感情，让感情从具体事件的叙述中自然地流露出来的方法。这种渗透着感情的叙述，使学生们更容易理解，品味起来就更觉得真诚可亲。

[案例3–43]

一位教师在讲述母爱时，这样说道："地动山摇的一刹那，芦山县的杨玉蓉刚给孙儿穿好衣服。听到房子摇得"哗哗"响，就一边抱起孙儿往外跑，一边扯起喉咙喊叫全家人赶快逃命。到了楼外，她看见儿媳、女儿都在，唯独儿子不在。儿子还在屋里。此时，房屋正在垮塌，一些砖头和家具正纷纷落下。杨玉蓉不顾一切地冲回屋子。从一块两米多长的天花板的缝隙中，看到了儿子的身体。'儿子，等着，妈来救你了！'杨玉蓉给儿子打气说。此时，儿子正身陷厕所不能动弹。听见外面'哗啦啦'的声响，哭着求妈妈：'妈妈，还有余震，你不要管我，你快走。'儿子的哭求动摇不了一个母亲救儿子的信念。瘦弱的杨玉蓉不顾正在垮塌的楼房，不知道从哪里来的那么大的力气，竟搬开了那块200多斤重的压在儿子身上的天花板，把儿子救了出来。你们能相信这位母亲能搬动200多斤的预制板吗？只有伟大的母爱才会爆发出如此大的力量。这就是母爱！这就是可歌可泣的伟大母爱！母亲们总是在巨大的灾难来临之际，毫不犹豫地舍弃自我，把生的希望留给后代，这种母爱，无与伦比！"

教师通过讲述一个感人的真实故事，由此发出母爱伟大的感叹。让学生在现实的事件中，体会母爱的力量，感受教师所抒发的感情。

（6）融情于理，是把感情寄寓在说理之中，理中含情，既可以使情具有深度、厚度，又可以使理闪烁出充满个性色彩的情思，拨动人的心弦。

[案例3–44]

一位教师在谈到"尊重"时，这样说道："同学们，你们认为尊重是什么？对我而言，尊重是一种修养，一种品格，一种对人不卑不亢、不俯不仰的平等相待，对他人人格与价值的充分肯定。我们任何人不可能尽善尽美、完美无缺，我们没有理由以高山仰止的目光去审视别人，也没有资格用不屑一顾的神情去嘲笑他人。假如别人某些方面不如自己，我们不要用傲慢和不敬的话去伤害别人的自尊；假如自己某些方面不如别人，我们也不必以自卑或嫉妒去代替应有的尊重。一个真心懂得尊重别人的人，一定能赢得别人的尊重。尊重是一朵花，一朵开在心间的花；尊重是一条路，一条通往美好的路；尊重是一团火，一团温暖你我的火！"

教师通过讲述一段对"尊重"的理性认知，发出感叹，有理有据，使学生感受尊重的重要性，学会尊重他人。

教师在进行抒情性话语表达时，应该灵活运用直接抒情与间接抒情的方法，不能将两种方法完全割裂开来，应结合所要表达的内容综合运用。另外，教师在表达时，不能一味抒情，抒情必须建立在对客观事物或事理的表述上。

（拓展资源3-1　案例分析：小学语文课《普罗米修斯》导课语等　拓展资源3-2　表达训练：请依据题目设置的情景，运用不同的方式语进行恰当的教师话语表达等）

【本章小结】

本章对小学课堂教学方式语的性质、特点以及运用原则进行了归纳和总结。小学课堂教学方式语的性质为：规定性与多元性。小学课堂教学方式语的特点为：口语化、儿童化、风格化。运用课堂教学方式语应该遵从的原则有：条件性原则、对象性原则、规范性原则、实效性原则。

本章对叙述、描写、议论、说明、抒情等五种常用的课堂教学方式语的特点、作用、构建及运用等进行了分析。

叙述具有逻辑性、情节性的特点。叙述的作用为：组织相关内容，交代事件的来龙去脉；表述人物思想，介绍人物性格及关系；承接上下语境，衔接过渡信息。教师在构建叙述性方式语时要注意掌握小学课堂教学叙述语的构成、叙述性话语构建的内容与方法。

描写具有一致性、再现性、具体性的特点和情景再现，形象可感；激发想象，引发审美的作用。教师在进行描写性话语构建时，要注意遵从准确把握描写对象、感性地呈现事物、个性化地组织话语的原则。

议论具有观点明确、逻辑严密、论据准确充实、揭示本质的特点和实事求是、持论公允、语言精当的要求。教师在进行课堂教学议论性话语构建时，要注意掌握构建的内容和方式。

说明具有科学严谨、简练清晰、通俗易懂的特点和严密准确、生动形象的要求。教师在进行课堂教学说明性话语构建时要注意掌握构建的内容、方式。

抒情具有主观性、个性化、诗意化的特点和真实自然，诚实可信；感情丰富，引发共鸣；感情健康，引人向上的要求。在小学课堂教学中，抒情性话语构建的内容包括声音、景象和感情。构建的方式有直接抒情和间接抒情。

小学课堂教学方式语不是孤立存在的，在教学中，教师应根据不同的教学内容、教学目标、教学对象灵活地选择和综合使用叙述、描写、议论、说明、抒情这五种方式语，以产生良好的教学效果。

【理解 · 反思 · 探究】

1. 如何把握小学课堂教学方式语之间的区别与联系？

2. 如何理解小学课堂教学方式语的运用原则？

3. 如何理解小学课堂教学方式语的特点？

4. 如何提高小学课堂教学方式语的运用能力？

【做中学】

一、叙述表达练习

1. 请叙述你喜欢的一部电影或一个电视节目。

2. 请叙述你喜欢的一篇小说或文章。

3. 请叙述你难忘的一次经历。

二、议论表达练习

1. 请评论一下你所熟悉的某个人。

2. 请对最近发生的某个新闻事件进行评论。

3. 从下列辩题中，选择一组，按照辩论赛的程序进行辩论。

（1）正方——大学毕业生应该先就业

反方——大学毕业生应该先择业

（2）正方——现代社会更需要通才

反方——现代社会更需要专才

（3）正方——善心是真善

反方——善行是真善

三、描写表达练习

1. 请描述你的一位家人或朋友。

2. 请描述你喜欢的一种植物或动物。

3. 请描述一种交通工具。

4. 请描述一种自然现象。

四、说明表达练习

1. 请对你身边的某一朋友进行说明。

2. 请对大自然中的某一动物或植物进行说明。

3. 请对某一生活用品进行说明。

4. 请对某一旅游景点进行说明。

5. 请对你熟悉的某一思想进行说明。

6. 结合你所学的专业，用说明方式语设计一段课堂讲授语。

7. 你带领的班级正在申请优秀班集体，作为班主任的你要向年级主任说明班级的情况，请设计一段口头说明语。

五、抒情表达练习

1. 请谈谈你喜欢的某一历史人物，并抒发感情。

2. 请谈谈你所赞赏的某种精神，并抒发感情。

3. 请用抒情方式语为班会“热爱大自然”设计一个开场白。

4. 小红在回家的路上捡到了一个钱包，交给了警察，并通过钱包里的信息找到了失主。为此，作为班主任的你决定在全班表扬小红，请你运用抒情方式语设计一段表扬语。

第四章 小学教师评价语

要点提示

本章通过案例分析、教师讲授及训练，让学生了解小学教师评价语的性质、特点和小学教师评价语使用中的一些常见语用失误，理解小学教师评价语言的运用原则，并能灵活应用于日常教育教学实践中。

学习目标

知识目标：

- 了解小学教师评价语的性质和特点。
- 理解小学教师评价语的运用原则。
- 掌握小学教师课堂评价语的构建策略。
- 掌握小学教师作业评价语的构建策略。
- 掌握小学教师日常教育评价语的优化策略。

能力目标：

- 能在小学课堂教学中有效、得体地使用评价语言。
- 能在作业批改中创造性地使用评价语言。
- 能在小学生日常教育活动中有针对性地使用评价语言。

评价语是教师评价学生学习和行为时使用的语言。在教学活动中，教师恰当的评价能创造良好的学习氛围和激发学生的学习兴趣，显著提高教学的有效性。新一轮课程改革本着“立足过程，促进发展”的宗旨，要求“对学生的日常表现应以表扬、鼓励等积极的评价为主，采用激励性的评价语，尽量从正面加以引导”。[①] 因此，了解有关教师评价语的知识，掌握教师评价语的技能，对学生做出正确、得体、有效的评价，对提高教育教学质量，营造融洽的师生关系，将起到十分重要的作用。

第一节　小学教师评价语的性质与特点

公开课上，王老师叫同学们把自己感兴趣的段落读给大家听，学生们纷纷举手，跃跃欲试。这时王老师发现有一位女生低着头未举手，于是她走到这位学生跟前轻声问道：“你为什么不举手？”小姑娘说：“我有点紧张。”“读书就不紧张了，能试一试吗？”小女孩望着老师不吱声。王老师扶着她的肩膀，轻声说道：“我给你起个头，能读吗？”小女孩说：“能。”于是王老师起了头，小女孩开始小声地读了起来，声音越来越大，越读越流利。待她顺利地读完后，王老师接着问她：“你现在还紧张吗？”小女孩答道：“不紧张了。”王老师又问：“你知道你在多少人面前读书吗？”“不知道。”“不知道我告诉你吧，你在上百人面前读书，多不简单啊，回去告诉你爸妈，你敢当着上百人的面读书，很了不起!”小女孩听了，小脸乐得像绽开了一朵花。

案例中的教师针对特定的教育对象，实施了恰当的鼓励性评价，较好地完成了对学生学习行为的引导。小学教师评价语的运用需要在掌握其性质和特点的基础上进行，本节将介绍小学教师评价语的性质和特点。

关于评价语的认知，学者们主要针对课堂评价语从不同的角度做出了一些界定：

从评价语的内容和功能来看，“教师课堂评价语就是教师运用言语等对学生在课堂上的学习态度、方法、过程、效果等方面进行即兴点评之语，它主要起着反馈、激励、调控、导向以及推进学生后续学习的作用。”[②]

---

① 人民教育出版社.http://www.pep.com.cn/xiaoyu/jiaoshi/tbjx/kbjd/kb2011/201202/t20120206_1099045.htm

② 金戈．教师评价语的运用策略．中华活页文选（教师版），2007(6).

从评价语的即时性来看，“课堂评价语是教师针对学生参与教学活动所反映出来的思想、情感、态度，或者语言表达、学习内容、方法或效果与学生进行的即时对话。”①

从评价语的功能来看，“课堂评价语言主要指在课堂教学中，教师对学生的各种表现，如对问题的回答等进行的语言评价。②

从评价语的发展性来看，“课堂教学评价语是指教师以语言方式开展课堂教学评价，向学生传达带有情感意向的价值判断，从而激发学生学习兴趣，引导学生积极投入学习状态，激活课堂生成性资源等，并继而引发教师深入思考并提高课堂教学评价质量，创建能发挥‘诊断、导向、激励’功能的评价语言，让学生感受到成长与提高。”③

我们认为，小学教师评价语是指以小学教育、教学为语境，以小学课程教学目标、要求为宗旨，以小学生学习、态度、方法、效果、行为等为特定评价对象实施言语行为时所使用的语言，主要起着诊断、导向、激励的作用。

小学教师评价语从课堂内外的语境上来看，可以分为课堂教学评价语、作业评价语与日常教育评价语。从评价内容上来看，可以分为知识评价语、能力评价语和情感态度评价语。知识评价主要是针对学生对知识的认知和掌握的评价，能力评价则主要围绕学生的学习方式、方法等进行评价，情感态度评价是对小学生的情感和态度进行评价。从评价的效能来看，可以分为正效应评价语和负效应评价语。正效应评价语常常是积极的评价语,是指教师的评价以赞赏、鼓励、认可等方式为主；负效应评价语常常是消极的评价语，如以批评、讽刺、贬损等方式进行评价。

一、小学教师评价语的性质

在特定的小学教育、教学语境中，教师的评价语是一种以激励、指正为目的的言语行为，具有特定的言语个性特征，即艺术性、权威性、激励性。

（一）小学教师评价语的艺术性

富有艺术性的教学语言能够调动学生学习的积极性和主动性，会使教学生动形象，富有表现力。教师要使自己的评价语言富有艺术性，可以合理运用语音、语调，使语言抑扬顿挫；也可以合理使用比喻、引用、比拟等多种修辞手法，使

① 胡丹. 课堂教学评价语“四性”原则探究. 湖北第一师范学院学报，2009（6）.

② 汪晓滟. 小学课堂评价语存在的问题及解决策略. 科研纵横，2010（6）.

③ 刘艳萍. 教师课堂教学评价用语的现状调查与对策思考：基于A校的个案研究，华东师范大学硕士学位论文，2010.

语言生动形象而富有美感；还可以合理运用多种语言技巧，使语言睿智而富有个性。

[案例4–1]

教师：第二天，天放晴了，我们去看看雪景好不好？

学生：好！

教师：雪景很美，谁能把它美美地读出来？（笑声）他读的时候，大家闭上眼睛听，体会他能不能把你带到那么美的雪景中去。

学生：早晨……五光十色的彩虹。

教师：你们听他读完这段，是不是感觉走到雪野中去了？

（学生反应不一。）

教师：刚走到雪野的边上，是不是？（笑声）啊，没进去，谁能带着大家进去？

（另一个学生再读课文，但读得不好。）

教师：进去了吗？

学生：（齐笑）没有。

教师：是没有。可能刚才那位同学领着咱们走到了雪野的边上，这位同学又领着咱们出来了。（学生大笑。）

教师：看看我能不能把大家领进去。

（教师示范读。）

教师：往前走几步没有？

学生：走了。

教师：谁接着领大家往前走？①

案例中的评价语是特级教师支玉恒在教学课文《第一场雪》时使用的。支老师通过使用拟人、通感等修辞手法，再加上抑扬顿挫的语音、语调，语言显得幽默风趣，既指出了学生朗读中的不足，又巧妙地暗示了学生如何通过有声语言，把大雪的“大”读出来。这种形象风趣的评价，让学生的想象力自由驰骋，通过朗读感悟课文的精神，使教学内容与评价有机结合渗透，拭去刻意评价的痕迹，少了刻板和机械，多了想象、灵性和意境。（拓展资源4–1 实践指导：小学教师评价语的艺术性及其实现方法）

（二）小学教师评价语的权威性

在小学课堂教学的特殊语境中，小学教师是权势话语角色，掌握着课堂话语的主导权；小学生属于非权势话语角色，表达意愿及想法的机会相对较少。另

① 转引自陈杰.让课堂生动起来.教学月刊·小学版，2005(9).

外，小学生的自觉意识比较差，不善于自觉独立地表达行动的动机，不善于主动独立地调节自己的行为，尤其是低龄儿童，往往将教师当做道德判断的标准。他们需要依靠长者的社会评价来衡量自己，具有强烈的情感依赖性和“向师性”，对教师充满信任。基于这两个原因，小学教师评价语具有权威性的特征。因此，教师正确实施表扬会使学生产生一种发自内心的上进心和自信心，拥有强烈的成功体验，这种愉快的情绪会使学生的思维不受束缚，处于一种自由、轻松的精神氛围之中，自由地想象创造，充分发挥个性和长处。所以，教师的评价语在一定意义上影响或者决定了学生的进取动力，恰当真实的评价可以让学生获得更强大的进取动力，嘲讽、打压则有可能让学生从此丧失自信心和进取心。

（三）小学教师评价语的激励性

正确认识评价语的激励性，需要认知评价语言使用的三个层次，即判断型评价语、表扬型评价语和激励型评价语。判断型评价语就是做出简单的正误判断，如“很好”“对了”“很棒”“真不错”等。教师对学生的回答作了“是什么”的价值判断。此类评价语只给出学生对错的价值判断信息，没有引导学生去发现对在哪里，错在哪里。这类评价语内容空洞，对学生没有启发性和引导性。与简单的判断型评价语相比，表扬型评价语不仅作了“是什么”的价值判断，还点明了好在哪里，也就是进行了“为什么”的说明。因此，表扬型评价语在正误判断的基础上，有一些内容和细节的评价，如“读得很好，读得很有感情！”“预习得很好，读得也很流利！”“观察得很细致！”“想象很丰富，入情入理。”这类评价语有一定的指向性，对学生有一定的价值。但是，如果这类评价语使用频率过高，就会逐渐失去吸引力，沦为简单的判断型评价语。激励是评价语言使用的最终目标，激励型评价语是评价语的最高层次。它既关注到“是什么”“为什么”的层面，还关注到“怎么做”的问题，不仅让学生知道好在哪里，而且给其他学生以怎样做的启示。

二、小学教师评价语的特点

评价语是使用频率较高、对学生影响较大的教师工作用语，从本质来说，小学教师评价语具有以下几个方面的特点：

（一）学生价值判断的导向性

在小学教育中，评价语是一种具有价值导向性的语言，无论是赞扬式的正效应评价还是批评式的负效应评价，都存在着某种价值观念的预设。赞扬式的评价预设是指受表扬者的行为是良性的，和受话人过去相比存在进步的、有益于他人或社会等任何值得肯定的行为。发话人在尊重事实的基础上，对受话人的行为价值观进行衡量后，表示认同，尽量强调双方的一致性，并且作为向其他受话者推荐的榜样。批评式的负效应评价同样存在价值观念的预设，即受批评者的行为是不好的，和受话人过去的行为相比存在着退步的、损害他人或社会等需要批评的行为。发话人在尊重事实的基础上，对受话人的行为价值观进行衡量后，表示不认同，甚至是批判，并且会让其他受话者引以为鉴。

因此，小学教师对学生评语的价值取向和审美取向应该符合社会的先进文化导向，培养学生勤奋、诚实、热爱祖国、热爱劳动、遵守纪律等品格，促进学生人格的健康发展。

[案例 4–2]

两位教师在教完《孙悟空三打白骨精》课文后，都问了相同的一个问题：你喜欢文中的谁，为什么？

班级甲：

学生：喜欢白骨精，因为她为了吃到唐僧肉，不怕困难，坚持不懈。

教师：你的想法很独特，有创意。

（学生喜滋滋地坐下。）

班级乙：

学生：喜欢白骨精，因为她为了吃到唐僧肉，不怕困难，坚持不懈。

教师：（略顿了一下）白骨精做的是好事还是坏事？

学生：（想了想）坏事。

教师：白骨精不怕困难，坚持不懈地做坏事，你也喜欢她吗？

（学生红着脸摇了摇头。）

面对价值观和道德观方面的大是大非，案例中的第一位教师对学生的回答不置可否，甚至还出现了激励性评价，这可能会导致小学生在成长过程中价值观和道德观方面的重大偏差。第二位教师则牢牢把握住培养学生高尚的道德情操和健康的审美情趣，形成正确的价值观和人生态度的课程要求，敏锐地注意到教学内容的价值取向和学生的思想发展动态，因此能及时抓住学生认识上的误区，因势利导、循循善诱，启发引导学生意识到自己的问题，在确立主流社会先进文化价值取向方面起到了良好的引导作用。

（二）评价内容、方式及标准的多元性

评价的多元性是指对学生进行评价的内容、方式、标准、主体是多样的，而不是单一的。义务教育阶段新一轮课程改革倡导“立足过程，促进发展”的教育理念，“评价不再是为了选拔和甄别，不是选拔适合教育的儿童，而是如何发挥评价的激励作用，关注学生成长与进步的情况，并通过分析指导，提出改进计划来促

进学生的发展。"[1] 传统教学评价强调评价的甄别、选拔功能，热衷于排名次、比高低。这样的结果是只有少数的"优秀生"能够体验到成功的快乐，大多数学生不可避免地成为"差生"。因此，新课程标准要求小学教师淡化分数与评比，重视发挥评价的激励、诊断和引导功能，改变过去过分强调甄别与选拔的做法，将目标定位于促进学生的全面发展。

现代教育理论研究表明：人有八种智能，即语言智能、逻辑—数理智能、空间智能、运动智能、音乐智能、人际交往智能、内省智能、自然观察智能。每个人都有自己擅长和不太擅长的智能，有的学生学习语文、音乐很轻松，但学数学和绘画困难就多一些；有的学生不擅长体育运动，但人际交往能力和自然观察能力却很强。因此，对小学生的评价也应该由单一的认知评价扩展为综合的评价。注重对小学生学习能力、态度、情感、创新精神、实践能力、价值观等综合全方位的评价。差异性评价在强调知识与技能评价的同时，将情感态度与价值观的评价放到了同等重要的位置，并丰富其内涵，促进学生认知与情感的同步发展，从而真正实现"全面发展的人"的培养。（拓展资源4–2　实践指导：怎样才能避免评价的空洞无物？）

（三）评价态度的真诚性

"无爱无教育"，教师对学生的评价要情真意切。教师的评价语言只有发自内心，他的赞美或者批评、建议才能够让学生心甘情愿地接受。虚情假意、言不由衷的评价语，不仅没有效果，而且会伤害学生的心灵。

情真意切的评价来源于对学生的理解与尊重。尤其是在小学教育中，教师是话语交际中的强势权威角色，这就更需要教师尊重学生的独立人格，呵护每颗幼小心灵的健康成长。每个学生都有自己的个性和闪光点，教师要善于发现他们的闪光点，就此激活他们的自信与勇气，使学生对自己有充分的了解，进而扬长避短。

[案例4–3]

张希波老师讲授《姥姥的剪纸》，当他说到姥姥那高超的剪纸技艺时，同学说班上有位女生也会剪纸，这位女生平常很胆怯，从不会主动回答问题。

张老师鼓励她说："我也想看看，你能答应吗？"这个内向的女生不好意思地拿起了纸，很快剪出了一只栩栩如生的小白兔。张老师带头鼓掌，并说："你小小年纪就和课文中的姥姥一样啥都能剪，真是位心灵手巧的小姑娘，长大以后肯定很出色！"此时，小姑娘脸上洋溢着自信而幸福的微笑。[2]

① 朱慕菊. 走进新课程. 北京：北京师范大学出版社，2002.

② 张希波. 用真情评价激发学习兴趣. 小学教学研究，2009(10).

只有饱含着关心和爱护的教师评价语言才会产生良好的效果，才会起到莎士比亚所说的“赞赏是照在人心灵上的阳光”的作用。在每个学生的成长过程中，哪怕是看似微不足道的优点，教师真诚的评价，不管是口头的赞扬、热情的喝彩，还是微笑着点头，都会对学生产生不可思议的积极作用，会使他增强自信心，在潜意识里肯定自己，认可自己，从而感受到喜悦和尊重。

第二节 小学教师评价语的运用原则

一次，一个平时学习成绩不太理想的学生因为进步较快而受到教师的表扬。教师说：“××同学是年级比较有名的后进生，但在老师的帮助下，通过自己坚持不懈的努力，终于有了较大的进步。希望全体同学向他学习……”一席“表扬”，让这位同学一声不吭地拿着奖状，垂头丧气地回到座位。[①]

案例中的教师在对学生进行评价时，由于使用了“××同学是年级比较有名的后进生”这样与要表达的主旨不太相符的话语，产生了不好的表达效果。教师评价语的运用需要遵循一定的语用原则，以避免语用失误的产生。本节将介绍小学教师评价语的运用原则。

教师在教育教学活动中所实施的评价行为，关乎教育教学的效果。了解、掌握小学教师评价语的运用原则，并在教育教学实践中加以灵活运用，是教师实施评价言语行为的前提和基础。小学教师评价语运用的基本原则主要有以下几种：

一、依据事实说话：客观原则

客观原则是指发话者对受话者的行为价值要做出客观准确的评价。教师的评价对象是学生，教师的一句话、一个手势、一种表情都会给他们留下深刻的印象。客观正确的评价会激发小学生的学习兴趣，培养他们良好的生活学习习惯，有助于他们明辨是非，而不当甚至错误的评价会影响小学生的学习热情和对事物的认知。因此，教师的评价语必须客观、公正。

依据事实说话，要求教师在表扬时使用具体生动的语言，避免空泛的“你真

① 徐冰．班主任表扬艺术研究．教育艺术，2008（3）．

棒！”之类的语言。

[案例4-4]

教师：（板书“长城的建筑年代久远”）这句话最难读，你们先在心里默默地读这句话。

教师：敢于向困难挑战的举手！（学生纷纷举手）真好！超越自我就是成功。你来读。

（学生读。）

教师：你看，给我说着了不是？我说过这句话最难读，不过他敢于站起来读，我还是非常钦佩。你来读。（另一名学生读。）

教师：还有点变化了。谁能比她读得更远点？

（学生读。）

教师：才五百年。

（学生读。）

教师：一千年。

（学生读。）

教师：一千五百年。（大笑）谁能读到二千二百年？

（学生读。）

教师：又回到一千年了。

（学生读。）

教师：快到二千二百年了，你们听王老师读。注意王老师停顿的地方。（教师示范。）

教师：咱们一起把三个句子连起来读。注意不同的节奏、不同的感受、不同的语调、不同的速度。

教师：同学们只读了一遍课文就能够对内容有这样的感受，这样的理解，真不简单。但是，学课文不深入到字里行间，我们就无法感受长城的形象；不深入到字里行间，我们就无法理解长城的内在精神。咱们还要深入到课文的字里行间。大家读课文第二自然段，放开声音读，一边读一边仔细地琢磨体会，看看这段话里边哪一个句子使你变得非常激动，使你情不自禁地想赞美它。①

案例为教学名师王菘舟某堂课的教学评价语。王老师在客观评价的基础上，用具体生动的语言既指出了学生的不足，又唤醒了学生们的生活经验、知识储备、情感积淀与生命体验；既提高了学生的语言应用能力，又培养了学生的文化敏感性。

① http://www.hbrc.com/rczx/shownews-1295148-39.html

批评式的评价语更要求教师要根据事实说话。在没弄清事情真相之前只凭表面现象盲目批评，有可能对学生造成误导，产生负面影响。例如，一位教师上课时发现黑板没擦干净，便点了值日生的名，厉声批评他做事不认真，一屋不扫何以扫天下，又数落说："你的学习肯定也是这样子，马马虎虎的。"接着又说："你父母亲怎么教你的，没有一点儿好的卫生习惯，简直是缺少家教！"该教师犯了盲目批评的错误，仅凭学生没有擦干净黑板，就由此及彼，妄自推断学习不好，更过分的是将批评面扩大到学生父母。这种偏离事实、盲目判断的批评会让学生愤愤不平，适得其反。在语言使用方面，批评时要求教师避免使用主观判断性的词语，如"不对！""你做错了！"等，避免以武断的判决代替交流，这种简单粗暴的语言容易限制学生对问题的深入思考。

二、春风拂面：适度原则

小学教育教学评价语运用的适度原则，是指教师运用评价语时，能适度地对学生的行为、态度和思想进行评价。尺度拿捏适中的教师评价语犹如春风拂面，没有狂风暴雨般的激烈，也没有烈日骄阳的暴躁，让学生在惬意中启迪思维、滋润心灵。

评价语运用的适度原则，要求避免使用横向比较的话语，常见的如"谁比他说(读、做、写)得更好？来试试！""你听听别人是怎么读的，好好学习一下！"等。这样的话语往往会挫伤学生参与的积极性，挫伤学生的自尊心和自信心。

评价语运用的适度原则，要求慎用带有表示最高程度含义的词语，如"你的发言最棒！""你提的问题太有思考价值了，简直无与伦比"，这类带有表示最高程度含义的评价，会给学生一种错觉，即教师心中只有这个被高度评价的学生，其他学生在教师的心目中没有足够的地位。

评价语运用的适度原则，要求教师要把握好被评价主体之间的差异，包括学习上的差异和性格上的差异。对于学习主动性不强、积极性不高的学生，即使是点滴的进步，教师也要给予多次、高强度的鼓励性评价，这样可以帮助他们树立自信心，提高学习的主动性；对于学习主动性较高的学生，评价的次数要少，只有在其取得较大成功时才给予肯定，使其觉得获得鼓励性评价不容易，从而更加努力以获得肯定。对于性格比较内向、敏感或有些自卑的学生，不能过多地责备、打击、挖苦，要通过表扬及暗示使其发现自身的优点，以提高自信心；对于聪明过人且又自负十足的学生，不能过分表扬，要根据其优势和不足给予适度的评价，使其发现自己的不足，清醒地认识自我；对于性格倔强的学生，教师要心平气和地与其交流，使其心服口服，避免冲突；对于寡言少语、默默无闻的学生，教师要努力走进其内心世界，才能做出恰当的评价，否则，可能一句不恰当的评价就会使学生心理受到挫伤。总之，学生的个性千差万别，教师的评价语要因人而异、随机应变、得体适度。

三、把握时机：适时原则

评价的适时原则，是指在教育教学活动中，能恰当地把握时机对学生的行为、态度和思想进行评价。总体来说，评价的时机应选在学生对教师充满信任和感情的时候。对于什么时候要及时评价，什么时候要延时评价，需要教师长期教育实践的积累与反思，也需要教师灵活机智的思维。

（一）及时评价，反馈教学

课堂是灵动的，这就要求教师要抓住转瞬即逝的机会，对学生的回答及时评价，进行反馈。这首先要求教师要善于倾听学生的发言，善于捕捉信息并及时评价。教师要用欣赏的眼光看待学生，善于发现学生发言中的闪光点，往往就是这样一个个闪光点点亮了课堂，碰撞出思维的火花，融洽了师生关系。如教学名师张康桥在讲授《林冲棒打洪教头》一课时，学生齐读课文，张老师评价道："太规矩，没有野性，再读一遍！"当头一棒，学生立刻明白，既然是棒打，就要有野性，于是再读时效果果然不同。教师的及时评价不仅让学生明白了自己朗读的不足，还活跃了课堂气氛，融洽了师生关系。

（二）延时评价，拓展思维

延时评价就是对学生的评价先暂缓一步，以便让参加讨论的人有时间从容不迫地独立思考，从而给出更加具有创造性的回答。延时评价常常用于开放性的问题，此时教师对学生的回答不是立刻给出肯定或否定的评价，而是以鼓励的语言或动作，鼓励学生主动思考，激发学生的想象力和创造力。延时评价常见的语言形式有："你是这样想的，其他同学有不同的想法吗？""大家同意他的意见吗？""你们认为怎么样？"……延迟评价鼓励学生主动探究并发表个人的独特见解，点拨学生进行讨论，深入思考，让学生在不断的争辩中明确认识，经历一个自悟自得的创新过程。

[案例 4–5]

在一次新课程研讨课中，一位教师执教古诗《寻隐者不遇》，在学到"松下问童子"这个句子时，有学生质疑"童子"的意思，于是教师引导学生联系日常所读、所学、所见、所闻想一想"童子"是什么意思。一时间学生有的说是“徒弟”，有的说是“学徒”，有的说是“学生”，有的说是“佣人”。此时，班内有一位学生站起来说：“那时候的‘童子’就像今天的‘秘书’一样！”一句话引得全班哄堂大笑。此时教师并没有立即作出评价，而是用赞许的目光鼓励那位学生继续说下去，那位学生振振有词地说：“童子帮助主人抄抄写写，负责照料主人的生活，接待一下来客，不是和今天的秘书一样吗？”他的回答令在场的师生无不拍案叫绝。①

这位学生的回答正是联系自己的生活经验进行了创造性的理解和诠释，对“童子”与“秘书”这一古一今的词汇进行了对比，准确幽默且见解独到，让人称赞。这种具有创造性的回答，正是来源于延时评价，来源于教师鼓励学生对日常生活经验的积累和感悟，这位学生的独到见解体现了他在思想的碰撞中已经学会了独立思考。

所以，延时评价是一种宽厚和关爱，是一种信任和期待，是一种点拨和启发。它既尊重了学生的个性差异，又保护了学生的学习积极性。延时评价在创造和谐的学习氛围的同时，激发了学生的思维，提高了学生独立思考和综合分析问题的能力。

四、机智应变：灵活原则

评价语的灵活原则，是指教师在教育教学活动中要保持对学生的高度关注，灵活地应对学生的各种情况，并及时地做出准确的评价，这种机智应变的能力在应对教育教学中一些突发情况时尤为重要。

[案例4–6]

红蓝两队的拔河比赛经过一轮激烈的角逐终于有了结果。

教师：同学们，比赛结束了。获胜队是……

学生：老师，我认为比赛结果不够真实。

教师：噢，是吗？我想同学们一定想知道你的理由，说来听听？

学生：刚才蓝队的位置在教室后面，两队在进行比赛的过程中，最后一位同学蹲在地上好像抓住了暖气管，蓝队是借助暖气管的力量才获胜的。

教师：你能够从同学的一个动作姿势判断比赛结果存在着不公平，可见你刚才一定留心观察了比赛过程中的每一个细节，做得好！为了能给你一个合理的解答，我想请坐在后面的“目击证人”——观战的老师们，来帮我们

① http://res.hersp.com/content/1895720

澄清比赛的真相，不知你是否同意？

学生：好吧。（学生瞥了瞥教室后面的领导和教师们，勉强地回答。）

教师：在座的各位老师，为了本次比赛的公平和公正，我和双方队员们真诚地邀请大家做一次“目击证人”，帮我们证实一下比赛的真正结果，好吗？

教师：刚才的比赛中，是否存在蓝队队员抓暖气管“借力”现象？

当听到的答案是否定时，教师读出了这个学生眼神掠过一丝心悦诚服后的“失望”。教师走到他的面前，轻轻地抚了抚他的头，亲切地说：“胜败乃兵家常事，比赛的关键是过程，结果不是最重要的。不过，你敢大胆质疑比赛结果，敢于说‘不’来解开自己心中的谜团，我倒觉得非常了不起。要知道许多科学家就是在敢于问‘为什么’，敢于说‘不’的过程中有了新的发现和创造……老师为有你这样的学生而感到骄傲！”说着教师竖起了大拇指，他察觉到了学生脸上洋溢着重拾自信的微笑。①

案例中，教师面对学生突然的质疑，没有以权威的姿态压制学生，而是机智地鼓励学生“说来听听”，鼓励学生发表自己的意见。评价时教师说出“可见你刚才一定留心观察了比赛过程中的每一个细节，做得好！”，避免了武断性的语言。在安慰学生时，教师使用了亲切的语调、肢体语言以及具体的细节性评价。教师机智地应对突发问题，保护了学生的自信心。

五、口吐珠玑：风格原则

每个教师都有自己的个性，评价语的运用，也能体现出教师独具特色的风格。常见的个性化风格有幽默型、激情型、启发型等。我们以一些小学特级教师的课堂教学为例，分析他们的语言运用特色。

（一）于永正：幽默诙谐型

幽默是一种最有趣、最有感染力的传递艺术。教师的幽默可以拉近师生的距离，缓解紧张或尴尬的气氛，吸引学生的注意力，加深学生对知识的记忆，更好地进行情感交流。在教学中，幽默能在快乐中把教师和学生的思维和情感融合在一起，把知识和求知欲联结在一起。

[案例 4–7]

在《小稻秧脱险记》一文中，与小稻秧争夺营养的杂草在除草剂作用下，有气无力地说：“完了，我们都……喘不过气来啦。”我们看看特级教师于永

① 田亚男.“真情”成就“精彩”.学周刊，2013(8).

正是如何指导学生读出“有气无力”的句子。

教师：谁能把杂草的话读一读？

学生：(声音洪亮地)完了，我们都喘不过气来了。

教师：你没完。我的化学除草剂是伪劣产品，我再给你喷洒一点。

(说完，于老师朝该生身上“嗤嗤”地喷了几下，学生大笑。)

学生：(小声地)完了……我们都……喘不过气来了。

教师：好！掌声鼓励。(学生鼓掌。)

教师：这就是“有气无力”。①

于老师使用了幽默评价语和相得益彰的肢体语言，巧妙地把指导朗读和理解词语结合起来，让学生在轻松愉快中获得知识。

(二)窦桂梅：激情鼓舞型

激情的评价语之所以能打动人心，是因为它是心灵深处的声音，是灵魂和情感的流露。教师激情的评价，会点燃学生求知的渴望，让课堂气氛升温，让学生乐于听、乐于学，在和谐的师生情感交融中使思维的火花得到激发和碰撞。教学名师窦桂梅在讲授《晏子使楚》时，就是用发自内心的激情，点燃了学生求知的热情，使得课堂节奏张弛有度，激情动人。

[案例4–8]

教师：(夸张地拍拍学生的肩)你怎么这么会读书呢？看你把晏子的心理活动都读出来了！

教师:你的回答就是与众不同,别人想到楚王的无礼、傲慢,你则想到楚王的可爱。了不起!

教师(笑得很灿烂):我看到你们脸上的这种灿烂的笑了!

教师(翘起拇指):真是太精彩了。第一次掌声送给你,是因为你读人家的文章,读人家的语言,能把别人的语言变成自己的语言,这就是一个运用语言的过程。第二次掌声送给你,是因为你刚才长篇大论,说晏子委婉地直指楚王的要害。

教师(语调越来越高):其实我走了好几桌,我都能听见同学们的读书声和同学们的发现,你们真了不起,会读书啊,谁来谈谈,想说什么就说什么。两位同学想说了,三名!四名!五名!越来越多了!好!请你来说!

教师(频频点头):可以。你们认为呢？真不错,特别是哪一句读得好？

教师(握握学生的手):我非常想和你较量一下。

教师:如果我是你,我一定说，谢谢你的指导!

教师:是我听错了,还是……,我觉得这里应该……

① http://www.hgxxtz.net/teacher/jxsb/200605/222.html

教师：音色也好，读得也顺，这几个字音应该……，不信你自己再读，一定会更好！

教师（有力量地抚摸）：你看，你的朗读让我们感受到这么多的快乐。

教师（摸着学生的头）：孩子，你再面不改色地读……，谢谢你的发现。

教师（夸张地拍拍某学生的肩）：晏子什么也没改，他的秉性，他的潇洒、自信。虽然我很矮，我很小，但我的气质不凡。

教师：掌声！你苦笑一下啊！

教师：谢谢哦，这种苦笑装得真不容易，再来！还有怎么笑？

教师：亲爱的同学们啊，这故意的笑一笑那叫“一笑解千愁”，用我们课前背的诗来说就叫“谈笑间，樯橹灰飞烟灭”，用现在的时髦词叫“笑傲江湖”。

教师：那叫智慧。哎！就是这故意地笑一笑，如同学们所说的那样：笑出了自信，笑出了幽默，笑出了潇洒，小个子晏子我依然风度翩翩，我依然有气质，我依然这样倜傥，有魅力！

教师：谢谢亲爱的同学们，你们的朗读告诉我们，就是这笑一笑，我们就能想象晏子自身的大气、性格和笑声之外的这种骨气！让我们再次为晏子的这种智慧喝彩！①

窦老师的课堂评价激情满怀，每一句话、每一个动作都流淌着她的满腔热情。语言和动作的综合使用，不断地激发学生的学习兴趣，点燃学生的激情，引导孩子渐入佳境，使课堂高潮迭起，让学生的思想擦出火花。

（三）张齐华：启发型

启发式评价给人的感觉是舒缓的，没有紧张，没有急迫，在不知不觉中切入正题，“润物细无声”般滋润着学生，启发学生积极思维和自主探求，自觉地获取知识。

[案例 4–9]

张齐华讲授“对称轴图形”时的一个片段：当两位同学出现了截然不同的两种答案时，张老师特意走过去，跟一位同学握手说：“我跟你握手不是我赞成你的说法，而是感谢你为课堂创造出了两种不同的声音。想想，要是我们的课堂只有一种声音，那该多单调啊！”这样的评价让学生在潜移默化中受到了哲学思想的熏陶。

在接下去的环节中，学生一致认为正五边形只有五条对称轴。张老师这样评价：“老师真佩服你们，尽管老师喜欢课堂上有许多不同的声音，但是当只应该有一种声音的时候，你们坚持了自己的意见。”张老师把“坚持一种声音”的评价与前面的“不同声音”的评价联系起来，说明了教师佩服学生的原因是因为学生们并没有迎合教师喜欢“不同声音”的心理，坚持了自己的

① http://wenku.baidu.com/view/7ce14f05a6c30c2258019e06.html

意见。在教师的赞叹声中，潜移默化地培养了学生求真、求实的科学精神。[①]

恰当的评价语言是教师精湛的教学艺术与深厚的文化底蕴的综合表现。一位教育专家这样说过:刻意追求的艺术，不是艺术；刻意学习的艺术，不成艺术。当一个教师的学、识、情、才等齐备之时，才是教学艺术臻于成熟之日。（拓展资源4–3 争鸣与讨论：有人认为，教师的语言应该浅显易懂，生动有趣；教师语言的表达要幽默，寓教于乐；有人认为，教师的语言艺术的提升要从语言规范流畅，妙用导入语、态势语方面着手。你同意这些观点吗？为什么？）

第三节 小学课堂教学中的评价语

一次在《春》的公开课上，一位女生声情并茂地朗读了“春花图”一段后，教师真诚地评价道:“真的非常感谢你，通过你的朗读，竟然把景物描写读得这般绚丽多姿、栩栩如生。”那位女生带着幸福满足的微笑坐下了。那堂课她主动朗读了三次，而且她的激情也感染了其他学生，一堂课在学生深情朗读和对文章内容品鉴、语言欣赏中圆满结束。[②]

案例中的教师遵循课堂教学评价语运用的原则，客观、真诚地对学生的表现进行了评价，避免了评价语用失误的产生。本节将介绍常见的课堂评价语用失误，分析语用失误产生的原因，探讨小学课堂教学有效评价语的构建策略。

课堂教学评价语，是教师在课堂教学过程中对学生的学习行为及表现做出评价时所使用的评价性语言。对于学生来说，课堂教学是他们接受知识、感受教师课堂教学魅力的重要过程，精彩的课堂教学评价语会给教学带来事半功倍的效果。

一、小学课堂教学评价中常见的语用失误

义务教育阶段新课程标准实施以来，评价标准、内容、方式都发生了诸多的变化，教育评价从带有惩戒色彩的传统教育过渡到以赏识为鲜明特征的新型教

---

① http://blog.163.com/ysduanyuxiang86%40126/blog/static/140430233201042293247838/

② 王瑞荣.教师课堂评价语的思考.http://www.doc88.com/p-176806216289.html.

育。但对于这一观念下的教育教学实践仍然存在一些评价语用失误的现象，主要表现为评价的不实、评价的不适、评价的不当以及评价的单调等几个方面。

（一）不实的评价语

客观、真诚是教师进行评价时最重要的语用原则。然而在赏识教育的理念下，很多教师表扬过多，即使学生没有突出的表现，也习惯性地把表扬挂在嘴边。表扬已经成为教师的一种思维定势和习惯。的确，在激励性语言的评价下，即使平庸的孩子也会变得活跃起来。但是，过于频繁的表扬会使学生的心理达到饱和状态，久而久之会干扰学生的判断力，不能正确认识自己乃至周围的事物，也会导致学生急于求成，不能承受挫折。

教师违反客观原则的语用失误还体现在评价内容的空洞无物和情感的敷衍上。面对学生很有创意的回答，教师的评价也是简单的“不错”“很好”“对”等课堂常用语言。这种没有具体内容，没有具体细节和程度区别的评价语，不仅空洞无效，浪费宝贵的时间，也难以让学生深入掌握知识，解决疑惑，更难以培养学生独立思考和创造性思维的能力。

（二）不适的评价语

不适的评价语首先体现在使用言过其实或夸大其词的评价，如“最”“无人能比”等。对被表扬的学生，这种不适的评价只会让学生不能正确认识自己，甚至会造成学生对自我认知的偏差。不适的评价还体现在教师未能遵循及时原则，对学生的言行与价值观进行及时的指点。

[案例4–10]

教师：学习了《狐狸和乌鸦》这篇课文，同学们有什么想法？大家想怎么说，就怎么说。（学生沉思片刻，纷纷举手。）

学生：我觉得爱听好话不好，容易上当。

教师：你说得真好。

学生：我觉得乌鸦自不量力，也不撒泡尿照照自己长得什么样，还得意极了！（哄堂大笑。）

教师：（较尴尬，但为了不打击发言同学的积极性，还是选择了鼓励。）你说得有道理。

学生：我觉得狐狸很聪明，而且我懂得了如果你想要得到别人的东西，而别人不给时，你要多动脑筋骗他高兴，让他自动送上门来。

教师：你的想法有创意，能联系生活实际，真聪明。①

新课程理念强调尊重学生的独特体验，但学生的体验并不都是正确的，学生

① 徐友新.课堂评价：怎一味“表扬”了得. 江西教育，2005(12).

的多元反应也并不都是合理的，他们对生活价值观的体验可能是消极的、不健康的。案例中，学生的体验偏离了社会主义核心价值观，产生了投机取巧的思想，教师需要加以引导。学生固然需要鼓励，但很多时候，这种无原则的课堂表扬容易把学生引向思维的歧途，甚至步入价值观念的误区。

（三）不当的评价语

不恰当的评价语首先体现在教师在进行评价时会有意无意地使用嘲讽的词语或语气。嘲讽与表扬的区别在于：表扬的命题内容与事实是相符的，而嘲讽的命题内容和事实相悖。例如，“你的测试成绩确实不错，我为你整天在课堂上漫不经心而能考出好成绩感到十分惊讶。”“不错，你能准时到这里，平时你总是磨磨蹭蹭，我还以为你不会准时来呢！”显然，这种貌似表扬的评价缺乏对学生的尊重，缺乏对学生发展需要的理解，不仅不会让学生产生激励和成功的喜悦感，反而以一种隐蔽的方式伤害了学生。

小学教师评价语使用不当还体现在评价语的“一刀切”现象，即没有考虑到学生的个体差异，未能做到因人、因时进行评价。低年级的小学生喜欢教师的当众表扬，渴望教师夸自己聪明可爱，但同样的方式用在五六年级的小学生身上，他们会感觉自己很“弱智”，会被同学嘲笑，还不如不被表扬。因此，在小学课堂教学中，教师的评价也要根据学生性别、年龄、性格的差异，做出不同的评价。

（四）单调的评价语

课堂教学是灵活多变的，小学教师课堂评价语也应该是丰富多彩的。单调的评价语不仅不能发挥评价语的作用，还会产生不良的效果。单调主要表现在语言形式的贫乏和评价内容的单一上。

[案例4–11]

《美丽的小兴安岭》教学片段[①]

教师：今天我们来学习课文《美丽的小兴安岭》，请同学们读课题。读了课题，你想知道什么？让我们把真正的问题提出来，好吗？

学生1：小兴安岭的美丽体现在哪里？

教师：提得好。

学生2：为什么小兴安岭是美丽的？

教师：这其实与第一个问题是一样的，重复一遍没有意思。

学生3：小兴安岭里有些什么？

教师：这么简单的问题是真正的问题吗？以后要听清老师的要求再提问。

① http://www.lbx777.com/z_jxzn/jxzn_1/jxzn_1_025.htm

学生4：为什么小兴安岭像绿色的海洋？

教师：老师问的是你读了课题想知道些什么，你怎么扯到课文里面去了？上课没有专心听。

案例中教师笼统、空洞的评价语言，形式单调、内容空泛，不能起到点拨和激励学生的作用。新的教育改革要求教师重视过程性评价，重视学生在学习过程中的能力和情感评价。然而据调查，小学教师60%的课堂评价指向学习结果，30%的课堂评价指向知识，指向学生能力和情感态度的评价只占总次数的10%。[①]这说明，我们的课堂教学还未能真正站在素质教育的高度，多角度地去评价学生。这样容易忽视学生个体发展的独特性，扼杀学生的创造力和想象力。

二、小学课堂教学评价语用失误的原因

小学课堂教学评价语用失误的原因是多种多样的，从语言运用的角度出发，小学课堂教学评价语用失误的原因有：（1）对新课程关于评价的要求理解肤浅化导致敷衍和空洞的评价。（2）教师“恨铁不成钢”的心理导致一些不当评价语言的出现。（3）未重视教学机智和幽默感的培养，导致教师评价语贫乏单调。

新课程标准强调评价学生以正面鼓励为主。对此，有的教师理解为要多表扬学生，多夸奖学生，只有这样，才能培养学生的自信。虽然一定程度的表扬会让学生备受鼓舞，但敷衍式的表扬同样起不到激励学生的作用，内容空洞的评价也会让学生觉得索然无味，对教师的评价与奖励产生淡漠感。曾经一位语文教师在讲授《秋天的雨》时提了一个简单的问题“现在我们这儿是什么季节？”，并指名让学生回答，学生答对了，教师不假思索地表扬该学生说：“你真聪明！”其余学生听了全是不屑的神色，有的学生甚至在小声嘀咕：“这么简单，傻子都会，还聪明呢！”听到同学们的议论，回答问题的同学的脸红了。由此可见，过度且缺乏内容的表扬，效果适得其反。

教育要饱含爱，很多教师也是满含爱和热情的，但面对一些学习困难或调皮捣蛋的学生，时间一长，教师就会失去耐心，在评价学生时“恨铁不成钢”的心理就会投射在评价语上。比如，直接指责型的“你也不看看你自己，脑瓜子不够灵光也就算了，还想偷懒!”；嘲讽型的“哟，难道你这次成绩考得好了点就翘尾巴了？!”指责型的评价损害学生的自尊，嘲讽型的评价则是隐蔽的伤害，无论哪种评价，都不会产生良好的效果。

教学中的幽默要求教师具有理解、宽容的心理和自嘲的能力，要求教师具有

① 曹三及.中学教师批评口语调查研究.西北师范大学硕士论文，2007.

丰富的学识和创造性的思维。优秀的教师在使用评价语时不仅清晰准确，还机智风趣。机智风趣是聪明和智慧的表现，是生命中不可缺少的色彩。

[案例4–12]

教学名师孙双金执教《天游峰的扫路人》，在朗读训练时对学生的评价①：

学生：我抬头望了望天游峰，上山九百多级，下山九百多级，一上一下一千八百多级。我不由倒抽一口冷气。

教师：读得真流利，声音响亮，口齿清楚，而且没有一个字读错。如果你能读得让我感到天游峰台阶多，爬起来很累，那就更好了。

孙老师幽默的评价使学生很自然地意识到教师的期待和自己的不足。

三、小学课堂教学有效评价语的构建策略

教师评价学生的最终目的是为了激励学生，但只有有效的评价语才能实现这一目标。有效的评价语不仅能引导学生发现好在哪里或错在哪里，还能告诉学生要怎么做；不仅关注结果，更关注过程；不仅关注学习成绩，更关注学生在学习过程中情感、态度和价值观的形成，带动学生认识自我，建立自信。

（一）具体化的评价策略

从语言形式上看，具体化的评价策略要求教师使用评价语时要简单明了，真实自然。在句式上尽量使用陈述句，避免使用疑问句。比如，当学生做出了比较有创意的回答时，教师使用“我以前从来没有想到过……”这样的评价语就要比热情洋溢的“哦！真不错。”或者充满质疑的反问句要更为恰当。另一方面，具体化的评价策略还要求教师使用形象和细节性的语言，即教师对学生的回答不仅要作“是什么”的价值判断，还要关注到“为什么”以及“怎么做”的层面；不仅让回答的学生知道好在哪里，而且给其他学生以怎样做的启示。

从内容上看，评价语的建构应该将学生接受表扬或被批评的原因归于学生内部因素，如努力、毅力、过程、方法等，而非运气、环境等外部因素。比如，“你真聪明！”这句小学教师常说的评价语将学生所取得的成绩归为“智力”这一先天因素，而“你优异的成绩是和你努力好学分不开的”则是将学生的成绩归为“努力”这一内部因素。外部归因，往往不利于小学生的健康成长，它强调的是外在因素，有外部归因倾向的学生往往怨天尤人，寻找各种借口推卸责任，即使在取得成绩时，也归因于运气好或聪明。因此，教师在说“你真聪明！”这句

① http://blog.163.com/txjhhqp@126/blog/static/95510796201021664933374/

评价语时，会让小学生误认为学习成绩好是先天的，一旦学生成绩不理想时，便觉得自己很笨而丧失自信。而类似的评价“你真努力！”强调的是后天的努力，被表扬者听到会奋发向上，即便是成绩不理想，学生会归因于自己努力不够，以后会更加努力迎头赶上。

（二）差异化的评价策略

每个学生都是独立的有差异的个体，学生的年龄、个性和学习风格都有着显著的差异。教师要多层次、多角度地综合考查学生，用有区分度的语言对学生进行差异化评价。学生的个性没有好坏之分，关键看教师评价是否能用发现的视角从不同的层面评价每一个学生。对外向型的学生可以说“你敢于大胆发言，很勇敢”；对敢于创新的学生可以说“你的想法别具一格，很有新意”；对于胆子很小，难得一次举手发言的学生可以多多鼓励。

[案例4–13]

在一节公开课上，一个平时不爱发言的学生竟然迟疑地举起了手，教师微笑着鼓励她站起来朗读课文。这是一个学习基础不太好的学生，当她不太流利又不够准确地读出指定的段落后，其他学生们早就纷纷高举小手要给她指出缺点（有个别性急的孩子已经叫出口：“她读错了!”）。认识到自己要成为同学们批评的众矢之的，她是那样局促不安。这时，教师没有急于让学生们评价，而是走到她身边，抚着她的肩，亲切地对大家说：“在你们提意见前，老师先要表扬刘丹同学。（学生们满脸的疑惑）今天她第一次在这么多老师的面前勇敢地站起来朗读，大家觉得她是不是很有勇气呢？”

话音刚落，教室里响起一阵热烈的掌声。接下来当学生们真诚地为她指出朗读中的不足时，她已没有了刚才的难堪，很愉快地接受了同学们的帮助。最后教师又不忘鼓励地说：“老师相信，有这么多同学的热情帮助，再加上刘丹自己的努力，她一定会进步得很快，下次她一定会读得更好。”①

案例中，我们可以看到教师亲切地鼓励了一位性格内向的小学生，化解了课堂中的尴尬，小心翼翼地保护了学生幼小的心灵。在充满关爱的课堂氛围中，让内向胆小的学生消除了内心的自卑，品尝到被人尊重的喜悦，愉悦地接受了同学们的帮助。

（三）纵向比较的评价策略

纵向比较评价策略是指教师评价学生时，比较学生现在和他的过去，而不是和其他同学进行比较。传统的教育重视学生间的横向比较，在纠正孩子不良行为时常常采用表扬其他孩子，以其他孩子作为榜样的方式来加以对比评价。横向比

---

① 李月青.课堂评价呼唤人文关怀.教育实践与研究，2007(3).

较的后果可能是让学生越来越沮丧，越来越觉得不如人。在横向比较的背后，暗含着教师的着眼点是现在，是当下，是此时此刻，是担心自己的学生不如其他学生的焦虑。

纵向比较注重学生自身的发展，用发展的眼光来评价孩子，并激励孩子进一步发展。纵向比较的关注点在于未来，其基本理念是今天未能实现目标是暂时的，未来一定会比现在好，所以往往能够给人更多的憧憬和激励。比如，“我对你今天早上的朗读非常满意，尤其是你有表情的朗读方式，你把两个人物之间的对话读得活灵活现，希望继续发扬你的优点。”教师在评价中鼓励孩子发挥优点，相信他未来会做得更好。再比如，“我注意到了你现在会在作文中使用各种类型的比喻，这使得你的作文读起来非常生动有趣，保持这个好风格。”这句课堂评价语，教师指出了学生学会了在作文中使用“比喻”这一知识技能，是用发展的眼光和纵向比较的视角在评价学生。

（四）表扬中的批评策略

批评是一种损害学生面子的行为，如果批评不当，不仅起不到应有的效果，还会产生极大的负面效应，使学生对教师产生逆反和对抗心理。在表扬中批评，减少了对学生面子的损害，让批评温情脉脉，使学生易于接受,乐于接受。

在表扬中批评，可以“先褒后贬”，先表扬学生，再指出学生的不足和错误。在教学实践中，很多有经验的教师经常采取这一方式。例如，在上《跳水》一课时，教师请一个学生读一段课文，朗读过程中这个学生停顿了两次，读错了三个地方。读完后，教师评价道：“你读得很努力，第一遍能读到这样不容易。如果再多读几遍，你会读得更流利。”这个学生连连点头。这种“先褒后贬”的批评，先肯定学生的努力，再指明提高或改正的方法，从是非问题本身给学生指点，这对于学生知识的掌握、情感的发展都较为有利。

在表扬中批评，我们还可以使用“褒贬换用”的策略。褒义词用在该贬的事物上，叫“褒词贬用”；贬义词用在该褒的事物上，叫“贬词褒用”。这种错位常常会产生幽默的效果。比如学生们在教师不在场的时候私自调换了座位，教师看到后说：“怎么，你们趁我不注意，搞起政变来了。”“政变”，本是个贬义词，将“政变”这一贬义词用来指“换座位”这一件小事，让学生忍俊不禁的同时，意识到未经过教师同意调换座位是不好的。

此外，在批评时教师可以巧妙地使用比喻、拟人等修辞格，以弱化批评语言对学生面子的伤害，保护学生的自尊，同时使批评语言新颖独特、妙趣横生。例如，一位小学老师当堂改课堂作业时，发现一位学生作业本上的字又宽又大，格子塞得满满的。于是，教师对这个学生说：“你该让你的字减肥了。”当改到另一位女生的作业时，发现她的作业本被她用橡皮擦得黑一块、灰一块的，难看极了。于是，这位聪明的教师又说：“给你的作业本美美容，好吗？”这位教师就

是在批评时巧妙地使用了“拟人”这一修辞格，让学生愉快地接受了批评。教师机智幽默的评价语犹如涓涓细流，滋润着学生，在亦庄亦谐之间，学生不仅感觉到教师的良苦用心，也能在愉悦中学习。（拓展资源4–4 案例分析：评价下列课堂评价语，对其话语建构进行分析 拓展资源4–5 研究性学习：教师评价语与学龄儿童学习动机之间的关系探析）

第四节 作业批改中的评价语

一位教师看到一篇错别字很多的作文时，评价道：“你这篇作文从内容到结构都很不错，可惜错别字太猖狂，害得那些本来正确的字个个唉声叹气，叫苦连天。为了伸张正义，老师已经把这些错别字揪出来示众，请你各打它们五十大板，然后关押起来，什么时候改造好了，再放它们出来。”[①]

案例中的教师在进行作业评价时，运用了生动形象、富有趣味的语言表现手段，使学生既认识到自己的不足，又感受到教师语言表达的魅力，充分体现了有效评价语言策略的运用。本节将讨论小学教师进行作业评价时应遵循的语用原则及作业有效评价语的构建策略。

作业一直以来被视为“课堂教学的延伸和补充”，起到巩固和强化课堂教学效果的作用。传统的作业评价作为教师的一项常规工作，发挥着基本的检查、甄别、反馈的作用。新课程实施后，作业评价成为新课程评价体系的一个有机组成部分，起着促进教师和学生情感交流的作用。作业不仅检验和反馈了学生对课堂知识的掌握程度，也显露着学生的个性和情感，因而作业评价在小学教学中有着举足轻重的地位。

一、小学作业评价语的使用现状及问题剖析

作业评价是教师向学生反馈其学习情况的一种手段，目的是为了促进学生的全面发展。评价语形式单一、内容空洞是小学教师使用作业评价语时常出现的问题。

---

① 杨俊强.中学生习作评语之我见.宁夏教育,2009（6）.

（一）作业评价语形式单一

小学教师在批改作业时使用的评价语形式单一，主要表现在：学生作业本上的批改符号都是“√”与“×”的正误符号，结尾处写上“优”“良”“合格”“不合格”这样的等级评定。另一种评价的方式是写上“阅”字。据调查，偶尔写“阅”字的教师约占26.4%，经常写“阅”字的教师约占23.2%。[①]这样单一的评价语形式已成为教师批改作业的常态。其后果是学生对教师批改后的作业，只看成绩，而不加反思。有的学生甚至认为作业是自己的事，对错与否是教师的事，与自己不相干。这些都不利于培养学生积极的学习态度，更不利于培养学生的自我评价与反思意识。

（二）作业评价内容空洞

形式的单一往往预示着内容的空洞。即便是在最能体现学生个性和发挥创造力的作文批改中，相当多教师的作文评语也非常公式化、模板化，常见的套话如“用词不当”“语句不通”“中心不明确”“材料不典型”“写得不具体”“书写不工整”“希望继续努力”“你有进步”等。学生拿到这样的评语，还是不知道哪里用词不当，哪里语句不通，哪里材料不典型，哪里写得不够具体，更不用说产生思维的启迪、情感的交融了。

造成作业评价语形式单一、内容空洞的原因是复杂的，除了工作繁重之外，教师对评价语重视不够以及缺乏相应的语言素养也是重要的原因。一些教师认为作业评价语可有可无，认为作业就只是检查学生是否完成，所以写个“阅”是可行的，写上“优”“良”“中”“合格”这类等级评价语已经是在评价学生了。缺乏相应的语言素养也是导致教师作业评价语出现问题的主要原因。尤其是作文评价语，由于写作是学生个性和情感的真实流露，具有强烈的个性化特征，作文评价语因此也应具有强烈的针对性。但是目前对于作文评价语的研究还只是停留在教师零星的经验总结阶段，缺乏系统性和规范性。很多教师只能遵照惯例，重复制造着一条条低效的评语。当然，个别教师缺乏职业道德和职业素养，无心教学，应付作业批改，从而导致评语写作不认真的现象也是存在的。

二、小学教师作业评价语运用原则

新课程改革实施后，作业评价成为师生互动交流的有效平台，是激发学生形成积极情感、态度与价值观的重要工具，其核心是关注学生的全面发展。因此，在新课程理念下，小学教师在作业评价时应遵循以下一些语用原则。

---

① 刘明.小学作文书面评价语研究．西南大学硕士学位论文，2010.

（一）针对性原则

小学教师作业评价语运用的针对性包含两层含义[①]：一是要针对每次作业的要求，这些要求既是课程标准对所在年级学生的教学目标要求，又是教师根据各单元训练内容和学生实际提出的具体训练要求，对能够按要求完成作业任务的学生，教师要给予适当的表扬；对偏离要求的学生，要及时指出存在的问题，使学生养成按时、认真完成作业的好习惯。二是由于学生的认知水平、生活经历、语言表达能力、性格兴趣的差异，作业往往会表现出他们各自的内心世界和真实情感，可谓是"一生一世界"，写作业评价语时就要抓住这些特点进行分析、评价、点拨，使评语体现出不同的风格特点，避免千篇一律。例如，教师在写作业评价语时可以根据学生的性别做出针对性的评价。男女生心理、性格的差异会导致作文选材、写法、风格的差异。一般来说，女生作文有一种阴柔之美，教师在评价女生的文章时，人情味要浓一点，可以用散文式的评价，情感丰富，言辞表达细腻柔和，尽可能符合女生口味；而男生写作有阳刚之美，教师的评语风格可阳刚一点，显示出一种刚毅、果断、斩钉截铁，选词造句应干脆精练，表达直接明白，态度温和中可带严肃。[②]

[例1]

在你的笔下，秋天是多么美啊！老师从你的作文中看到了高远而深蓝的天空，看到了金黄的稻田、南飞的北雁和飘零的黄叶。这一切，无不让我感受到秋天的美丽与神奇。我多么想对秋天说："秋天啊！化腐朽为神奇的秋天，你使学生的作文多么优美啊！"

[例2]

看得出来，你非常喜爱踢足球。告诉你呀，老师也是个球迷。好吧，咱们来看你的作文，说实在的，文章不够精彩，但你写比赛的方法是很好的：重点写一次攻防，其余进球一笔带过，且还时不时运用"高吊球""越位陷阱""凌空抽射"等术语，使球赛与文章都显得好看。好好练吧，希望你脚下功夫与笔头功夫与日俱进！

例1是教师对女同学文章的评价，情感丰富，言辞细腻；例2则是教师对男同学文章的评价，评语干脆精炼，表达直接。两则评语体现出各具针对性的评价。

（二）人文性原则

小学教师作业评价语运用的人文性是指在尊重学生主体和个性差异的基础上，作业评价从关注结果转变到关注主体本身上来，实现"以人为本"的教育理

---

① 陈文国，曹世政．寥寥数语指迷津：小学作文评语的原则和作用．小学语文教学，2000 (7).

② 黄立平．浅谈作文及评语写作的性别差异．广西社会科学，2005 (5).

念。目前，作业评价语普遍注重结果本身的评价，而很少涉及对主体——学生的评价，更忽略了通过作业评价来引导学生做人。以作文评语为例，56.7%的教师选择“作文教学的主要目的是提高学生的写作水平，与作文无关的东西都不重要，所以我只评学生的文章，不掺和其他”。[①] 这部分教师给学生的评语客观、公正，但缺少了人文情感。作为承载着强烈的审美教育、情感教育和价值观教育的语文课，人文性评价原则应该更加凸显。语言教育是构筑人的精神栖息地的重要手段，语文教育的重要目的就是育人。《义务教育语文课程标准（2011年版）》中对作文教学目标的定位更是体现了人文性原则：作文教学的目标定位在培养学生表达自我感受，抒写生命感悟的层面，强调激发学生的创新意识和创新思维，培养学生的创新能力与实践能力，强调学生有个性地发展、和谐持续地发展。这样的教育理念注重学生对知识的掌握，更注重学生心灵的自由和情感的丰富。强调激发创新的精神，为社会培养出身心健康发展，具有独立思考能力，情感和精神世界丰富，具有创新思维的人才。

[案例4–14]

一位小学生在《我的妈妈》一文中，写到自己家庭困难，爸爸卧病在床，一家老小全靠妈妈支撑时说“面对逆境，妈妈咬紧牙关，硬是以瘦弱的身躯支撑着这个家。”其中流露的是最真实的感受和对妈妈真挚的情感。作为教师，就应该在评语中体现与学生心灵与情感上的互动。他的老师是这样评价的：“读了你的文章，我内心极不平静，你的生活令人同情，你的妈妈令人钦佩！都说母亲是伟大的，从你妈妈身上，我真正领悟了这句话的含义。有这样一位坚强的好妈妈，还有什么逆境不可战胜？！真诚祝福你一家早日摆脱贫困，走向幸福！”这位教师用一颗敏感的心灵去感受学生的小小世界，并在以后的学习和生活中都尽量给予这个学生帮助。后来，这个学生激动地对教师说：“老师，谢谢你，你的话增强了我对生活的信心，我会加倍努力学习，报答妈妈的养育之恩。”[②]

在这篇作文评语中，教师积极回应学生的内心情感，表达对学生妈妈的敬佩之情，鼓励学生战胜逆境，并送上真挚的祝福。这样的评语触及了学生的内心情感，让他感悟到妈妈的坚强和伟大，增强了对生活的信心，这正是人文性原则在评价语中的体现。

（三）示范性原则

小学生的语言表达以及对事物的认知评价，很大程度上受到教师评价语言的影响。教师的评语是否中心明确、重点突出、针对性强，书写是否工整规范以及

① 刘明.小学作文书面评价语研究.西南大学硕士学位论文，2010.

② 杨俊强．中学生习作评语之我见．http://www.docin.com/p-503565895.html

修辞方法使用是否恰当等都会对学生产生潜移默化的影响。从这个层面上说，评语提供了一种非常直观的示范，对学生而言是一种身教。

[案例4–15]

有一位学生在《第一次哄小弟弟》的作文中写道："第一次哄小弟弟让我感觉到真够烦的，一会儿哭了，一会儿又笑了，搞得我手忙脚乱。"教师的评语写道："是啊，因为第一次哄弟弟，就显得特别得忙乱，但老师感觉不到你的手忙脚乱。弟弟哭了，你会怎样做？一会儿弟弟笑了，你又会怎样做，怎样想？"通过回答这些具体问题，学生在他修改过的文章中写道："我逗他玩，可他使劲地喊，小手指着窗台那边。他要啥？我猜了很多，弟弟都摇头，我忙抱起他，他冲着我的脸狠挠几下，我痛得直叫。我是多么委屈，在心里责备弟弟：要是你会说话，何必让我猜？"①

案例中的教师运用了一些具有启发性的评价语言，启发了学生的思维，让学生学会了具体的细节描写，写出了自己的独特真实感受，相对原来干瘪瘪的几句话，修改后的作文生动活泼、情感丰富。作文评价语本身就是一种写作示范，语言要生动优美、笔法灵活、寓意深刻，评价态度中肯，好的作文评价语本身就是一篇优秀的习作。

（四）联系性原则

小学教师作业评价语的联系性原则主要表现在以下两个方面：

1. 评价语与教材资源的联系性

对于教材中出现的新知识点，教师要注意引导学生，把学习到的东西运用到作业的完成中，以培养他们学以致用的能力。如果学生能主动运用这些知识，教师在评语中应该有所体现，给予他们肯定和鼓励。

[案例4–16]

学了杜牧的《山行》，一位同学就用现代文形式写了一篇《山行》。其中写道："细看，原来是枫叶红了，红得那么艳丽，那么耀眼，令人好生羡慕。在夕阳的映衬下，枫叶闪闪烁烁，夹杂着一丝丝奇异的清香，心中的不快随着梦幻般的香气消散。不敢触碰，怕惊动了树上的落鸟儿，不使神圣的自然美景留有一丝的遗憾。陶醉，赞叹，喜悦，顿时充满心房。"②

对于这样的学生，教师在评价时就可以重点强调学生作文与教材资源的联系性，对学生敢于挑战的精神予以鼓励。比如教师可以这样评价：你能用现代语言

---

① 俞继红.小学作文教学评语的改革刍议.上海教育科研，2007（1）.

② http://3y.uu456.com/bp-9ba27e2a4s3610661ed9f480-1.html

创造性地改写课文阅读材料，赋予你的习作与杜牧的《山行》异曲同工之妙，说明你对原文有全面的领悟，加油！

2. 评价语与实际生活的联系性

小学生作业要注重与实际生活的联系，有助于他们对知识的领悟和理解。作业评价语因而也要注重与实际生活相联系，尤其是语文课中的作文评价语，小学生写作的内容基本上是自己的生活经历和情感体验。教师写评语时，要将文章中所表现的内容与学生本人的真实情况相联系，进行一定的分析性评价，适当提出一些建议和要求。

[案例4–17]

一个学生在《自卑的我》中写道："我是一位来自农村的女孩，父母每个星期给我三十元钱，我的吃穿用行全在里面了。可是，一些有钱的女同学个个穿得那么漂亮，吃着花花绿绿的零食，甚至开玩笑时用蛋糕抹花脸。她们在我面前趾高气扬。在她们中间，我像一只无地自容的丑小鸭！老师，为什么人和人之间差别就那么大？凭什么有的人天生就可以享福，有的人却要辛苦一辈子还在社会底层？"面对学生的自卑和诘问，教师不仅要允许学生情绪的宣泄，更要对学生的诘问做出一番积极的解释。于是，教师写道："你对老师敞开心扉说心里话，我很感动于你的信任。的确，在物质上我们也许暂时是弱者，是穷人，但是我们完全可以用我们坚强的意志、不屈的精神和丰富的知识内涵做精神上的富人。不要为贫穷而自卑，记住，苦难是人生一笔难得的财富，我们不能选择出身，但可以选择自己的人生道路和奋斗目标！经过奋斗，就会走出窘境，重新创造自己的生活。"①

案例中的教师以鼓励性的话语和教师的爱与责任为基调，及时抚慰学生纠结的情绪，拨正学生的思想认识偏差，启发学生正确地认识社会现实，获取前进的信心和力量。

三、小学作业有效评价语的构建策略

小学作业有效评价语的构建策略主要包括以下几种：

（一）差异化策略

每一个学生都是独立的个体，教师在进行评价语建构时，对不同的学生评价语也要有所不同。例如，对于一向爱动脑的学生的评语可以是："你与众不同的

① 程海林.创新语文评语类型例说.中学语文教学，2007(9).

见解，真让人耳目一新。老师还没想到这种做法，我向你学习。你的头脑真灵活，这真是奇思妙想，棒极了。”对积极思考但未能完整解答的学生可以这样评价：“你一直都在积极思考，努力地去寻找解题的方法，请找某某同学请教一下，也欢迎你来找我。”对解题正确，有独特见解但只用了一种解法的学生可以这样评价：“方法真好，如果你再仔细想想，可能还会有其他的方法。试试吧。”总之，通过差异化的作业设计，制订不同的评价标准，再配以富有个性的评价语，就可能产生特殊的评价效果。

（二）移情策略

移情是指设身处地站在他人的角度去感受和思考。移情能力强的人能够准确地感觉、体会他人的情绪、情感和思想，从而能够完成有效的人际交流。在作业评语中要想达到师生之间情感的交融和心灵的沟通，需要做到以下几点：

首先，在写作业评价语时，应充分理解、尊重学生的个性及思维的多元化，认识到每个学生都是鲜活独立的人，他们的个性在作业中会很自然地表现出来。特别是作文的评语，教师要通过评语让学生充分展示和体现“我手写我心”的宗旨，让学生自由地表达自己对生命的体悟。

[案例4–18]

有一位对生活既热爱又怨恨，既渴望别人理解但又不愿理解别人，既直率诚实又急躁的学生，她在文中这样写自己的母亲：我姥姥家是个贫困的家庭，我的母亲20岁就嫁给了又穷又没本事、又重男轻女的父亲。母亲嫁给父亲后没享一天福，没日没夜劳作，特别是生了我们姐妹三个后，脾气就更加暴躁了，成天对我们姐妹吆三喝四。而作为老大的我既要挨母亲的打骂，又要干沉重的家务，还要完成自己的学业，特别是到交学费时母亲更像一条疯狗，摔摔打打，骂骂咧咧。我多想有一个关心我的家庭，可是苦命而又狠心的母亲却不能给我一个温馨的家。

教师评价语：我很喜欢你的坦率和诚实，老师对你的遭遇感到不安，但你需要调整好心态。家庭虽然不由我们选择，但我们可以选择并创造属于自己的生活。埋怨生活只能平添烦恼，增加负担。同时希望你能理解你母亲，对自己母亲都骂的人，让别人怎么去理解你？静下心来多想想她的不容易吧，因为你说过她是一个苦命的人。[①]

案例中，学生文中流露的情绪和个性可能并不为教师所认可，但这篇文章无疑是真实的，在学生稚嫩的心灵里，毕竟渴望有人能给她精神的慰藉。教师首先使用了移情策略，欣赏学生的坦诚，但另一方面及时地指出这种不满、怨天尤人

① http://wenku.baidu.com/view/e999a21014791711cc791794.html

的危害，鼓励学生努力创造自己的生活。

其次，在作业评价时，教师应关注学习困难的学生，让每个学生都能感受到来自教师真心的关怀。一位学习困难的学生写《成长的烦恼》一文时这样说："在成长的过程中，我遇到过许多烦恼，可是最大的烦恼就是见到作文就头大，我该怎么办呀？"面对学生的坦率，教师写下了这样的评价："这是真情的流露，它是作文起步的良好开端。我很喜欢你的真诚和内心渴望把学习搞好的想法，人最大的弱点莫过于自己打倒自己，战胜这心魔吧，这是老师的渴望。请用朴实的语言、真诚的心灵把见到作文头大的原因写出来或与我交流，我将真诚为你服务。"教师不仅指明了写作提高的方向，还用自己的真情和关怀鼓励学生，相信在教师春风拂面的温暖中，这个学生会消除写作的烦恼。

最后，作业批语的移情策略，还应体现在对学生思想境界和心灵的提升上。比如有些学生在作文中会流露出悲观、自私、冷漠和情绪低落、思想封闭的倾向，面对这样的情形，作为教师应给予婉言批评和循循善诱的心理指导式的作文批语，以利于学生个人思想健康的发展和思想境界的提升，达到作文与思想共同进步的目的。例如，在写《自我小像》这篇作文时，有位性格内向的学生写到自己与父母、老师、同学没有太多的话可说，经常独来独往，感觉很孤独时，教师给她的评语是："走出自我的小天地，方见天地宽阔，生活多彩!同学们和老师愿与你手牵手，心连心，共创美好生活!请把你热情的手放在我们的手上。"之后，教师还利用课余时间多次与她交谈，慢慢地，她脸上露出了笑容，走出了封闭的自我。

（三）生活化策略

生活就是教育，小学作业评价语因而也要和生活紧密相连，洋溢着生活气息的小学作业莫过于作文。叶圣陶先生说："教学生作文，老师先要自己明白为什么写作，作文不是为了考试，作文不是为了生活的点缀，而是生活的必需。"[①] 新课程标准也要求学生能把自己的见闻、感受和想象写出来，强调学生体验过的生活经验和情感体验，力求表达自己对自然、社会、人生的独特感受和真切体验。相应地，作文评语也应该体现对学生心目中的生活趣味及他们文中表达出的朴素之美的认可和赞赏。

[案例 4–19]

一位二年级的学生在一篇题为《我的理想》的文章中写道：阿爹还没有走的时候，他对我说，你要好好学习天天向上，长大做个科学家。阿妈却要我长大后做个公安战士，说这样啥都不怕。我不想当科学家，也不想当公安

① 叶圣陶.叶圣陶教育文集.北京：人民教育出版社,1994：7–9.

战士。我的理想是当一只狗，天天夜里守在家门口，因为阿妈胆小、怕鬼，我也怕。但阿妈说，狗不怕鬼，所以我要做一只狗，这样阿妈和我都不怕了……这篇被蔡成先生誉为“世界上最感人的理想”的文章却被他的老师打了一个大大的红叉，而且没有打分，估计是严重的不及格。[①]

案例中这位小学生表达了最生活化、最真挚，最质朴的情感，却因为没有高远的立意和积极的情感被错误评判，长此以往，写作与生活的天然联系被割裂，不仅会造成小学生在写作中无话可说、无话可写，更重要的是会造成学生的人格分裂和扭曲，这是个应该引起重视的问题。（拓展资源4–6　案例分析：评价下列作业评价语，对其话语建构进行分析　拓展资源4–7　情景训练：给下列小学生作文片段写则评语）

第五节　日常教育中的评价语

李老师发现有个学生拿了别人的笔后，没有声张，而是专门买了一支笔，送给这位学生，说：“我知道你需要笔。”教师的爱和宽容使这位学生声泪俱下地承认了自己的错误，将偷来的笔还给了同学。[②]

案例中的教师没有直接批评学生的错误行为，而是以学生的“需要”出发换位思考，让学生明白自己的错误，身体力行而具有说服力。本节将进行案例中涉及的日常教育评价语的学习，主要讨论小学教师日常教育评价语的语用原则和优化策略。

随着新一轮教育改革的深化，对学生在日常生活、学习中体现出来的情感、态度、价值观等的评价，已经成为教育评价体系中的有机组成部分，日益受到重视。日常教育中的评价语浓缩了教师对学生一段时间内思想品德的评价，也是激励学生进步的良好手段。通过操行评语，学生可以了解自己的长处和不足，明确努力的方向，家长可以了解子女的情况，有效地配合学校教育学生。

一、小学教师日常教育中的评价语使用现状

在新课程改革的理念下，很多教师在日常教育中使用评价语时也做了积极的

① 蔡成.最具感人气息的理想：我想当一只小狗.高中生之友，2005（20）.
② 张全喜.名师批评艺术谈.教学与管理，2002（8）：21.

探索和革新，比如更多地使用表扬；用亲切的、具有感情色彩的第二人称“你”代替传统惯用的公文刻板式的、毫无感情色彩的“该生”“该同学”，内容开始由“假大空”走向具体化。但我国中小学教师日常教育评价语的使用仍存在一定的问题，具体表现为以下方面：

（一）小学日常教育评价语的模式化

日常教育评价语的模式化是指教师在日常教育中评价学生时使用的语言几乎千人一面，基本上都是套用“优点+缺点+希望”的模式。评判优点的标准就是成绩，成绩好的学生的优点就是“学习刻苦、成绩优异”，成绩普通的学生则是“热爱集体、尊敬师长、团结同学”，最后的希望也就是“发扬优点、改正缺点”。在这种模式化的评价中，我们看不到学生鲜活的个性，看不到对提高学生的学习有什么帮助，更看不到学生作为“人”的价值。

造成模式化的日常教育评价语的原因是复杂多样的，有教师个人的原因，也有应试教育制度和教育观念的问题。长期以来的应试教育让教师、家长乃至全社会关心的都是学生的学习成绩，漠视学生其他方面的才能和表现。所以出现“千人一面”的德育评语。此外，在以教师为主体的教育模式中，教师未能给学生充分的尊重。久而久之，教师无法深入了解、发现学生，只有凭着自己对学生的刻板印象写日常教育评价语，从而导致了模式化的日常教育评价语的出现。

（二）小学日常教育评价语的过度文学化、抒情化

日常教育评价语的过度文学化是指教师在日常教育中使用的评价语文学色彩过于浓重。目前，日常教育评价语出现了许多令人可喜的变化，由传统的生硬乏味开始走向温馨、温情，但同时，日常教育中的书面评价语过度文学化、抒情化的倾向开始显现。而过度文学化、抒情化的语言会让小学生如坠入云端，摸不着头脑。

[例1]

你的天真、纯洁和善良，如同一朵百合花含苞待放，祖国的明天等待着你去装扮。①

[例2]

总感觉像是海边的细沙，抓你抓不准，飘灵中带有几分深邃，剔透中带有几分浪漫，出乎意料的是你的心却是这般地与我贴近，其实，人与人最珍贵的就是心与心的交融。坦诚地说，你是我的骄傲，天赋加上努力让你开始品尝到了成功

① 宋冬冬．中小学操行评语的异化及改进政策．基础教育参考，2009(11).

的滋味。[①]

例1的语言很抒情，把学生描绘成一朵含苞待放的百合花，但对于学生在日常教育中的表现表述模糊。例2的语言优美，像一篇优秀的抒情散文，却不适合做学生的评价语。因为，小学生无论是思维还是认知水平都还处于初级阶段，还不能够理解过度文学化和抒情化的语言。

对新课程改革评价理念理解不到位是引发小学日常教育评价语过度文学化、抒情化的主要原因。新课程改革要求教师要对学生的情感进行评价，看到“情感”二字，有些教师就理解为应该用充满感情的语气和词语来建构评价语。充满情感性的评价语本身无可厚非，而且，情感性本身也是评价语的构成及使用规则之一。但是，过度的文学化、抒情化的语言非但不能发挥评价语言反馈信息和激励学生的功能，反而会让教师的评价显得矫揉造作、文过饰非，缺乏真情、真意。

（三）小学日常教育口头评价语的消极化

日常教育口头评价语的消极化是指教师在日常对学生进行评价时常使用含有贬义词的消极语言。常听到的消极语言有：“没出息。”“你真是笨得要命！”“我当过十几年老师，什么样的学生没见过，就没见过你这样的。”“现在我不跟你生气，到最后看谁吃亏？！”……教师的消极语言主要涉及以下三个方面的内容：

第一，以孩子的出生或家庭为话题进行评价。例如，“像你这样家庭出来的孩子……”“他爸妈就是这副德行……”。在孩子心目中，父母是最亲密的人，教师不应随意评价，这种鄙视和嘲讽的话语只会给孩子带来自卑和伤害。

第二，对孩子的本性轻易下结论。例如，“像你这样的孩子天生就是……”“这种小孩本性就贪玩！”“你这种人一辈子都不会有出息。”教师这些消极的评价对孩子来说往往会产生两种结果：一是学生听了很不服气，于是暗自努力，这是好的结果；二是学生听后，越发自卑，从此一蹶不振，而这种结果往往更多。

第三，以孩子的生活背景为话题进行评价。诸如：“乡巴佬，没见过世面。”“你不好好学习，回家种地去！”教师把学生出现问题的原因归结于学生的生活和成长环境，这样的评价会挫伤学生的自尊心，并导致对教师的怨恨。

调查也表明，教师使用消极性的语言批评学生，会令学生产生消极的心理暗示，损伤学生的自尊心和学习热情，从而导致师生关系紧张。

小学教师日常教育评价语的直接化、消极化倾向是因为部分教师没有把学生当做和自己一样平等的、有人的尊严和权利的人。特别是面对一些学习困难的学生，教师往往会产生“恨铁不成钢”的情绪，表现在言辞上往往过于直接和消极，无意中刺痛学生的心灵，造成对学生人格尊严的伤害。

---

① 宋冬冬．中小学操行评语的异化及改进政策．基础教育参考，2009(11).

二、小学教师日常教育评价语的运用原则

在日常教育中对学生进行评价是教师对学生进行言传身教的机会，起着沟通师生感情，引导学生情感、态度、价值观正确发展的作用，在日常教育评价中，小学教师应遵循以下一些原则：

（一）真情互动原则

充满着教师真情和关爱的评语是一份营养丰富的精神食粮，以“润物细无声”的方式滋润、感染着学生。教师如果在日常教育语言中倾注了对学生的爱，学生就会信心倍增。当这种信心转化为自我发展的内部动力后，学生会愿意与教师交流，达成默契，对教师的关心做出回报。

教师要做到与学生的真情互动，首先要尊重学生，了解学生的内心世界。比如，面对家庭困难的学生，一位教师曾在他的作业本中写道：“老师知道你家生活困难，学习条件和同学们无法相比，以后如果在学习或生活中遇到了困难，请别忘记老师和同学们，我们一定会向你伸出援助之手的！”这是教师发自内心的理解和信任，这种理解和信任源于师生双方民主平等的沟通和对话。教师日常教育的评价语如果说到学生的心坎儿上，说出他们的所思所想，甚至是苦闷和抑郁，让他们感到自己的心思为教师所熟知，教师一直在关心着自己，他们就更容易接受教师的意见或批评，教师也更容易赢得学生的信任。

（二）针对性原则

所谓针对性原则是指，在日常教育评价语中应关注学生个体差异，抓住每一个人的闪光点进行评价。尤其对后进生，不能因为他们存在这样或那样的缺点而否定他们。后进生的闪光点可能会在体育活动、文娱活动或其他集体活动中表现出来。教师要善于捕捉，让后进生在评语中意外地发现教师对他们的关注和欣赏，让他们感受到自己并不是一无是处，而是有许多别人没有的优点。例如，“足球场上你飞一样的速度和左脚凌空射门让大家惊叹不已，晚会上你浑厚的歌喉又引来雷鸣般的掌声。把足球场上的风采，把晚会上的热情也放在学习上吧，老师相信你同样很棒。”① 这则评语抓住了学生在体育活动和文娱活动中的优点进行发挥并加以肯定，含蓄地指出了学生的缺点并指明他应该努力的方向。让学生在评语中看到了自己的男子汉形象，明确了自己努力的方向。

除了发掘学生的闪光点外，日常教育评价语还应反映学生的个性特点。个性就是自己不同于他人的地方，它包括人的理想、信念、兴趣、性格、气质、能力和自我评价、自我践行的能力，是一个多维度的、具有层次结构的有机

① 蓝漪．操行评语要注重从三方面评价学生．广西教育，2006（6）：17．

整体。

（三）刚柔并济原则

教师在进行日常教育评价时，应把握刚柔并济的原则。“刚”是指在充分了解学生和所发生事情以及相关因素的基础上，对学生做出有理有据的批评；“柔”则是放下了教师高高在上的架子，在批评中体现了对学生的关爱和尊重，让被批评者发自内心地认识到所犯错误的危害性，诚心诚意心地去改正错误。教师过度的“刚”会造成学生的恐惧，过分的“柔”则会有失威严。对于学生所犯的原则性错误，教师的批评应该把握一定的度，评价的时候，要避免两个极端：一是轻描淡写，逃避已经出现的问题和错误。比如，教师本意是要批评学生上课时不守纪律和不认真，但却使用了这样的评价语：“课堂上你的活泼、机智与幽默迎来了大家阵阵笑声，你是大家的开心果，不过，老师希望你以后学习再认真点儿。”这样不分轻重的评语会扰乱学生的判断力，这位学生可能会以自己是大家的开心果而自豪，以后的课堂上他会更加活跃，甚至干扰其他同学，从而影响课堂纪律。二是夸大事件的严重性，轻易扩大批评的范围。例如，学生课堂上捣乱，教师使用了这样的批评语：“站到门口去，期中考试那么多门课程不及格，作业作业不做，现在还那么捣乱，就不是个读书的料儿，真不知道你爹妈是什么样的人，会生出你这样的孩子！”[①] 在这里，这位教师本应针对“不守纪律”这件事情对学生进行批评，但他却揭学生期中考试不及格的老底，让学生觉得教师是用有色眼光看人，接着这位教师还不断地将批评升级，断定孩子本质上不适合读书，进而把矛头指向了孩子的父母。这样的批评很难让人心悦诚服，学生可能不仅不会认识到自己的错误，还会对这位教师产生极大的逆反和怨恨心理。

（四）机智灵活原则

在日常班级管理工作中，教师每天都有可能面临各种各样的突发情况，这就要求教师要根据具体情况，机智灵活地构建评价话语，对学生进行有效的教育。其中，幽默的话语不失为一种独特的话语建构方法，常会收到意想不到的效果。

[案例 4–20]

上课铃响后，教师走进教室，发现讲台上洒了好多水，几乎无法下脚。看到这样的情形，教师并没有急着踏上讲台。他首先看了一下大家，很多同学也发现了这一情况，觉得教师似乎要大发雷霆，有暴风骤雨来临之势。但过了一会儿，教师开口说道：“你们真是要把老师陷入水深火热之中呀！”听

① 曹三及.中学教师批评口语调查研究.西北师范大学硕士论文，2007.

到此话，教室里一片笑声，几位男同学也立即拿拖把拖干了讲台上的水。[①]

面对水淋淋的讲台，教师并没有失去冷静，反而以机智幽默的话语促人警醒，化解矛盾，师生的情绪也未受到太大的影响。正是教师的灵活机智，保证了课堂教学的顺利进行。

小学生的日常教育评价是整个教育、教学评价的重要组成部分，教师要勤于思考，正确、灵活、创造性地使用评价语。在评价语的话语建构中多一份真心，多一份机智，做到刚柔并济，发掘每个学生独特的闪光点。

三、小学教师日常教育评价语的优化策略

所谓优化策略，是指通过一些策略的使用，让我们的语言更能有效沟通，达到小学生日常教育的目的。小学教师日常教育评价语的优化可以从以下几个方面入手：

1. 生活化的内容

在小学阶段，学生的感知能力具有被动性和模糊性，记忆主要为无意记忆、形象记忆，思维以形象思维为主，经历也相对有限，主要是学习和家庭生活。这些特征导致了小学生的学识、水平、能力的相对有限。这就要求小学生日常教育评价语的内容要生活化，易于被小学生接受。具体来说，小学生的日常教育评价语要围绕着日常生活和学习，选择他们经历过的，或是看得见、摸得着的人、事、物，明白地告诉学生哪些该做，哪些不该做，以及如何做等，要求做到一清二楚，绝不含糊。

[例1]

干净的作业说明你是一个认真仔细的好孩子，这学期你的普通话讲得流利多了，这说明你平时读书了，老师希望你不要骄傲，继续读，好吗？[②]

[例2]

你容易受到不良思想的影响，要提高自身的分析辨别能力，你写作业的速度也有些慢，总喜欢边写边玩，这可不是什么好习惯，是男子汉就改掉它，怎么样？[③]

例1评价的内容就是围绕着日常学习生活中的讲普通话、读书等内容，明确地告诉学生进步的地方，并提出未来的希望；例2的评价语对于小学生而言，有些抽象和说教。虽然教师在后半部分指出了该生写作业时边玩边写的不良学习习

① 曹三及.中学教师批评口语调查研究.西北师范大学硕士论文，2007.

② 豆丁网.http://www.docin.com/p-503912240.html.

③ 豆丁网.http://www.docin.com/p-503912240.html.

惯，但前半部分“容易受到不良思想的影响，要提高自身的分辨能力”显然对于小学生而言过于深奥、抽象和空洞。

生活化的内容要求小学教师在进行日常教育评价时，要善于观察学生日常生活、学习活动、个性、心理状态，深入了解、分析、研究学生的思想动态、品德状况和学习生活各方面的情况，获取第一手资料。在评价的时候，内容要集中，抓住一两点感人或学生感兴趣的方面重点评价，这样的评价话语更适合小学生的接受能力。生活化的评价内容契合了新课程关于“生活德育”价值转向的内在需求。生活德育强调道德是人所选择的生活方式，生活是它存在的基本形态。小学生道德的培养途径在于对生活的体验和感悟，在于引导小学生“去选择、建构有道德的生活、生活方式”。① 例如，通过课程的学习加深了对于父母爱的感受，同时体验到父母亲也需要他们的关心，在家中开始做一些力所能及的家务等。

2. 中性和建设性语言的使用

美国小学通常会对教师的批评用语提出具体的要求，其指导思想是在批评学生时，教师使用积极或中性的语言表达可以使批评更有效，同时达到交流思想的目的。我们以密歇根州霍恩小学校方指导文件中“我该如何说”这一部分为例，来看看评价中具有中性色彩和建设性的评价语。表4-1② 列举了小学生常见的行为问题以及建议使用的相应教师批评用语。

表4-1 小学生常见行为问题与建议教师批评语

behavior （行为表现）	description （批评用语描述）
annoys,pesters （恼人；缠人）	“mosquito” （“蚊子”）
babyish （孩子气）	is showing signs of immature behavior （表现出不成熟行为的迹象）
bully （以大欺小）	does not get along well with other children （与他人相处不和睦）
cheats （作弊）	needs to do his/her own work （需要完成自己的分内之事）
disliked by other children （不合群）	often plays alone （常常独处）
failing （不及格）	is not meeting requirements （未达到要求）
hyperactive （好动）	spirited;high energy （情绪高涨；精力充沛）

① 鲁洁.德育课程的生活论转向：小学德育课程在观念上的变革.华东师范大学学报（教育科学版），2005(3).

② 转引自杨静林，曾详敏．美国小学教师批评用语分析及启示：以密歇根州霍恩小学校方指导文件为例.外国中小学教育，2012(12).

续表

behavior （行为表现）	description （批评用语描述）
inattentive （注意力不集中）	spends much time daydreaming （花费很多时间做白日梦）
instigator （引起混乱者）	does not mind his/her own business （没有管好自己的事情）
lazy （懒散）	can do more when he/she tries;needs to take the initiatives and get right to work （如果努力可以做得更多；学习需要主动积极）
lies （撒谎）	needs to be honesty and tell what really happened （需要诚实和告知实情）
loud （高声喧哗）	needs to develop a quiet voice for the class room （需要培养在课堂轻声说话的习惯）
poor grade of work （成绩差）	achieving below his grade level （未达到年级考核标准）
poor planner （计划性差）	changes strategies often （经常改变策略）
poor self-esteem （自卑）	seems to be unsure of himself/herself （好似对自己不肯定）
poor sport （输不起）	needs to develop a sense of fair play （需要培养公平游戏的意识）
rude （粗鲁）	needs to develop a respectful attitude towards others （需要培养尊重他人的态度）
rule-breaker （违纪者）	challenger （挑战者）
shows off （好出风头）	tries to get attention （努力地引起他人注意）
stubborn （固执）	insists on having his own way （坚持自己的方式）
swears （说脏话）	uses inappropriate language （语言使用不当）
talkative （爱私下讲话）	would rather talk to friends than listen （宁愿与朋友交谈而不愿意听讲）
tardy （拖沓）	needs to be punctual （需要守时）
trouble-maker （制造麻烦者；捣乱者）	disturbs the class （干扰课堂）
unclean （邋遢）	needs help with hygiene （需要注意卫生）
wastes time （浪费时间）	could make better use of her/his time （可以更好地利用自己的时间）

从表4–1中可以看出，在对学生进行批评教育时，教师将容易伤害学生自尊心的话语用积极或中性的语言进行表述，表达的意思未变，但表述却更加中立和

客观。常见的替换如用“常常独处”来取代“不合群”；用“未达到要求”来取代“不及格”；用“努力地引起他人注意”来取代“好出风头”。中性词有效地避免对学生自尊心的伤害，既让学生明白错误，又明确了要改进的方向。

除了中性词汇以外，小学教师在批评教育时还可以选择建设性的语言。建设性的语言包含建议和提醒。这种方法将批评者置于受尊重的位置，会让学生觉得教师不是在硬邦邦、冷冰冰地为惩罚而惩罚，而是对自己的能力和改正缺点的自觉性充满信心。例如，“字是人的脸，这次作文书写明显有进步，你的脸上也光彩多了！不过，你一向讨厌的错别字老跟着你，给你的作文蒙上了一层阴影。我为你开一剂良方：不会写的字问字典，写完作文后，请教老师或同学，你愿意试一试吗？”[①] 在这条评语中，“我为你开一剂良方”使用了建议的方式，指明了学生改正错误的途径，语气柔和，建议提得有理有据，让学生愿意面对缺点、改正缺点。建设性的语言还可以使用带有协商语气的反问句。协商语气可以让学生感受到教师的尊重和关爱，使学生感受到教师说话的口气不那么生硬与绝对。如“你说对吗？”“你觉得呢？”等之类的话，可以给学生一个反思的机会，有利于学生更加深刻地理解教师的用意。

3. 修辞策略

修辞是人类的一种以语言为主要媒介的符号交际行为，是人们依据具体的语境，有意识、有目的地建构话语和理解其他文本，以取得理想的交际效果的一种社会行为。[②] 也就是说，为了更好地达到教育学生的目的，让学生心悦诚服，教师要会采用不同的方式说话，具体来说，下列四种修辞策略就常常应用在日常教育评价语言中。

（1）巧用修辞格

在日常教育评价语中，比喻、拟人、夸张等修辞的使用能让语言焕发光彩，妙趣横生，耐人寻味，使被修辞的对象显得生动形象，符合小学生情感丰富和以形象思维为主的心理特点，让教师的表达风格更加儿童化。这样的评价语会更受学生的欢迎。

[案例4-21]

当我批改到刘竣伟的作业时，我不禁皱起了眉头：字又宽又大，格子塞得满满的。于是，我把他叫过来便随口说了一句：“竣伟啊，你的字该减肥了。”又改到付世诚的作业时，看到这个孩子的字写得大小不一。于是，我又随口说道：“付世诚，让你的字营养均衡一些，好吗？”吕珂欣写完后，也

① 百度文库.http://wenku.baidu.com/link?url=nl8JdDbYcK1W_DoEziPUhvNzGFTixyBgWA0_vaUTCAngzeNV-IRCtfymUEY5Z5PooN2EUU8migOerI9SnPoW_06YlhoTvBB6CuAZYHekurO

② 陈汝东，现代汉语修辞学.北京：北京大学出版社，2011:6.

把作业递给了我。我一看，只见她的作业本上被她用橡皮擦得黑一块、灰一块的难看极了。于是，我又随口说道："吕珂欣，给你的作业本美美容，好吗？"事情就这样过去了，我丝毫没有在意。下课后，几个平素快嘴的孩子将我围住了："老师，你说话真好玩，我们喜欢听你这样说话。如果你总能这样批评我们就好了。"①

孩子们之所以会觉得教师说话"好玩"，是因为教师使用了拟人的方法，让批评生动活泼，达到让学生爱听、愿意听和自我反思的效果。所以，在日常教育中，并不是学生不懂批评，也不是学生听不进批评，而是很多教师的批评方式不恰当。对于学生的错误不是居高临下地大讲特讲道理，就是满嘴的讽刺挖苦；不是"恨铁不成钢"的唠叨，就是动辄大呼小叫。这样的结果往往是把学生推向了教师的对立面，把和谐的师生关系搞得剑拔弩张。

（2）褒贬换用

褒义词用在该贬的事物上叫褒词贬用，贬义词用在该褒的事物上叫贬词褒用。褒贬换用会产生错位的效果，形成一种强烈的反差，学生一旦领悟后就会产生喜剧效果。例如，在学校组织的一次劳动中，教师发现班上有几名学生总瞄着他，寻机偷懒。在班级总结会上，教师先充分肯定了这次劳动的成果。然后又说："有几名同学很值得特殊表扬，因为他们在劳动的过程中，不只是自己干，还十分关心老师在劳动中的楷模作用，时刻注意老师的行踪。"②学生们都笑了，那几名学生则低下了头。通过表面的褒奖，从而达到实际上的批评，这样的评价欲抑先扬、柔中见刚，使被批评者在不知不觉中受到启发，接受教育。

另外，在平常的场合使用郑重其事的语言，庄重的地方使用平常的语言也是一种褒贬换用的方法，我们也可称之为"大词小用"或"小词大用"。比如，一次班会上，最后一个议题是决定学生春游的具体时间和地点。学生们各持己见，意见纷纷。最后，班主任提议利用三天时间带领全班学生游青城山。这个提议很快达成"共识"。"共识"一词，就是典型的"大词小用"，教师故意将一次小小的讨论说成"共识"的大事，使人忍俊不禁。

（3）自相矛盾法

自相矛盾法就是言行不一致，言语的前后矛盾和行为的相互抵触，造成彼此对言行的不同认识的交叉。一般而言，说话不能自相矛盾，但是出于某种原因的自相矛盾，就有可能产生特殊的表达效果。例如，现在的学生喜欢追赶时髦，有一段时间，一位教师发现班上有好几个男生好端端的牛仔裤上剪出几个小洞，以显得时尚。在以"我眼中的时髦"为主题的班会上，学生讨论得很热烈，轮到

① 郑州教育网博客.http://blog.zzedu.net.cn/user1/kaixinjiachong/archives/2010/199130.html.

② 博才网.http://www.hbrc.com/rczx/shownews-3039445-11.html.

教师总结的时候，教师问道："现在流行牛仔裤露肉，是不是很好看？""耶！"学生齐呼。"是不是流行的东西就很好？"教师继续问。"那当然！"学生很自然地回答。"那流行性感冒呢？"这一问问得学生哑口无言。当学生出现错误时，直接批评会伤害他们的自尊心，在这里，教师就先按照学生的逻辑去理解或推论，先假定他们的观点是对的，把其结论作为前提加以演绎，引到一个显而易见的荒唐的结论上去，由结论的荒唐从反面来证明对方的荒唐，从而达成一种语言的谐趣，这样既保持了一种批评的态度，又照顾到学生的情绪。自相矛盾有时能够产生一种特殊的表达效果。

（4）善于运用流行歌曲、流行语等

现在的中小学生在大众媒体的包围中成长，对流行歌曲和流行语等颇为熟悉，教师在日常教育评价中如果在适当的时机使用一些流行语，会有意想不到的效果。比如，因连续上课，学生有些疲倦，有些学生望着窗外，开始开小差，这时教师并没有说教，要学生上课集中精力，注意听讲，而是对着这些精力不集中的学生唱道："对面的女孩（男孩）看过来，看过来，看过来，这里的讲解很精彩，请不要假装不理不睬……"教师善意的批评看似好玩、好笑，却达到了良好的效果。由此可见，机智灵活地面对学生日常教育中出现的问题，用具有修辞效应的语言点化学生，可以达到良好的教育和评价的目的。（拓展资源4–8 案例分析：请评价这两种评价语的表达，并对其话语建构进行分析 拓展资源4–9 情景训练：假如你是下列情景中的教师，请写一则日常教育评价语等 拓展资源4–10 研究性学习：教师日常教育评价语与儿童社会化发展之间的关系研究等 拓展资源4–11 表达训练：请依据题目设置的情景进行恰当的教师话语表达）

【本章小结】

本章对小学教师评价语的性质、特点及运用原则进行了分析。小学教师评价语具有艺术性、权威性、激励性的性质。小学教师评价语具有学生价值判断的导向性，评价内容、方式及标准的多元性、评价态度的真诚性特点。小学教师评价语的运用原则有：客观原则、适度原则、适时原则、灵活原则和风格原则。

本章分析了小学课堂教学评价中常见的语用失误及产生语用失误的原因，并提出了小学课堂教学有效评价语的构建策略。小学课堂教学评价中常见的语用失误主要表现为不实、不适、不当、单调的评价语。小学课堂教学评价语用失误的原因有：(1) 对新课程关于评价的要求理解肤浅化导致敷衍和空洞的评价。(2) 教师"恨铁不成钢"的心理导致一些不当评价语言的出现。(3) 未重视教学机智和幽默感的培养，导致教师评价语贫乏单调。小学课堂教学有效评价语的构建策略主要有：具体化的评价策略、差异化的评价策略、纵向比较的评价策略和表扬中的批评策略。

本章对小学作业评价语的使用现状及问题进行了剖析，讨论了小学教师作业评价语运用的原则及小学作业有效评价语的构建策略。小学教师作业评价语运用的原则包括针对性原则、人文性原则、示范性原则和联系性原则。小学作业有效评价语的构建策略主要包括差异化策略、移情策略、生活化策略。

本章对小学教师日常教育中的评价语使用现状进行了剖析，讨论了小学教师日常教育评价语的运用原则及小学教师日常教育评价语的优化策略。目前，我国小学教师日常教育评价语使用存在的问题具体表现为：评价语的模式化，评价语的过度文学化、抒情化和评价语的消极化。小学教师日常教育评价语运用的原则包括真情互动原则、针对性原则、刚柔并济原则和机智灵活原则。小学教师日常教育评价语的优化策略主要包括生活化的内容、中性和建设性语言的使用和修辞策略。

【理解·反思·探究】

1. 如何理解小学教师评价语的艺术性?
2. 怎样才能避免评价时的空洞无物?
3. 如何理解小学教师作业评价语用原则中的示范性原则?
4. 如何理解小学教师日常教育评价语构建策略中的生活化策略?
5. 如何理解小学教师日常教育评价语构建策略中的中性及建设性语言策略?

【做中学】

一、评价下列课堂教学评价语，并对其话语建构进行分析。

[课堂教学实例1]

教师：请 × 同学读一下第二节。

（学生朗读，但声音小得像蚊子。）

教师：你的朗读就像那个饱胀得马上要破裂的花骨朵。再读一遍，看能否变成展开一两片花瓣的荷花?

（学生再读第二节，声音提高了很多，其他学生只要专心听，基本上能听清楚。）

教师：哎呀！不仅展开了一两片，而且展开了三四片。你再读一遍，肯定会像完全开放的荷花了。

（学生再读，声音响亮、悦耳。其他学生都情不自禁地为这名学生鼓掌。）

教师：（笑）太美了，掌声是对你这朵开放的荷花的肯定，老师相信你在以后的日子里，说话、读书、做事都会像这朵盛开的荷花一样。

[课堂教学实例2]

教师：上周布置的作文《上学路上》，同学们真是具有心电感应，心灵相通啊。

学生：老师，你这是什么意思呀？

教师：（笑）你们三分之一的同学写扶盲人伯伯过马路，三分之一的人写捡到一个钱包交给了警察叔叔，三分之一的人写在公交车上给老人让座。别的不说，就说捡钱包吧，我活了四十几岁了，上班下班走了这么多年，一次也没有捡到过钱包，我怎么就没有你们那么好的运气呢？

（学生哗然，但是很多学生红着脸，低下了头。）

二、评价下列作业评价语，并对其话语构建进行分析。

1. 一年级语文作业，教师要求学生用“爱”这个字扩词，一名小学生在作业本上写下了“爱心”“爱护”“爱情”三个词语。教师批改作业时的点评是：“‘爱情’这个词语不健康，你扩的这个词语很不好。”这名小学生看完教师批改的作业后，悄悄地把作业本扔到垃圾箱里去了。

2. 这篇作文以一次同父亲拉车卖柴为主要内容，以疼爱、思念、感激父亲为线索，表达了浓浓的父子深情。在父亲的关爱中，小作者不仅懂得了自己应该做什么，而且懂得了为什么要这样做和应该怎么做，令人欣慰。文章富有真挚的感情、语言流畅，引朱自清的《背影》对比，使主旨更为突出。

三、请给下列小学生作文片段写评语。

[作文片段1] 我双手捞起一条滑溜溜的鲫鱼，把它放到砧板上，左手按住它的头，腾出右手拿起菜刀，刚想刮鳞片，鱼儿不知哪来的劲，一挣扎，“扑”的一声，头尾都翘了起来，我的妈！吓得我扔下刀往后退，这真是“鱼儿好吃，剖鱼难”。

[作文片段2] 那一年的冬天，雪下得很大，我站在门口，看着爷爷帮我堆雪人，爷爷帮我堆雪人堆得手都僵了，因为我当时年幼，不顾爷爷的手和身子，硬要他堆，但他也没抱怨什么，很疼爱我，宁可用身子冷来换取我的笑容、快乐。

四、下面是教师在日常教育中对一个学生的学习现象做出的两种评价，请评析这两种评价语的表达。

一个小学五年级的学生，英语成绩很优秀，但语文成绩却很一般。对此，教师给出这样两个评价语：

1. 你的英语学得不错，希望你在语文学习上也多下工夫。

2. 从你英语的优异成绩中，老师似乎看到了你不懈努力的身影和较高的智商（赞赏的语气，并跷起大拇指），梅花香自苦寒来，有了英语学习成功的经验，相信你的语文成绩也一定会提高得很快，有没有信心？（说完摸摸孩子的脑袋。）

五、假如你是教师，请为下列场景写日常教育评价语。

[场景1] 一节数学课上，教师发现一位学生趴在桌子上睡觉。

[场景2] 语文上课铃响，教师走进教室，但眼前的情形让教师很吃惊：学生们完全不觉得已经上课了，有的在谈笑风生，有的三五成群在看画册，有的在静观窗外，甚至还有两位在伏案而睡！

第五章　小学教师的副语言

要点提示

本章主要介绍在小学教师教育教学活动中对表达起着重要辅助性作用的副语言的特点、类型、作用及语用原则；讨论不同类型副语言的表意功能及运用。提供案例分析让学生了解和掌握副语言的知识及运用，为教育教学服务。

学习目标

知识目标：

- 了解副语言的定义和基本理论。
- 理解副语言的类型及其运用。
- 掌握副语言的运用原则，树立适时、得体使用副语言的意识。
- 掌握副语言的不同表意功能类型及运用。

能力目标：

- 学会对副语言的使用进行观察、分析与正确评价。
- 能根据具体的教学环境设计和构建副语言。
- 能根据不同年龄的学生创设和使用副语言。

第一节　小学教师副语言概述

教师在讲授《枫桥夜泊》这首诗时配合了相应的副语言："月落乌啼霜满天"——教师的右手手掌自然张开，掌心向下，手平移并轻轻点动以显现"月落乌啼"之状，然后划一弧形，以形象展示"霜满天"的景致。"江枫渔火对愁眠"——教师手掌先半开，掌心向上，先从近往远划，体现"江枫渔火"位置的变化，以引起学生的注意。朗读到"对愁眠"时，则轻收手掌于胸前。"姑苏城外寒山寺，夜半钟声到客船。"——读到"夜半钟声"时，教师的手略靠近右耳，轻柔点动，好像品味夜空里清扬悠越的钟声，然后随诵读声，手从远处划至胸前，以示"到客船"。

案例中的教师较为准确地将副语言中的手势语运用到课文的教授中，对口语传播产生了辅助性的强调语义，增强形象感的作用。教学中，要得体、准确地运用副语言，需要对副语言的知识有较为全面的了解。本节将介绍副语言的定义、类型、特点及作用。

副语言作为有声语言的必要补充，在课堂教学或日常交际中有其特殊的作用，教师可以通过对副语言的正确运用来提高教育教学效果，达到预定目的。

一、小学教师副语言的界定

小学教师副语言是教师从事教育教学工作的辅助性交际工具。了解小学教师副语言的含义及具体内容，有助于我们正确认识小学教师副语言的内涵及恰当运用副语言。

（一）小学教师副语言的含义

小学教师在从事教书育人及其相关工作的过程中，为了实现特定的交际目的、完成特定的交际任务，除了使用有声语言来传递思想感情之外，还会大量运用语调、身姿、手势、表情、仪表、空间等来辅助有声语言进行表情达意。这些辅助有声语言实现交际目的、完成交际任务的语调、身姿、手势、表情、仪表、空间等，就是小学教师的副语言。

副语言既可以伴随教师的有声语言活动，对有声语言起到辅助性的表达作用，也可以在特定的语境中直接代替有声语言进行思想感情的传递，起到"此时无声胜有声"的表达效果；它既可以直截了当地传递出特定的话语信息，让交际对象直观感受教师的思想感情，也可以含蓄委婉地表达出有声语言的言外之意，从而实现最佳交际效果。

（二）小学教师副语言的类型

根据副语言的本质特点及其外在表现形式，小学教师副语言可以分为语调、身姿语、手势语、表情语、仪表语、空间语六种类型。（拓展资源5–1 争鸣与讨论:有人将身教语纳入了教师副语言的范畴，你同意这一观点吗？为什么？

1. 语调

语调是说话或朗读时，声音的停连、轻重、高低等方面的变化。不同的语调可以表达不同的语气和腔调，有助于教师恰当、得体地表达自己的思想感情。常见的语调主要包括停顿、重音和句调等。（拓展资源5–2 基础练习：给下面每一句话设计相应的表扬性语调并进行表达）

（1）停顿

停顿是指说话或朗读时在词语、句子、段落等之间出现的声音上的间歇。对于教师来说，停顿不仅是调节气息的生理需要，也是强调逻辑语义关系的话语表达需要。例如，“我看见高高的山上种着很多很多的树。”这句话，如果一口气读下来，没有任何停顿，不仅令受话人感觉平铺直叙、没有任何感情，而且说话人自己也会感觉读得比较费力。又如，“我看见他难过了。”这句话，如果说话人在“他”的后面停顿，意思是“我难过”，如果在“看见”的后面停顿，意思则是“他难过”。

有的时候，教师也可以为了强调某一事物、突出某种语义或感情而临时根据语境进行停顿。这种停顿往往不受书面标点或语法关系的制约，完全取决于思想感情表达的需要，其特点是声断而情不断。例如，“今天只有你迟到了。”这句话，在“你”的后面进行停顿，强调的是迟到的对象，是“你”而不是别人。又如，“这件事这样处理恐怕欠妥。”这句话，在“处理”的后面进行停顿，表达的是说话人对这件事的慎重思考和谨慎态度。

（2）重音

重音是话语表达中说得或读得比较重的音。普通话常见的重音一般包括语法重音和强调重音两种类型。

语法重音是根据语法结构特点而读的重音，位置往往比较固定。例如，“海洋”一词，需要读为“中音+重音”格式；“护士”一词，需要读为“重音+次轻音”格式；“计算机”一词，需要读为“中音+次轻音+重音”格式；“一举两得”一词，需要读为“中音+次轻音+重音+中音+重音”格式。又如，谓语中的主要动词常需要读重音，“他已经说了”；表示状态或程度的补语常需要读重音，“他的演讲十分精彩”；表示性状和程度的状语需要读重音，“我们要努力学习专业知识”。

强调重音是为了突出某种特殊的意义或表达某种特殊的感情而故意重读某些音节。强调重音的位置往往会受到特定的情境、具体的上下文等因素的制约。同一句话，强调重音的位置不同，就会表现出不同的交际意图。

［例1］

我知道你会下象棋。

［例2］

我**知道**你会下象棋。

［例3］

我知道**你**会下象棋。

［例4］

我知道你**会**下象棋。

［例5］

我知道你会**下象棋**。

例1强调的是“别人不知道而我知道”。例2强调的是“你不要瞒我了”。例3强调的是“别人会不会下我不知道”。例4强调的是“你怎么说不会呢？”例5强调的是“会不会下围棋我不知道”。

（3）句调

句调是说话或朗读时贯穿于整个句子的升降曲直变化。根据表示的语气和情感态度，普通话的句调一般分为升调、降调、平调、曲调等四种形式。（拓展资源5-3　研究性学习：语气在小学教师教育口语中的运用　拓展资源5-4　实践指导：句调运用常见问题及解决方法）

升调，句子的音高由平升高，常用来表示反问、疑问、惊讶等语气。

［例1］

难道我没写对？（反问）

［例2］

小强同学今天请假了？（疑问）

降调，句子的音高先平后降，常用来表示陈述、祈使、感叹等语气。

［例1］

我和你一起去。（陈述）

［例2］

请再给我们讲一次课吧！（祈使）

［例3］

多么伟大的英雄啊！（感叹）

平调，句子的音高没有明显的升降趋势，保持同样目的高低，常用来表示冷淡、叙述等语气。

[例1]

少说废话，随你怎么处理吧。(冷淡)

[例2]

我们都觉得老王很厚道。(叙述)

曲调，句子的音高先升再降，或先降再升，常用来表示含蓄、讽刺等复杂的语气。

[例1]

哎哟，你现在能力大啦，天王老子都不怕啦。(讽刺)

[例2]

你可真够聪明的！（反语）

2. 身姿语

身姿语是指人体躯干所发出的具有特定意义的动作。身姿语是教师气质、风度的外在表现形式。在日常工作中，小学教师的身姿语应注意稳重、端庄，但也不能千篇一律，而要根据具体语境灵活调整，从而确保得体的身姿语可以有效表达特定的情感和意义。常见的小学教师身姿语主要包括站姿、走姿、坐姿、头势等。

(1) 站姿

小学教师的站姿应该注意给人以精神饱满、刚毅端庄的印象，具体表现为直立、头正、肩平、挺胸、收腹。在站立时，教师应注意避免斜靠在门边或靠墙站立，同时不宜把双手插在腰间或插在衣裤口袋中，以免给人留下疲惫不堪、懒散懈怠的印象；与人交谈时，避免浑身扭动、东张西望，以免给人留下心神不宁、漫不经心的印象。

(2) 走姿

小学教师的走姿应充分体现出端庄、稳重、优雅的特点。具体应注意以下三个方面的问题：一是要根据交际目的恰当调整步伐。若要给学生威严的印象，应挺起腰板，步伐稳健；若要给学生谦和的印象，应放慢、放轻步伐；若要给学生活力、激情的印象，应增加步履频率。二是走动次数不能过于频繁，在行走时应上身挺直，目视前方，不左右摇摆。三是根据教师性别来调整步伐。女教师步伐速度宜慢，以显示其典雅；男教师应步伐稳健，以显示其稳重。

(3) 坐姿

小学教师的坐姿应以舒适自然、文雅庄重为宜，具体要求为：手臂放松、腰背挺直；就座时，应落落大方、不紧不慢；坐下后，避免用脚勾住椅子的腿或跷起二郎腿，也不要把脚藏在座位下，尽量不要随意地靠在椅背上，双手不要抱在胸前。

（4）头势

头势主要是通过头部的上、下、左、右转动来表示不同的意义。在转动头部时，教师要注意动作幅度不可过大，以免给交际对象以滑稽、夸张的印象，与教师身份极不相符。常见的教师头势主要有三类：一是点头。点头一般表示赞同、许可，是表示肯定意义的副语言。教师在点头时，要注意交际对象不同所导致的不同意义。例如，与中国人进行交际，点头表示赞同、许可；若遇到尼泊尔人，点头表示否定，摇头才表示同意。二是摇头。摇头是表达否定、拒绝等消极意义的副语言。由于“摇头”这一副语言往往带有对某事不相信的态度，所以教师在日常工作中应注意慎用，以免对小学生造成心灵上的伤害。有时，摇头也可以表达教师享受、陶醉的情绪，如教师在课堂教学中朗读散文或诗歌，一边吟诵，一边轻轻摇头，既能表达出朗读内容的意境，又能表现出教师的愉悦之情。三是侧首。侧首一般表示对事物感兴趣或持有怀疑的态度。当教师对交际对象的所说、所想感兴趣时，会微侧着头，面带微笑地看着交际对象。这样的副语言能够起到鼓励交际对象继续深入思考和探究的作用。倘若教师微侧着头，却带有疑惑的表情，则表示教师产生疑虑或希望学生重新思考，或对学生言语行为真实性的怀疑。（拓展资源5–5　实践指导：身姿语运用常见问题及解决方法）

3. 手势语

手势语是指通过手的动作来表示特定意义的副语言，具有表情具体、意思鲜明、形象感强等特点，是教师在日常工作中运用最普遍的一种副语言。

根据手势的运用部位，小学教师常用的手势语主要有手指动作、手掌动作和拳头动作等三种类型。手指动作主要用于指引交际对象的目光或精力集中于当前的交际活动。手掌动作主要用于描写叙述、指点事物、提示思考等交际活动，有时也可表达消极的意思。拳头动作主要用于思想感情的表达。

根据手势的具体功能，小学教师常用的手势语主要有指示手势语、象形手势语、情境手势语等三种类型。指示手势语常用于引导学生起立、坐下、上讲台发言、回座位等，一般指示具体对象，以引起受话人的注意和感知。象形手势语常用于模拟事物形状，给受话人以直观、形象的感受。情境手势语常用于模仿不同的姿势、模拟不同的事物、表演特定的场景。（拓展资源5–6　实践指导：手势语运用常见问题及解决方法）

4. 表情语

表情是感情或情绪的外在表现形式。教师可以通过眼部、面部等部位动作所反映出来的心理变化，以达到与受话人相互沟通思想感情的交际目的。对于小学教师来说，常见的表情语主要有眼部表情和面部表情两种。

（1）眼部表情

小学教师常用的眼部表情主要有环视和注视两种。

环视是指目光在较大范围内作环状扫描。恰当的环视，能够让教师的面部表情显得自然、灵活。在教室里，环视能帮助教师及时捕捉每一位学生的情绪变化，全面掌握每一位学生的基本状况；在工作交际中，环视能避免教师给受话人留下高傲、冷漠、呆板的印象。例如，上课铃响了，教师沉稳地走进教室，并没有马上翻开教材开始讲课，而是用亲切的目光在教室内环视了一遍，才开始讲课。在此过程中，教师的目光几乎与每一位学生的目光相遇，学生们心中升起一种自信和温暖的感觉，对后面的学习内容充满了期待。

注视是指目光较长时间地固定于某人或某物。日常工作中，小学教师在与学生进行思想谈话、批评教育时，可以使用严肃注视，以增加学生对教师的敬畏感；在调节课堂气氛、鼓励表扬学生时，使用亲密注视，以增加学生对教师的信赖感。

（2）面部表情

面部表情主要由脸、眉毛、鼻子、嘴等部分的综合变化所构成。面部表情的运用，一般不只是单个器官的变化，而是由多个器官协作而成。

面部表情所传递的信息和情感是十分丰富的。例如，眉毛上扬，双眼大睁，双唇张开，表示兴奋、激动之情；双眉略微下垂，双目半闭半合，微带笑意，表示满意、欣喜之情；眉毛上抬，双目圆瞪，嘴圆张，前额皱起，表示惊讶、震惊之情；双眉下垂，半合双眼，翘起上唇，鼻翼翕动，表示苦恼、痛苦之情；双眉下垂，双目圆瞪，双唇紧闭，表示生气、愤怒之情；眉毛上抬，瞠目结舌，鼻翼翕动，紧绷双颊，表示羞愧、屈辱之情；眉毛翘起，眯缝双眼，双颊下绷，向一边撇嘴，表示蔑视、鄙视之情等。[①]

可以说，良好的面部表情是教师顺利开展日常工作的重要保障。恰当的、符合教师身份的面部表情，有助于教师与受话人建立话语交际的合作关系，营造良好的工作交际氛围。

5. 仪表语

仪表语不仅是教师的外表装饰，也是其审美情趣、气质修养和思想品德的外在体现。如果教师不修边幅、衣着脏乱、蓬头垢面，会给人不负责任、缺乏修养的印象；如果教师刻意打扮、奇装异服、浓妆艳抹，会给人轻浮刺激、敷衍工作的印象。无论属于哪种情况，都会导致受话人失去与教师继续进行交流的兴趣或愿望。小学教师在运用仪表语时，应注意以下问题：

（1）服饰搭配要得当

教师在工作中要注意服饰的颜色、款式与自身体型、年龄、性格的协调性，如体形较胖的不宜穿过紧的、颜色艳丽的衣服等。同时，教师服饰的更换也不能过于频繁，以免分散受话人的注意力。

---

① 李振村，庄锦英．教师体态语言艺术．济南：山东教育出版社，1993：189-190.

（2）发型选择要适宜

教师在选择发型时，应结合自己的面部轮廓和身材特点，选择能够充分彰显自己精神面貌和文化气质的发型，发型不宜过于怪异和新潮。

（3）美容化妆要适度

女教师的妆容，应注意淡雅、自然，给学生以良好的精神状态之感。女教师过于浓艳的妆容，容易给学生留下轻浮、浅薄之感。

6. 空间语

空间语是指利用空间距离、空间位置等来表达思想感情的一种副语言。小学教师常用的空间语主要有空间距离和身体指向两种。

（1）空间距离

相对于学生来说，教师在教育教学活动中具有主导性，起到组织和指导的作用，处于权威性话语角色的地位。教室内的空间安排就充分体现了这一点。讲台高于教室地面，而且讲台的占地面积可供教师自由地来回活动。但在特定情境中，教师也需要根据交际活动的需要，灵活调整自己与学生之间的空间距离：

第一，在整顿班级纪律，严厉批评犯严重错误的学生，号召学生参加集体活动，面向学生群体宣告信息等的时候，可以适当扩大教师与学生之间的空间距离，以增强教师的权威性。

第二，在谋求与学生建立良好人际关系，追求情感上的共鸣等的时候，需要适当缩小师生之间的空间距离，以建立教师和蔼可亲、值得信任的形象。如课堂教学中需激发学生情感、启发其思维时，可在教室过道里来回走动或靠近某个正在积极思考的学生；与某位学生在办公室谈心时，可让学生坐在教师身旁，用亲切的目光和话语打开学生的心扉。

［案例5–1］

五年级学生赵明明，母亲在外打工，父亲最近查出得了重病，住进了医院，家里没有人可以照顾他。赵明明每天奔波在学校、家和医院之间。一想到如此沉重的家庭负担，就会忍不住大哭一场，成绩也日渐下降。班主任孙老师了解情况后，来到赵明明家里，远远就看见他抱着一个米袋子吃力地往家里搬，便亲切地喊了一声：“明明！”同时，快步上前，一手接过米袋子，一手紧紧地把赵明明揽在怀里，颤声说：“孩子，爸爸会好起来的，一切都会好起来的！”赵明明的眼泪像决了堤，滚滚而下……

（2）身体指向

身体指向是指发话人通过调整自己面对受话人的角度或方向，从而达到预期交际效果的一种副语言。小学教师常用的身体指向主要有以下三种：

一是面对面的指向。这种身体指向既可以表示交际双方之间的亲密关系，也可以表示交际双方的严肃关系，甚至是敌对关系。但无论是哪种情况，都表示交际双方的交流是持续的，不希望被打断的。例如，教师给学生做思想工作、课堂上的授课活动等，就经常使用这种身体指向。

二是背对背的指向。一般来说，这样的身体指向表达的是否定性的含义，如孩子不愿意接受父母训斥时，常常背对父母以示“抗议”。因此，小学教师在日常工作中应尽量避免这一身体指向。特殊情况例外，如教师在课堂上进行板书、在黑板上挂置道具等，但也要注意时间不宜过长，以免课堂教学秩序出现失控的情况。

三是肩并肩的指向。有的时候，教师可以跟受话人平行面向一个方向，一边走，一边交流，以示交际双方关系融洽。（拓展资源5-7 研究性学习：教师副语言使用情况调查等）

二、小学教师副语言的特点

副语言与口语和书面语一样，都是传递信息、交流情感的工具。但由于其结构系统各异，决定了它们各自在运用中会呈现出不同的特点。

（一）辅助性

在教师的教育教学工作中，有声语言起着主导性和决定性的作用。它能够通过语音、词汇、语法、辞格、篇章等一系列要素，系统、完整、清晰、准确地传递出教师的话语信息，从而确保话语交际双方达成共识，顺利完成交际任务。而副语言则通过语调、身姿、手势、表情、仪表、空间等手段，用以伴随有声语言表达或补充有声语言的未尽之意，以达到配合有声语言共同提高表达效果的目的。这跟副语言本身所具有的多义性有关。例如，同样是皱眉，可以表示否定、权威、思考等不同的含义；同样是凝视，可以表达关爱、责备、探究等不同的意思；同样是眼睛略闭，可以表达满意、不屑、鄙视等不同的情感。因此，副语言只是教师话语交际中的一种重要的辅助手段，主要起到强化有声语言表达效果的作用，而这种作用也总是在特定的语境下实现的。

当然，这并不等于说，副语言在教师话语交际中的地位是无足轻重的。有的时候，如果只使用有声语言而忽略副语言的辅助作用，那么师生之间的交流就会显得枯燥、乏味，或导致教师所传递话语信息大打折扣，甚至还会产生话语交际的歧义和误解。例如，在课堂教学活动中，如果学生能够正确回答教师所提问题，但教师却面无表情地让学生坐下，或简单点评一句“回答正确”，这容易让学生误认为自己并未得到教师的认可。又如，学生因故上课迟到，为了不影响讲课，教师只是轻描淡写地说一句“进来”，也没看学生一眼，这容易让学生误认为教师因为自己的迟到行为而生气了，产生了不耐烦情绪。

（二）直观性

由于副语言所使用的表达手段是具体、可感的，容易给学生留下生动、直观的形象，从而引导其领会教师所使用有声语言的“言外之意”。换言之，副语言的直观性是对有声语言表达效果的一种有效补充，因为“语言的直观性主要是通过教师用形象化的语言对事物或过程进行描述，使学生通过记忆或想象，在头脑中形成表象来实现的；而这种形象化的语言，则要通过学生已有的经验才能发生作用，因此使用起来有一定局限性”。[①] 所以，如果教师在运用形象化的有声语言进行描述的同时，能够恰当地运用各种副语言，就能通过副语言的“可视形象”极大地增强有声语言表达的直观效应。

（三）真实性

通常，人们在话语交际中所使用的有声语言往往都是有意识的、经过挑选的，而副语言及其所表达的信息则是在无意识或潜意识状态下显示出来的，虚假信息较少，能够比较真实地反映出人们的内心世界和思想情感。曾有研究表明，人类的副语言传示出人的内心世界的效果是言语的五倍，特别是当两者不一致时，往往是副语言更能反映人的真实情感。[②] 因此，一方面教师可以借助受话人的副语言来准确把握其思想状况，从而确定恰当的话语交际策略；另一方面受话人也可以通过教师的副语言来体会其所要表达的真实情感，从而正确领会发话人的意图。副语言的真实性特点，要求教师在运用副语言时，一定要注意所表达的思想感情与副语言及其含义的一致性，以便给受话人留下真诚、合作的话语交际空间。

三、小学教师副语言的作用

小学教师所使用的副语言，与一般教师所使用的副语言相比，既有一些共性的作用，也有一些因交际对象等因素不同所形成的特殊功能。（拓展资源5-8　研究性学习：副语言在小学课堂教学中的作用探析等）

（一）凸显教师的话语角色

教师在日常工作中，需要以其良好的思想、品德、知识、能力来启发和引导学生，其中，教师话语角色处于相对重要的地位。副语言在强调教师话语角色方面的作用主要体现在以下几个方面：

1. 体现课堂教学的主导性

新课程背景下的小学课堂教学，强调以学生为主体的教学观念，普遍采用探

① 张克．体态语与教育传播．武汉：华中师范大学出版社，2010：26.

② 胡淑珍．教学技能．长沙：湖南师范大学出版社，1996：150.

究、讨论、游戏等活动形式，使学生积极主动地学习，师生之间和谐相处。然而，这并不等于否认教师在教育教学活动中的主导作用。教师只有正确定位自己的话语角色，才能避免课堂活动因一味地、简单地向学生倾斜后而出现的“失控”现象。在此过程中，教师可以充分利用副语言来组织课堂教学、优化课堂氛围。例如，上课铃已经响过了，但很多学生还没有进入学习状态：有的还在讨论课间休息时的话题，有的在看课外书。教师见状，咳嗽了两声，敲敲黑板，示意已经上课了，学生们可以很快安静下来。这种含义明确、直观明了的副语言可以帮助强化教师在课堂教学中的主导地位。

2. 强化课堂教学的主要内容

在课堂教学中，由于受到小学生认知特点和思维规律的限制，恰当的副语言可以起到强化教师语言表达的具体性和形象性的作用，从而达到提高课堂教学效果的目的。

［案例5–2］

一位教师在讲解课文《美丽的公鸡》中的词语“得意洋洋”时，首先引导学生观察课文中的彩图，让学生从图中了解到公鸡的神态是昂着头、挺着胸、扑打着翅膀、翘着尾巴。然后，引导学生根据课文内容归纳出公鸡总是喜欢与啄木鸟、蜜蜂、青蛙比美的特点。接下来，教师分别请了几位学生上讲台来扮演啄木鸟、蜜蜂、青蛙等角色，而自己则学着图中公鸡的样子，活灵活现地展现出了公鸡昂着头、挺着胸、扑打着翅膀、翘着尾巴的神态，让学生真正体会到了“得意洋洋”的意义及感情色彩。

案例中的教师通过对课文的讲解、生动的表演，使学生通过特定的想象形成了自己的理解，继而又从教师的表演中不断修正自己的理解，最终形成了正确的认识。这样，教师便有效实现了强调教学内容的目的。

（二）调控课堂教学节奏

副语言辅助调控教学节奏的作用主要是通过教师对话语表达语速快慢的把握、表达节奏的把控来实现的。良好的课堂教学并不是直线式的延续，而是有起有落、跌宕起伏的活动过程。这主要是因为教师的“教”与学生的“学”总会存在一定程度的矛盾，教师如果善于发现和思考这些矛盾，就可以从中及时了解到学生的学习进度和掌握程度，再根据教学内容的难易程度、学生的接受能力来调整表达的节奏。速度过快，学生不能很好地接受，导致“消化”不良；速度过慢，学生对教学内容会产生懈怠情绪。因此，良好的语速和话语节奏可以让教学张弛有度。“张”，指在教师的指导下，给予学生独立思考、分析问题，理解相关知识的空间和时间。“弛”，指在学生独立思考、分析、理解的基础上，教师对相关内容进行必要的归纳和综合，使学生获得的知识明确化、系统化和完整化。张弛结合，才能使学生处于学习的最佳状态，对整个教学过程充满期待，也会与教师有良好的配合。

（三）沟通思想感情

副语言是一种特殊的语言，既可以灵活地表达出赞扬、鼓励或批评的情感倾向，也可以及时地传递出严肃、和蔼的情感态度。恰当的副语言，能使小学教育活动更加艺术化，增强有声语言表达的感染力，更好地服务于教师与学生之间思想感情的沟通。副语言在交际者的思想感情沟通方面的作用主要是辅助有声语言增强情感表达效果，特别是情绪激动、情感饱满时这种表达效果尤为明显。副语言不仅可以辅助有声语言进行表达，而且还可以在有声语言不便表达时，起到单独表情达意的作用。例如，放学后，教师在学校门口与学生远远相遇，学生向教师挥手表示再见，教师也回复相同的动作。师生之间虽然并未说一句话，但挥手这一动作所表达的象征意义是非常准确的，而且充满了浓厚的情谊，表现了交际双方之间的情感联系。

［案例5–3］

一个家长讲述了这样一个故事：儿子下午放学回家，一进门就冲着我说：“老师今天摸了我的头！”我心想，被老师摸一下头有什么了不起？而且现在正忙着，没工夫搭理他，再说摸了就摸了嘛！但是，儿子似乎有许多话要说，心有不甘地从我身边走开。晚上睡觉时，儿子忽然从床上爬起来对我说：“老师今天摸了我的头！”我只好问他被摸的感受。儿子说：“说不清，只是感觉特别好。”我启发他打个比喻，儿子抓耳挠腮想了半天才说：“老师的手指像阳光，很温暖。”

教师用手触摸小学生的头部、肩部、背部等部位，一般表示对学生的亲昵、赞赏、信任或鼓励。上面案例中，教师通过无声的副语言——抚摸学生的头，让学生感觉教师像父母一样关心和爱护自己，缩小了师生之间的情感距离，增加了学生对教师的信任，和蔼可亲的教师形象，也就这样瞬间被树立起来了。（拓展资源5–9　争鸣与讨论：有人认为，副语言交际对教师至关重要，教师的副语言行为关系到学生的学习态度。研究表明，教师如果学会了在课堂上更有效地使用副语言交际，师生之间的关系就会得到改善，学生的认知能力和学习效率也会提高。你如何看待这一观点？）

第二节　小学教师副语言的运用原则

运用语言的交际活动，是由发话人和受话人进行信息和情感双向互动交流的一个过程。交际双方要想顺利地实现交际目的，就需要遵循一定的语用原则。语用原则是人们运用语言进行交际时所应遵循的基本原则和准则。在实际交际活动中，灵活、辩证地运用这些语用原则，能够保证交际双方顺利完成话语交际活动。本节将介绍小学教师副语言运用中应遵循的辅助性原则、准确性原则和得体性原则。

运用副语言以配合有声语言完成交际任务，需要交际双方根据特定的语境达成信息内容、情感互动等方面的共识。这就要求小学教师在运用副语言时，需要遵循一定的原则，小学教师副语言运用主要包括以下原则。

一、辅助性原则

所谓辅助性原则，是指小学教师在话语交际活动中，应以有声语言为主，副语言为辅。副语言尽管具有多种功能，但仍然不能完全取代有声语言在教师日常工作中的地位和作用。对于教师而言，副语言功能的发挥，始终建立在与有声语言的相互配合上。副语言只有在特定的语境中，才具备独立向受话人传达信息的作用。辅助性原则要求小学教师在运用副语言时要注意以下几点：（拓展资源5-10 争鸣与讨论：有人认为，副语言不但能够增加语言的表现力，而且在一定程度或一定场合能代替语言；既能增加信息的内容，又能使信息实行多通道传输和多器官感受，使信息更加可靠、有效。你同意这个观点吗？为什么？）

（一）符合不同课程的学科特点及要求

不同的课程具有不同的学科性质和内容范畴。教师在运用副语言时，要注意根据不同课程所属学科的要求，有选择地、较为科学地确定副语言的使用方案，包括行动范围、动作频率、适用对象等。一般情况下，体育与健康、音乐、美术、劳动等实践活动较多的课程，副语言的主要作用是辅助有声语言直观示范教学内容，以便学生通过模仿正确的行为来及时完成学习任务。因此，在这类课程中，副语言的使用范围、使用频率可以略高一些。数学、科学等理科类课程，副语言的作用主要是说明事物、展现原理，起到化繁为简、化抽象为具体的作用，帮助学生理解较为复杂的逻辑知识。此类课程所使用的副语言常常具有较突出的说明性色彩。语文、英语等文科类课程，副语言的作用主要是通过再现情境、模拟形象等方式来表现教学内容，以便学生理解和领悟理论知识。此类课程所使用的副语言往往具有形象性的色彩。

［案例5–4］

山东省著名小学语文教师宋君，在讲授《十里长街送总理》这篇感情压抑、沉痛的散文时，为了真实再现文本情境，课前对自己的衣着、面部表情进行了认真的设计。当上课钟声敲响，她一身洁白的裙纱，表情肃穆、步伐沉重地登上讲台，然后打开收录机播放悲壮的音乐，满怀感情开始朗读课文。①

宋老师在教学过程中，根据副语言在语文教学中的作用，课前就对自己课上需要用到的副语言进行了精心设计，确保能够再现文章中的情境。在教学中，配合文章使用了恰当的副语言，如“表情肃穆、步伐沉重”，让学生感受当时送总理的悲伤气氛，通过再现情境的方式来表现教学内容，以便学生理解和领悟课文。

（二）注意辨识具有多义性的副语言

有的时候，离开特定的语境，相同的副语言往往具有多种含义。例如，教师讲课时故意提高音高，有可能表示所讲内容为重点，有可能提示学生要认真听讲，也有可能是对学生的行为表示诧异；点头在不同情境下，可以表示敬意、同意、肯定、承认、赞同、感谢、应允、满意、认可、理解、顺从等含义。当然，副语言的这种多义性可以通过语境来进行化解，但由于这种多义时常会给交际双方的沟通带来不便，因此教师在运用副语言时，一方面要注意尽量避免使用语义不明、容易引起歧义的副语言，另一方面则要注意结合语境，正确把握和理解受话人的副语言所传递出来的意义。（拓展资源5-11　研究性学习：小学教师副语言在课堂教学中的运用）

二、准确性原则

所谓准确性原则，是指小学教师所使用的副语言应符合特定语境的需求，能够协助有声语言顺利完成话语交际任务，有效实现教师的话语交际意图。在小学教师的日常工作中，准确的副语言可以承载正面、积极的信息，并及时传达给学生；不准确的副语言则会导致学生误解教师的交际意图和话语信息。良好的副语言及其表达效果，必须建立在准确性原则的基础之上。准确性原则要求小学教师在运用副语言时，应注意以下几点：

（一）副语言所表达的内容要与语境相符

对于教师来说，学生是其主要的话语交际对象。因此，为了便于学生的理解和接受，小学教师普遍形成了一些含义相对固定的副语言，如学生在课堂上正确回答问题，教师一般都会报以微笑或点头，表示肯定等。但与此同时，具有独特个性风格的教师，也常常会根据具体的情境，仔细斟酌、反复推敲自己的副语言，以达到表达准确的交际效果，给学生一种直观的视觉享受。

---

① 陈国雄.全国小学语文特级教师课堂教学艺术集锦.济南：山东教育出版社，2004.

［案例5-5］

语文老师正在讲解课文《阿德的梦》的最后一句话——"'哎呀'阿德大叫一声。睁开眼睛一看，原来这是一场梦！"这时，语文老师先用左手摸摸后脑勺，然后又两手一摊，让全班同学直观、形象地感受到了"原来是一场梦"所带来的惊讶和失望。①

在这个案例中，假如语文老师的副语言为：两手举起，稍稍握拳，那么学生所感受到的情感将由惊讶、失望变为兴奋、欢喜，这就完全曲解了课文的本义。

（二）副语言所表达的情感要与语境相符

教师与学生之间不仅存在信息的沟通，还存在着情感上的交流，而且从某种意义上说，情感交流是否成功往往对教育教学工作质量、日常工作交际效果的好坏起着决定性的作用。假如教师的课堂教学副语言缺少热情，学生对教师所讲内容的认识和理解就有可能是迟缓的；假如教师对学生要求严格，寄予厚望，但却时时刻刻面如冰霜，那么学生就完全有可能曲解教师的真实情感，难以达到教师对自己提出的预期目标，等等。

［案例5-6］

方老师发现坐在教室最后一排的朱毅、张童正在看漫画书，看到精彩之处，两人还偷偷地捂着嘴笑。下课后，方老师把两位学生叫了出来，和颜悦色地对他们说："你们俩怎么不好好听课啊？马上就要期末考试了，知不知道啊？""以后好好听课，别浪费时间了。进去上课吧！"朱毅和张童起初有些害怕，以为要被狠狠地批评一顿，但一看到方老师的态度很好，没有任何责备的意思，两人顿时心里乐开了花，根本就没把方老师的话放在心上，接下来的数学课上他们照旧我行我素，心里想着：反正老师也不会把我们怎么样！

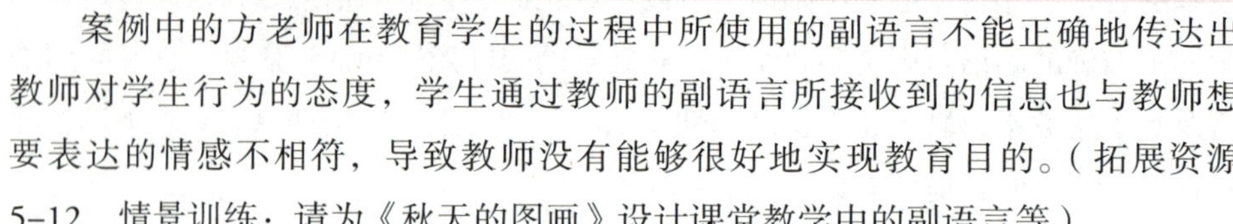

案例中的方老师在教育学生的过程中所使用的副语言不能正确地传达出教师对学生行为的态度，学生通过教师的副语言所接收到的信息也与教师想要表达的情感不相符，导致教师没有能够很好地实现教育目的。（拓展资源5-12　情景训练：请为《秋天的图画》设计课堂教学中的副语言等）

三、得体性原则

所谓得体性原则，是指小学教师在交际活动中要根据学生的思想情感，做出恰如其分的话语交际反馈，并选择使用得体、恰当的副语言来完成话语交际活

① 课程教材研究所.语文二年级（下册）.北京：人民教育出版社，2012：101.

动。得体性原则要求小学教师在运用副语言时，应注意以下几点：

（一）副语言的使用要适宜

副语言的使用要适宜，是指教师要根据话语交际场景，如教学内容、教材特点、教学环境、学生的智力水平和性格特征等，选择类型合适、情感适度、含义明晰的副语言。比如，教师在进行家庭访问时，应通过自然、亲切、诚恳的副语言，努力创设与家长拉家常的语言环境，做到交际双方不分彼此、畅所欲言。如果教师过于刻板、严肃，总是板着面孔、面无表情地与家长进行谈话，会让家长误以为孩子出了问题——或是违反学校纪律，或是学习成绩下降，或是闯了大祸。适宜的副语言甚至可以使学生与教师之间紧张的关系“转危为安”。

［案例5–7］

李老师刚参加工作，第一堂课便是给有“少林俗家弟子”之称的“疯狂四班”上课。这个班男生居多，喜欢变着法子地刁难老师。李老师刚走进教室就感觉到气氛不太正常，正打算开始讲课，忽然发现桌上放着一块木牌，上面写着“李XX老师之墓”，再看看台下，几个学生在相互挤眉弄眼，就像在嘲笑老师一样。李老师心想：“一定就是他们几个干的了！”他气愤极了，可是他并没有发作，也没有退缩，而是小心翼翼地拿起了那块“灵牌”，一本正经地把它放在黑板前，轻缓地对学生说：“同学们，全体起立！”等学生们都起立后，他又说：“让我们以极其沉痛的心情对李老师的不幸表示最衷心的哀悼。现在，请全体默哀一分钟。”他的这一举动让学生们都大吃一惊，学生们不再挤眉弄眼。接下来，李老师又故作吃惊地问：“李XX是谁呀？”他指指自己的鼻子幽默地说：“台上新任语文老师是也。他没想到你们这样敬重他，还给他立了灵牌，他在九泉下知道这个消息，高兴得马上就要起死回生了。现在我起死回生到这里，亲自给你们道谢啦！”说完，自己真的向全班学生深深鞠了一躬。李老师的反其道而行之，出其不意，假戏真做的做法，很快平息了课堂上的这场风波，使学生们都笑了，这笑声里饱含着深深的歉意和敬意。①

此案例中如果李老师一看见那块羞辱自己的“灵牌”就暴跳如雷，也许他和学生的关系就不会得到缓解，今后的教学工作也难以继续。但李老师控制住了自己的情绪，运用适宜的副语言搭配幽默的有声语言，宽容地处理了问题，从而与学生之间建立起了和谐的关系。

（二）副语言的使用要简练

在话语交际中，教师副语言的使用应以获得最佳沟通效果为宜，对于没有多

① 改编自张克.体态语与教育传播.武汉：华中师范大学出版社，2010：145.

大意义、可用可不用的副语言应该坚决舍弃。如果副语言的使用过于频繁、杂乱，不但会分散学生的注意力，影响话语交际的效果，也难以实现教师的交际意图，甚至干扰有效话语信息的传递和接收。

[案例5–8]

数学课上，王老师正在讲解一题多解的方法。讲完一种解题方法之后，为了提醒学生们注意，王老师打了一个响指，声音很响亮，由于王老师体型稍微偏胖，打响指的动作幅度又比较大，看上去就像全身的肉都晃了起来，全班学生开始捧腹大笑。在讲解下一种解题方法时，王老师感觉腰上有点儿痒，便毫不顾忌地挠起痒来，学生们又开始笑起来……一堂课下来，学生们笑了好几次，但王老师的几种解题方法，没几个学生记住。

案例中王老师的动作不适合用于课堂上，只能发生在生活中与朋友的玩笑中。打响指和毫不顾忌地挠痒这样的动作过于随便，既不能让学生集中精力，也不能得到学生的尊重，失去了副语言应该起到的作用。这样的副语言分散了学生学习的注意力，干扰了学生对重要信息的接受。

（三）副语言的使用要灵活

副语言使用的灵活性，是指教师使用副语言要依靠对语境的敏感性，能够根据语境的变化，快速选择恰当的副语言，及时采取合适的言语行为。可以说，副语言使用的灵活性是教师教育机智、教学灵感的体现。

[案例5–9]

一年级活动课上，张老师给学生讲《狼和小羊》的故事。当大灰狼出现，要吃掉小羊时，教师用横眉冷对、面色铁青来表现狼凶狠残暴的表情；而当小羊哀声哭泣，请求大灰狼放过自己时，教师用面容哀凄，眉目低垂，来表现小羊忧虑、痛苦的表情；当小狗、小猫、小马、大象帮助小羊赶跑大灰狼时，教师用笑容满面，眉飞色舞，来表现大家高兴、欢喜的表情。

上述案例中，张老师在同一个故事里，根据故事情节的不同，灵活运用表情语向学生传达信息，不仅使《狼和小羊》这个故事深深地留在孩子们的脑海里，调动了学生参与课堂活动的积极性，而且也使学生学习了不同情绪、情感的表达。灵活使用副语言，可以帮助教师更准确、轻松地达到教学目标。（拓展资源5–13 基础训练：副语言认知理解训练等）

第三节　小学教师副语言的表意功能类型与运用

刘老师在上法国作家都德的《最后一课》时，为了让学生充分感受韩麦尔先生再也不能上法语课的悲愤之情，便有意识地模仿了韩麦尔先生“拿粉笔写字”“散学”的手势语和“呆在那儿”“头靠着墙壁”的身姿语，真实地再现了韩麦尔先生在最后一课下课时的情境——他转身朝着黑板，拿起一支粉笔，使出全身的力量，写了几个大字：“法兰西万岁！”然后呆在那儿，头靠着墙壁，话也不说，只向我们做了一个手势：散学了，你们走吧。通过这几个副语言，学生们身临其境地体会到了韩麦尔先生当时的复杂心情。

案例中的老师充分运用了不同类型的副语言，起到了强调、提醒等作用。不同类型的副语言的使用所产生的效果不同，本节将介绍小学教育教学中强调性副语言、提醒性副语言、鼓励性副语言、表扬性副语言、批判性副语言、沟通性副语言的表意功能及运用。

副语言作为小学教师工作语言的重要组成部分，按照其表意功能，大体可以分为强调性副语言、提醒性副语言、鼓励性副语言、表扬性副语言、批判性副语言、沟通性副语言等六种类型。不同类型副语言的表意功能各有所侧重，因而也形成了各不相同的运用规律及要求。

一、强调性副语言

强调性副语言的表意功能就在于其对所要显示的语义内容的强化上。

（一）强调性副语言的定义及作用

强调性副语言是教师为了突出特定的思想内容、观点立场、情感态度等，以语调、身姿语、手势语等来引起学生重点关注自己所强调信息的一种副语言。

根据强调性副语言所使用的物质材料及表现形式，强调性副语言可以分为强调性语调、强调性身姿语和强调性手势语等三种类型。强调性语调是教师为了表达强烈的思想感情而采取的话语声音的停连、轻重、高低等方面的变化。强调性身姿语是教师为了突出或强调某种思想感情而运用的身体躯干的动作。强调性手势语是教师为了突出或强调某种思想观点、立场态度而运用的手势动作。

在小学教师的日常工作中，强调性副语言具有突出重点、强化感情的作用。与其他类型的副语言相比，强调性副语言能够通过语义指向明确、情绪体验强烈的语调、身姿、手势等，反映和突出自己的思想观点和立场态度，以引起受话人对话语信息的重视，强化受话人对话语信息的理解，从而有效增强有声语言的感染力和说服力。

［案例5–10］

同学们冬天不大愿意在寒风中锻炼，教师与他们进行了一场别开生面的对话：

“你们想增强记忆力，提高学习效率吗？”（提高音高和音强）“想！”“你们想头脑敏捷，变得更聪明吗？”“想！”“你们想体格强壮，身材健美吗？”“想！”“个子矮的同学想长得高点吗？”“想！”“发胖的同学想减肥吗？”“想！”“你们想培养坚强的意志吗？”（拳头紧握、高举）“想！”“那么请大家坚持冬季体育锻炼！”（激昂地，提高音高和音强）[①]

强调性副语言的运用可以帮助教师面向全班学生进行一对多的整体会话。音高和音强的运用使语调富有激情，加上“拳头紧握、高举”等强调性手势语，往往能够产生一呼百应的气势，起到增强感染力和说服力的效果。

（二）强调性副语言的运用

强调性副语言具有共同的运用原则和规律，但不同类型的强调性副语言在运用中又会体现出属于自身的特殊性，在实际运用中要加以认识和区别。

1. 强调性语调的运用

停顿、重音、句调、语速等副语言都具有话语交际的强调作用。在话语交际中，教师不能简单、生硬地只使用其中的某一种技巧，而要结合语境将几种技巧结合起来进行使用，以顺利完成交际任务。

通过有意识的停顿，教师可以达到强调话语信息的表达效果。为确保话语信息的连贯和完整，强调性停顿的位置通常在所需强调信息之前和之后；对于那些不需要强调的信息，则要缩短停顿时间，甚至不停顿。例如：“同学们注意！（停顿）还有一件重要的事情别忘了，那就是（停顿）一个月以后，我们要举行‘珍惜时间的小标兵’评比活动。大家有没有信心当标兵啊？”由于强调性的停顿不受书面标点和语法关系的限制，需要教师根据语境来临时设计停顿的位置和时间，因此要注意因停顿不当所造成的话语信息传递受阻、情感态度表达不完整的情况，以确保顺利完成交际任务。

强调性重音一般没有固定的位置，需要根据语境来灵活确定。教师使用强调性重音时，应注意以下问题：第一，注意声音的强弱变化。只有出现需要强调的话语信息时，教师才可以增强声音的强度；不需要强调话语信息时，教师应注意适当降低声音的强度。只有这样，学生才能有效区分教师所传递话语信息的重点

① 改编自蒋同林，崔达送．教师语言纲要．北京：华语教学出版社，2001：255.

和次重点。第二，注意声音的虚实变化。强调性重音通常以增强声音强度为表达手段，但在特定语境中，虚声、轻读有时也可以起到强调的作用。

［案例5–11］

王老师的班级参加学校举办的歌咏比赛，没想到得了个倒数第一。全班学生情绪低落，神情沮丧。王老师带着糖果走进教室说：同学们！这是老师的一点心意，不是犒劳，是理解（重音轻读）。不是请客，是安慰（重音轻读）。当今时代是竞争的时代，竞争的时代要求我们要有竞争的意识、竞争的勇气。只要我们做了，只要我们尽了心，尽了力，不要刻意去管排名第几，即使最后一名，也是成功。敢于参与、敢于竞争本身就是一种成功。沉重的岁月，要创造愉快的生活，不能被无谓的负担压得抬不起头来。失利只能说明过去的不足，绝不意味着永远落后。……（轻声地）我们不要再沉着脸，皱着眉，要把这次倒数第一作为一种体验，……我们要在最后的较量中微笑！（重音强调）①

强调性句调是指教师通过句调的抑扬变化来实现强调性的表意功能。例如，在课堂教学中，讲到重点、难点、问题的承转处或哲理性较强的内容时，句调可以明显提升，从而起到强调话语信息的作用。使用强调性句调应该注意的问题有：第一，抑扬有致。在话语交际中，教师句调的变化显得十分重要。句调只有时而高昂、时而低沉，才会引起学生对有效话语信息的关注，避免出现“左耳进右耳出”的现象。第二，感情态度分明。在话语交际中，教师应根据表达的语气和感情态度，来选择不同的强调性句调。强调疑问、惊异、号召等感情态度常用升调，强调肯定、坚决、赞美等感情态度常用降调，强调庄严、悲痛、沉思等感情态度常用平调，强调嘲讽、夸张、反语、双关等感情态度常用曲调。

语速指说话或朗读时吐字发音的缓急，以及每个音节的长短、音节之间衔接的松紧等。为了实现强调的表达作用，教师可以适当延长所需要突出的词语的音长，或者适当复述所需要突出的话语内容，以便让学生有足够的时间思考或记录教师所传递的信息。运用强调性语速的注意事项有：第一，语速适时变化。当陈述重要信息时，一般需要放慢语速，以使学生有时间弄清楚意义的核心部分。当信息不需进行强调时，则恢复正常语速。另外，教师抒发的情感不同，语速自然应做相应的变化。情感积极则语速较快，情感消极则语速较慢。第二，语速适当。调整语速时，需要把握“度”。需要适当放慢时，不可将词语音长过度延长，以免产生拖沓的感觉。

2. 强调性身姿语的运用

具有强调性表意作用的身姿语，可以饱满地呈现出教师的精神、情绪和感

① 改编自蒋同林，崔达送.教师语言纲要.北京：华语教学出版社，2001：257.

情，增强有声语言交际的生动性和形象性。强调性身姿语一般以站姿、走姿、身体躯干动作等为表达手段。

教师选择的站姿为直立、头正、肩平、挺胸、收腹，突出的是自己饱满的精神、坚定的立场和严肃的态度。教师选择的走姿为端庄稳重、步伐频率稳定，突出的是自己明朗、权威的话语交际角色。教师授课时选择的身体躯干动作是将双手撑在讲台上，突出的是所传递话语信息的权威性和庄重性；教师家访和召开家长会议时选择的身体躯干动作是手和手臂自然摆放，突出的是自己真诚、平等的交流态度。

教师在运用强调性身姿语时，应注意以下几点：

第一，动作宜小不宜大。在使用强调性身姿语时，如果力度过大，容易失去平衡；如果速度过快，容易有不稳重之感；如果机械重复，容易令受话人生厌。

第二，动作应避免拘谨、呆板。站姿要求直立、挺拔、大方，方能显示出饱满的精神和坚定的立场；避免拘谨僵硬，也不能过分随意，显得不稳重。走姿要求姿态自然，全身协调，两臂自然摆动，方能突出明朗的话语交际态度；避免死板僵直地前行，这样会显得太呆板；摇摆得太厉害，则显得轻佻。身体指向要求根据具体的话语交际情感，选择具体的指向；身体躯干动作要求适时变化，既突出话语的权威性，又不显呆板。

3. 强调性手势语的运用

根据活动范围，手势语可以分为上区手势语、中区手势语和下区手势语三种类型。小学教师多用中区手势语表示强调的语义内容，其活动区域一般在腹部至肩部之间，动作轻快而坚定。强调性手势语往往采用手指动作、手掌动作和拳头动作为表达手段。

手指动作常见的运用技巧有：（1）五个手指由外向内集中收拢，并连续点动。（2）食指连续点动。（3）竖起食指在空中点动。（4）食指根据需要呈运动状态，以指引学生关注特定事物。

手掌动作常见的运用技巧有：（1）配合有声语言中的重点词句，手掌做下切动作。该动作具有强化话语信息的作用。（2）手掌伸开，抬至胸前，然后向前上方用力挥动。该动作适用于发出号召等鼓动性的话语信息。（3）用手掌轻拍教材或其他事物，以吸引学生目光，强调所拍事物。

拳头动作常见的运用技巧有：（1）拳头紧握、高举，以表达坚决拥护、强烈反对、严重警告等观点和情感。（2）拳头向下用力挥动或捶击，表示决断、愤怒等意思，适用于课堂教学中需要强调的教学内容和作者思想情感的表达。

教师在使用强调性手势语时，应该注意以下几点：

第一，手势语的动作要少而精。教师使用强调性手势语时，要根据语境要求来进行选择和设计，切忌频繁使用强调性手势语，以免其失去强调的表意作用。

第二，手势语的力度要恰当。在使用强调性手势语时，要注意适当加强力度，以便学生将其与非强调性手势语相区分，但又不能用力过猛，以免给学生留下粗鲁的印象。例如，有的教师在课堂教学中常常把讲桌敲得特别响，更有甚者，拍碎了粉笔头，这些都属于强调性手势语的语用失误，会对教学效果产生负效应。

第三，手势语的说明要准确、恰切。教师在使用强调性手势语时，不能因为急于强调信息的重要性而随意夸大或缩小手势动作，以免给学生造成错误印象。对于一些采取夸张手法的口头语言，可以适当选择一些强调性手势语予以辅助，但要准确、恰切。（拓展资源5–14　情景训练：强调性副语言训练）

二、提醒性副语言

提醒性副语言不同于强调性副语言的语意表达功能在于其不是要凸显、强化某一语意内容，而是要引导对方关注特定的话语信息。

（一）提醒性副语言的定义及作用

提醒性副语言，是指教师为了委婉含蓄地表达自己的话语交际意图和交际内容，运用表情、手势、语调等来示意学生关注话语交际活动的一种副语言。根据提醒性副语言的表现形式，提醒性副语言可以分为提醒性表情语、提醒性手势语和提醒性语调三种类型。

提醒性表情语是教师为提示学生关注话语信息而运用的口、鼻、眼等器官动作和面部肌肉运动，包括提醒性目光语和提醒性面部表情语。其作用是提醒对方集中注意力或意识到自己言行的不妥之处；提醒性手势语是教师为提醒学生关注话语信息而运用的象征性手势动作。其作用是提醒对方加以关注、提醒对方意识到自己的失误或启发学生正确地思考和回答问题；提醒性语调是教师为提醒学生关注话语信息而运用的短暂沉默和语气变化。其作用主要是提醒对方集中注意力。

（二）提醒性副语言的运用

提醒性副语言的运用关注的是教师在实际工作中应该如何恰当地使用提醒性副语言，使其引导学生关注教师话语信息的作用得以充分发挥。

1. 提醒性表情语的运用

提醒性表情语往往采用目光语和面部表情语为表达手段。提醒性目光语是教师通过目光来达到提醒性作用的一种副语言。一般表现为严肃注视，即将视线停留在对方前额一个假定的倒三角区，以带来严肃气氛。例如，在课堂教学中，有学生窃窃私语、思想不集中等，教师可以严肃地、长时间地直视，从而让学生意会教师无声的提醒和批评，从而达到警告、批评、责备的效果。根据目光射出的不同角度，目光语具有不同的表意功能。环视可以表示关注所有学生；点视具有针对性和示意性，可以用于对个别学生的提醒。如在课堂教学中，当教师发现个别学生有骚动或异常情况时，可以使用点视来提醒；侧视可以表示对后方学生的关注和提醒。

提醒性面部表情语的运用一般是双眉下垂，双目圆瞪，嘴唇紧闭。表示禁止时，教师双唇拢圆突出，辅以食指竖放在嘴前，这样是为了表示生气、愤怒，提醒学生停止不良好的行为。

教师在使用提醒性表情语时，应注意以下几点：

第一，目光语要准确到位，要注意目光语的不同表意功能。首先，目光停留于对象的不同区域具有不同的意义，亲密注视和社交注视都不能承担提醒性表意功能，严肃注视时能营造严肃气氛，适用于维持课堂秩序。其次，目光射出的不同角度，也具有不同的意义。一般直视、环视、点视、侧视能够承担提醒性表意功能，其他的目光角度则不同：斜视表示轻蔑，仰视表示崇敬或傲慢，俯视一般表示关切，凝视表示专注或若有所思，虚视表示自信，漠视表示冷淡，远视表示期待或沉思等。

第二，面部表情语要综合运用，避免僵硬。面部表情语的运用一般不只是单个器官的变化，而是多个器官的协作。教师应常常进行面部器官综合协作的练习，以避免面部表情僵硬、呆板，要使面部表情语更加自然、协调，更好地承担提醒的表意功能。

第三，提醒性表情语不宜过于夸张，如果教师违背提醒性副语言含蓄委婉的特点，不仅会分散其他学生的注意力，也会使教学和教育效果大打折扣。

2. 提醒性手势语的运用

提醒性手势语一般以象征手势语为表达手段。象征手势语即用于表达抽象概念的手势语，由于某种“约定俗成”，用来表示一些特定的意义。

象征手势语的运用通常为：（1）双手上抬和双手下按。双手手掌摊开，掌心向上，同时向上轻抬，表示请全体学生“起立”，或者开始做某事；双手手掌掌心向下，同时向下轻按，表示请全体学生“坐下”，或停止做某事。（2）单手上抬和单手下按，分别表示请某个学生“起立”和请某个学生“坐下”的意思。（3）“丁”字手势，即一掌平放，掌心向下，另一手伸出食指或五指并拢，垂直向上顶在另一只手的掌心，表示“暂停”的意思。（4）伸出食指，并在靠近太阳穴的地方让食指呈旋转运动，表示提醒学生开动脑筋，积极思考。（5）伸出手指在学生书本上出现错误的地方点一下，表示提醒学生改正。（6）轻拍学生肩膀，表示对学生言行不妥之处的善意提醒。象征性手势语的运用，需要交际双方的默契和认同。

[案例5-12]

有一次，一百多位教师在特级教师魏书生所教的班里听课。在回答教师的提问时，一位发言的女同学起始声音太小，魏老师便向她做了一个扭动旋钮开关的手势，这位女同学的音量一下子加大了许多。下课后，听课的教师问魏老师："奇怪得很，怎么你一比画，那女生的声音就大了那么多呢？你也没说什么呀！"魏老师笑着说："不用说什么，我刚才做的是扭动电视机音量开关那样的手势，这是我们班规定的提高音量的暗号。"听课的教师听后恍然大悟。[①]

上述案例中，魏书生老师灵活运用象征手势语进行教学，起到了提醒的作用，也达到了"无声胜有声"的教学效果，增强了教学的趣味性。

教师在使用提醒性手势语时，应注意以下几点：

第一，手势语的动作要简洁有效，幅度和力度都不宜过大。提醒性手势语的使用应当做到目的明确、干净利落、节奏明快。当教师发现学生的注意力不太集中的时候，他可能会说"注意了！注意了！"同时竖起食指，或者用粉笔、教鞭敲敲桌子。但要注意动作不宜过大，手势如果太粗鲁，不仅起不到提醒的作用，反而会影响课堂气氛。

[案例5-13]

在一次数学课上，正在讲解的教师看见班上的一个后进生趴在桌子上睡觉。这位教师心中很不高兴，直接用手指点学生，叫学生的名字并请他站起来，但这位学生根本没反应。教师怒火中烧，快步走到学生面前并在桌子上猛拍一下，学生吓得一下子惊醒过来，略带惊恐而又不知所措地呆望着怒目圆睁的教师，惹得全班同学哄堂大笑。

案例中的教师手势动作过大，导致的结果是吓到而不是提醒学生。教师可以利用讲课时的走动，在不产生新刺激分散其他学生注意的前提下，自然地走近身旁，轻拍其肩膀，给予提醒。

第二，手势语的表意要明确、易懂。有的教师随心所欲，胡乱比画，没有一定的目的性，不仅分散学生的注意力，也严重影响了教师的形象。提醒性的手势语要以学生能够领会为原则，不能过于晦暗，否则学生无法领会教师的意图，也就难以达到预期的教育目的。

3. 提醒性语调的运用

提醒性语调一般以短暂的"沉默"和句调的抑扬变化等为表达手段。

在课堂教学过程中，教师可以用短暂"沉默"的手段来维持课堂秩序。教学中，有学生窃窃私语，影响课堂纪律。这时教师可突然"沉默"几秒，同时伴以

---

① 韦志成．教学语言论．南宁：广西教育出版社，2001：195.

提醒性表情语来给学生一个暗示，使学生心领神会，从而加强自我约束，使课堂教学更有效、更有序地进行。这时教师的眼神能起到“一箭双雕”的效果，一方面能维护学生的面子，并且学生会对自己的错误行为感到内疚；另一方面教学秩序会尽快地恢复。在思想教育工作中，“沉默”同样会起到意想不到的好效果。使用“沉默”应注意的问题是：教师在课堂上“沉默”的时间不宜过长。教学具有连续性，如果教师停顿的时间过长，不仅会使语意表达不流畅，阻断信息连续传播，还会使学生产生疑惑，影响课堂和谐的气氛。因此，“沉默”的使用要求处理得当，适可而止，这样才能既起到提醒的作用，又保证语意的完整和顺畅。

提醒性句调是指教师通过句调的抑扬变化来实现副语言的提醒性表意功能。在话语交际中，句调的抑扬变化显得十分重要。教师语气或高昂或低沉，都可以吸引学生的注意力，达到提醒的效果。例如，在课堂教学中，课堂气氛若显得沉闷，教师在说话或朗读时语句的高低升降、抑扬顿挫、跌宕有致可以稍微明显一点，从而起到提醒学生集中注意力、活跃课堂气氛的作用。（拓展资源5–15 情景训练：提醒性副语言训练）

三、鼓励性副语言

人的进步，自我努力固然是第一要素，但外界因素不可小觑。鼓励是一种激发、勉励人振作精神，使其不断进步的外在动力，鼓励性的言语行为是将这种动力传递给受话人的重要途径和方法。

（一）鼓励性副语言的定义及作用

鼓励性副语言是教师在教学、教育工作和日常交际中，以手势语、身姿语、表情语，通过激发、鼓动、勉励的方式来表达褒扬、宽容、期待等意义的一种副语言。教师的鼓励性副语言蕴含着褒扬、宽容和期待等多种语义内涵。根据鼓励性副语言的表现形式，鼓励性副语言可以分为鼓励性手势语、鼓励性身姿语和鼓励性表情语等三种类型。

鼓励性手势语是教师因鼓励的需要而运用的手势动作，其作用是通过手势动作打动和鼓舞人心；鼓励性身姿语是教师因鼓励的需要而运用的身体躯干的动作，一般包括鼓励性的头势动作和身势动作等，其作用是表示亲切、关怀；鼓励性表情语一般是教师在教学、教育工作和日常工作中运用眼神和微笑来鼓励对方的一种副语言行为，其作用是唤起对方的信心和勇气，促其进步。

（二）鼓励性副语言的运用

心理学研究表明，获得别人的肯定和夸奖是人类共同的心理需求。一个人的心理需求一旦得到满足，便会成为鼓励他积极上进的原动力。在此过程中，作为重要传输工具的鼓励性副语言的运用是否恰当关系到鼓励的效果。

1. 鼓励性手势语的运用

根据手势活动的范围，手势语可以分为上区、中区和下区三类。教师常用上区和中区手势以示鼓励。上区为肩部以上的手势语，表示积极、上进、昂扬、奋发、张扬、热情等意义，教师运用上区手势语可以起到鼓动和激发的效果；中区为肩部到腰部的手势语，表示坦诚、和气等意义，教师运用中区手势语可以产生亲切感，使对方缓解和克服畏难情绪。

鼓励性手势语往往采用手掌动作为表达手段。常用的方法有：（1）让学生起来回答问题时，掌心向上往往能够传递出平等、亲切的信息，使学生深受鼓励；（2）有的教师在讲课的过程中，会用手掌轻拍自己的额头，故意用这种手势语假装遗忘，以激发学生的思考和记忆；（3）鼓掌以对学生、家长或同事表示鼓励和赞扬；（4）将手掌由内向外推表示安慰和鼓励；（5）对低年级学生表示信任或鼓励，可用手轻摸学生的头或轻拍学生的肩膀；（6）握拳高举，表示鼓舞。

教师在使用鼓励性手势语时，应注意对方的性格、性别、年龄等因素，不能滥用、误用。比如，对于低年级的小学生、性格内向的小学生来说，教师用手轻摸学生的头或轻拍学生的肩膀这一鼓励性的手势语能够增加小学生对教师的信任，减少对教师的畏惧感，起到良好的鼓励效果。而对于性格较叛逆的学生而言，教师若使用同样的手势语，学生不一定“买账”，只有配合其他鼓励性的副语言，方能取得效果。

2. 鼓励性身姿语的运用

鼓励性身姿语一般以头势动作和身势动作为表达手段。头势动作的使用一般表现为：教师听取学生发言时，可以伴随点头、侧首等头部动作，从而起到鼓励的作用；在家长会议或座谈调研中，教师听取家长意见或教师代表发言时，可以通过适时的微微点头来表示对说话者意见、看法的真诚倾听，从而起到鼓励说话者积极发言、活跃氛围的作用。

鼓励性身姿语常用的方法有：（1）学生回答问题、家长发言或与同事交谈时，教师身体应微微前倾，以示对对方说的话感兴趣，也表明教师的注意力都集中指向对方，可以增强亲切感，达到鼓励的效果。（2）俯身体态可以表示亲切、关怀的意义。当学生在学习、生活中遇到困难，心情沮丧时，教师如能够及时地俯下身去，再伴之以亲切的目光，会产生良好的效果。（3）侧身体态。侧身一般是教师在带领学生展开想象或提出问题让学生思考时使用。教师昂首、挺胸、侧身注视着前方，可以激发学生克服困难的勇气，鼓励学生勇敢地去探索解决问题的办法、途径。

[案例5-14]

一位小学生在日记中这样写道：这次我的数学考试没有考到100分。老师宣布100分的同学名字时，没有我。周围的同学都是100分，我心里很难过，不愿意和同学讲话。后来老师发现了，她弯下腰，离我很近，然后微笑着对我说："你这次是因为粗心，一题得数不对，下次做好后细心检查一遍，一定会考好的。那时候你一定会很高兴的，是吧？"说完还笑着摸摸我的头，然后我心里好受多了。我决心下次一定考100分。①

从案例中可以看出，这个小学生自尊心和进取心都很强。如果这时教师冷眼相对，或严厉训斥，必定会给学生的心理造成伤害。而教师运用鼓励性的身姿语、手势语和表情语，使学生得到了鼓励，重新获得了前进的动力。

教师在使用鼓励性身姿语时，应注意以下几点：

第一，运用头势动作时，应注意避免表意消极的头势动作。如应该少用侧头以耳直接对着学生，那样既夸张又不礼貌。对方在发表看法或表达意见或建议时，切忌过于频繁点头，否则不但不能起到鼓励的表意效果，还会使对方产生"你已经不耐烦"的感觉。

第二，运用侧首动作时，应注意面部表情的正确配合。"侧首"这一头势动作的基本含义是"关注"，具体运用时面部表情的不同会产生不同的意义。侧首而微笑，表示的是"感兴趣"，鼓励对方继续说下去的意思；侧首而带有疑惑的表情（如皱眉），则是表示怀疑的含义，没有鼓励的表意功能。

第三，运用身势动作时，应注意不同的体态动作适用的对象。如鼓励性的俯身体态更适合用于情绪易波动、性格内向的学生，可以起到安抚情绪的作用，增加其对教师的信任感，而它不适宜对上级或有一定权威地位者使用。

3. 鼓励性表情语的运用

鼓励性表情语常常以眼神鼓励和微笑鼓励为主要表达手段。在课堂教学中，教师可以在各个教学环节用眼神来鼓励学生。在授课前，教师可用坚定的、充满自信的眼神，环视每位学生，从而达到唤起学生学习的信心和勇气的作用；当教师提出问题让学生解答时，可以通过对全体学生的环视，给以鼓励的目光，鼓励每位学生思考问题、解答问题；学生回答不出教师的问题时，情绪会低落、心灰意冷，教师可以用期待专注的目光去安慰和鼓励学生，从而起到给学生以勇气和振奋，让学生更加努力学习的作用。在教育活动中，教师要用善意的目光鼓励学生主动改正错误，用期待的眼神鼓励学生向着正确积极的方向发展。

① 蒋同林，崔达送．教师语言纲要．北京：华语教学出版社，2001：342-343.

［案例5-15］

新来的语文老师真奇怪，作文课不让大家写作文，却让我们开展用白纸叠玩具的比赛。这可是同学们的拿手好戏，大家兴致勃勃地找出纸叠了起来。李老师似乎对叠纸也很感兴趣，他脸上挂着微笑，不时走来走去，看着大家手忙脚乱地叠。很快，每个人的桌上都摆上了一件纸叠的玩具。“好了。大家都叠得很好。可是老师想向你们学一学，谁能讲一讲叠纸的技巧？”“我！”我最先站了起来，接着便讲我是怎样叠青蛙的。李老师睁大眼睛，流露出很感兴趣的表情，微侧着头，认真听我讲解。看到老师这么感兴趣，我又一口气介绍了手枪、飞机的叠法，急得其他同学乱叫唤……①

上述案例中的这位李老师无疑是很懂得学生心理的，他“看着大家手忙脚乱地叠”，这种兴趣关注对学生的创造性是一种有力的激发。而听学生发言，“睁大眼睛，流露出感兴趣的表情”，这对学生更是一种极大的鼓励。经常运用这种鼓励性表情语，对于学生思维的发展及个性的形成都极有益处。

使用鼓励性的眼神应该注意：第一，双目有神。教师目光炯炯，能产生振奋对方精神的效果；教师两眼无光，会使对方感到情绪低落。第二，真诚自然。不论是对优秀表现的赞赏性的鼓励，还是对不理想表现的宽容、期待性的鼓励，眼神的真诚自然都显得十分重要。眼神只有真诚自然，对方才能受到鼓励，避免出现虚情假意的现象。第三，分配平均。尤其是在平时的课堂教学或教育活动中，教师的目光应尽量平均分配到每个学生的身上，不能有遗漏，否则不仅不能对学生起到鼓励的作用，而且还会使部分被教师目光遗漏的学生产生自卑感，导致学习情绪低落等，同时还可能使一些学生存在侥幸心理，从而懒于思考。

鼓励性的微笑是指教师通过微笑来传达鼓励性的表意功能。在教学过程中，教师通过微笑营造轻松愉快的学习氛围。学生上课没有回答出问题时，教师的微笑是一种期待性的鼓励；学生成绩进步时，教师的微笑是一种表扬性的鼓励；学生遇到了难题时，教师的微笑是一种抚慰与鞭策性的鼓励。在教育活动中，学生偶尔犯了错误，教师的微笑是一种信任与宽容性的鼓励；在家庭访问中，家长对学生教育问题犯难时，教师的微笑是一种信任与宽慰性的鼓励；在座谈调研中，与会教师因陌生、紧张、考虑不成熟、参与积极性不高等各种原因而陷入冷场、尴尬状态时，教师的微笑是一种活跃气氛性的鼓励。使用鼓励性的微笑同样需要真诚自然。只有真诚温暖的微笑才能够起到宽慰人心和鼓励的作用。（拓展资源5-16　情景训练：鼓励性副语言训练）

① 王悦.教师体态语言艺术.北京：红旗出版社，2000：112.

四、表扬性副语言

表扬是对好人、好事公开称赞的一种行为，同样是一种对人认同，激发其不断进步的外在动力。表扬性副语言是表达这种认同和动力的表现方式之一。

（一）表扬性副语言的定义及作用

表扬性副语言是教师为了对良好的品质和行为表示肯定和赞扬，以语调、手势语、表情语等来对受话人进行表扬的一种副语言行为。根据表扬性副语言的表现形式，表扬性副语言可以分为表扬性语调、表扬性手势语和表扬性表情语等三种类型。

表扬性语调是教师为了表示肯定和赞扬而采取的重音处理、强烈的语势和句调的变化等手段，其作用是提高受表扬者的积极性，让其在良好心境中不断进步。表扬性手势语是教师因表扬的需要而运用的手势动作，比如翘起拇指、鼓掌、轻拍学生肩膀、轻抚学生的头等，其作用是增强受表扬者的自信心，减少其对教师的畏惧感，增进师生的感情。表扬性表情语是教师通过自己的口、鼻、眼等器官和面部肌肉运动来表达或辅助传达某种表扬信息的一种副语言，其作用是让受表扬者在各种情况下表现出来的进步都能及时得到肯定和赞扬。

（二）表扬性副语言的运用

表扬，可以给人带来身心愉悦及鼓舞的心理感受，其目的是在肯定某一行为的同时，将积极的态度传递给更多的人。表扬性副语言的恰当运用能够优化这一行为的实施。

1. 表扬性语调的运用

表扬性语调中的重音可以使教师语言的表意更突出，褒扬、赞赏、期待和信任的感情色彩更鲜明。表扬时所使用的重音一般没有固定的位置，需要根据语境来灵活确定。教师使用表扬性的重音，应注意声音的强弱变化。只有需要突出褒扬、赞赏、期待和信任等感情色彩时，才可以增强声音的强度；不需要突出时，教师应注意适当降低声音的强度。同样，教师可以用温和、稍低沉的语调来表示对对方的宽容、信任和勉励；用较高昂、响亮的语调来表示对对方的期待、赞赏和激励，激起对方的自信和斗志。使用表扬性语调应该注意抑扬有致，时而高昂、时而低沉，这样容易凸显褒扬、赞赏、期待和信任的表达效果。表扬时的语气应根据不同学生的性格来进行选择，并且避免过于夸张。对于外向型、表现欲强的学生，宜用公开热烈的表扬，用较为热情的语气当众肯定他们的良好表现；对于敏感内向型学生，宜用委婉含蓄的表扬，通过个别表扬的方式，运用较为温和的语气来鼓励。另外，表扬性的语气要肯定，情感色彩要积极向上，形成强烈的语势。教师对全体学生要一视同仁，尤其对于后进生的优点和进步不能使用怀疑语气。

[案例5–16]

一次课上，一道难题难住了全班学生。好几位学生上黑板演算都吃了“×”。正在一筹莫展之际，一位平时成绩平平的学生举手，并说出了正确答案。教师怀疑地说："是凑出来的吧？"这位学生说不是，并把手举得更高。教师让他上黑板演算，并作解释，思路不错。这时全班学生都投以羡慕的眼光，教师却说："这回真是瞎猫碰上了死老鼠。"然后让学生坐下了。[①]

案例中这位教师没有以欣赏、信任的态度看待学生，在应表扬该学生的时候，不但没有及时表扬，反而用充满怀疑的语气挫伤了该学生的积极性，因而错失了表扬与教育的时机。

2. 表扬性手势语的运用

表扬性手势语一般以手指和手掌的表扬性手势为表达手段。常用的方式有以下几种：

第一，跷起拇指。即攥紧拳头，四指并拢，拳面向前，拇指向上挺起。跷拇指一般表示高度肯定、高度赞扬、非常优秀和十分佩服等意思。

第二，鼓掌表扬。通常表示同意、赞成、夸赞、高兴、感叹、强调等意思。这是在教育活动、课堂教学和教师的日常交际中都比较常用的一种表扬方式。在小学教育教学过程中，如果学生在回答问题时回答得全面完整，或者取得了进步，或者做了一件好事，值得其他学生学习，教师会请全班同学一起鼓掌，表示对这位学生良好行为的赞赏，这样不仅可以满足孩子渴望被肯定和重视的心理需求，还能激励其他学生产生向上的动力。

教师在运用表扬性手势语时，应注意以下几点：

第一，注意拇指朝向的不同所产生的意义差别。拇指向上挺起表示赞扬，向下则带有鄙夷的情感，应避免使用。

第二，注意手势语的复合使用。表扬时一般是伸出一只手的大拇指，感情热烈时，也会相应地把手向高处举起。有时是又“拍肩膀”又“伸大拇指”，这样做也是为了增强表现力。

第三，鼓掌要发自内心。鼓掌有时是情不自禁地，如赞同、叫好、高兴、感叹时，往往是内心激动而不由自主地鼓掌，同时说出的话往往比较简短。

第四，鼓掌要掌握力度，避免用力过猛。要注意区分鼓掌力度大小而产生的不同意义：气愤、惶急时，往往是边说话边拍，次数较多，力度、幅度也较大。鼓掌表示欢迎或感谢时，越是拍得响亮越能表示态度的热烈和真诚。

---

① 傅惠钧．教师口语艺术．杭州：浙江教育出版社，1999：251.

3. 表扬性表情语的运用

表扬性表情语一般以眼神和面部表情等为表达手段。例如，在课堂教学中，教师选择的眼神为肯定、赞许，表达的是自己对学生认真听讲，回答问题完整，或对难题有独到的理解等行为的表扬，此时学生接受到教师肯定的眼神心里会有一种被认可的满足感，这样学生的学习积极性会更加高涨。当学生取得进步时，教师选择的面部表情是微笑、扬眉、睁大眼睛甚至带有惊喜的样子，表达的是自己对学生进步的肯定、赞赏和惊喜的情感态度。表扬性表情语还经常伴随着头势动作，在学生回答问题正确时教师微笑着点头的这个动作能使学生感受到教师对自己答案的肯定和对自己的赞赏。教师在运用表扬性表情语时，应注意以下几点：

第一，眼神要真诚，传递积极的感情色彩。要善于用欣赏、鼓励的眼神发自内心地肯定学生的进步和优点，尤其对于后进生的优点和进步不能使用怀疑的眼神。要避免使用一些消极的眼神，如耷拉眼皮、眼睛下视等传递的是愧疚、窘迫、泄气和心虚等情感态度，眯眼传递的是蔑视、鄙视等情感态度，翻眼传递的是不满意、不在乎等情感态度，瞪眼传递的是气愤、责怪、否定、不相信等情感态度，这些与表扬时应有的积极向上的情感色彩是相违背的。

第二，面部表情要避免过于夸张。教师在使用表扬性表情语时，不能因为急于表达赞扬、喜爱的情感而故意面部表情夸张，应力求适当，以免产生反作用。一方面，过于夸张的面部表情显得表扬不真实、不真诚、不令人信服。另一方面，过于夸张的面部表情甚至可能会使心理尚未成熟的小学生自恃过高，忽视自己的缺点和不足，导致不能接受批评、心理承受能力差等问题的出现。（拓展资源 5–17 情景训练：表扬性副语言训练）

五、评判性副语言

评判是对人或事物进行评论性的评价或判断，其目的是指出对方的对错所在，进而认同或帮助对方修正思想和言行中的错误。评判性的言语行为是实现这一目的的重要途径和方法。

（一）评判性副语言的定义及作用

评判性副语言是教师在教育教学工作中，伴随着语言而采用语调、手势语、表情语等来对学生的学习行为或道德行为进行及时地批示和判断的一种副语言。教师的评判性副语言，可大致分为肯定性的和否定性的两种类型。由于教师在进行评判时或多或少会带有一定的感情色彩，从这个角度看，评判性副语言又有褒义的、贬义的和中性的之分。

不同类型的评判性副语言具有不同的作用：评判性语调能够通过语气和节奏变化来实现教师对学生行为的批示和判断；评判性手势语可以通过手势动作来引导学生强化其思想言行中积极的部分，帮助学生修正其错误的言行，进而促进学生发展；评判性表情语能够唤起学生对自身思想和言行中对错的认识，从而对学生的思想和言行产生积极影响。

（二）评判性副语言的运用

实际工作中，教师通常会通过语调、手势和表情来实现评判性副语言的功能。即通过语气和节奏变化、象征手势和情感手势以及面部表情等来对学生的行为进行批示和判断。

1. 评判性语调的运用

评判性语调一般以语气和节奏变化为表达手段。评判性的语气包含着教师的喜与乐、怒与哀，表现出理性、忠告、严厉、否决、肯定、赞赏和祝福等色彩。

在教育工作中，评判性语气的恰当使用，能够增强语义内容的表现力和情感性，使有声语言的表达更具感染力。

节奏，是指有声语言的徐疾、高低、长短、轻重，在一定的时间内有规律地相间交替、回环往复。常见的节奏大致有轻快型、沉稳型、舒缓型和高亢型。节奏常见的运用有：第一，一般情况下，教师进行否定性评判时，较适于用沉稳型的节奏，有时也可以用舒缓型的节奏。沉稳型节奏的特点是语速沉缓，多抑少扬，多重少轻，音强而着力，词语密度疏。教师用沉稳型节奏可以表现出话语的深刻有力、态度的郑重诚恳，多用于对学生真诚的劝告或忠告，指出学生的错误。舒缓型节奏的特点是语速较缓，语势较平衡，声音柔缓。教师用舒缓型节奏可以表现出语重心长，宽容与信任，多用于对情绪激烈、有逆反心理或性格内向、长期处于压抑状态的学生的引导和教育。第二，教师进行肯定性评判时，较适于用轻快型的节奏，有时也可以用高亢型的节奏。轻快型节奏的特点是语速较快，多扬少抑，多轻少重，声轻不着力，词语密度大，有时有跳跃感。教师用轻快型节奏可以表现对学生行为的肯定和赞扬，有利于激发学生的积极性，鼓励学生更上一层楼。高亢型节奏的特点是语速较快，多扬少抑，声音强劲而有力。教师用高亢型节奏可以激起学生的自信，激发学生的斗志，更适合用于对后进生和性格外向学生的评价。

教师在使用评判性语调时，应该注意：第一，使用否定的评判性语调时，教师要以沉稳型、舒缓型的节奏为主。因为评判的立足点是激励学生发扬优点，改正缺点。学生的上进心需要教师的肯定性评价去扶植和推进，学生的不足也可以在教师的引导下改进，学生的进步更需要在教师的宽容、信任和引导下得到提升。第二，进行否定性评判时，教师既要以沉稳型、舒缓型的语气和节奏进行冷静的分析和说理，又要以轻快型、高亢型的语气和节奏表达热情的勉励和殷切的期望。这样才容易给学生一种亲近感、爱护感，往往能收到事半功倍的效果。第三，否定性评判的副语言切忌尖酸刻薄、简单粗暴的语气。第四，用批判性语调要针对学生的个性特征，采取合适的评判方式。对于性格外向或表现欲较强的学生，可以多用较为高亢的肯定性评判语调来当众肯定他们的良好言行；对于性格内向、有逆反心理或长期处于压抑状态的学生，应该运用较为舒缓的语气来进行评判。

2. 评判性手势语的运用

教师可以根据评判和教育的需要适时选择得体的手势活动范围。上区手势可以表示肯定、赞扬和殷切的希望，活动区域一般在肩部以上；中区手势可以增加说理和教育的效果，活动区域一般在肩部至腹部之间；下区手势可以表达否定或贬义的内容和情感，手势动作最后完成时要在腰部以下的区域内。

教师常用的评判性象征手势语有：用竖起大拇指、鼓掌表示赞赏、表扬等肯定性评判；用摆手表示否定性评判，摆手一般表示打断对方的讲话，制止对方的讲话意图或行动意图，否定或否认等意义。教师常用的评判性情感手势语有：用握手表示鼓励和信任等肯定性评判；用一只手拍对方的肩膀或脊背，表示赞赏、中意、信任等肯定性评判，也可以表示劝慰、惋惜等否定性评判，具体含义需要结合语境来确定。

教师在使用评判性手势语时，应注意以下几点：

第一，避免使用容易造成负面影响的评判性手势语。有的教师使用否定性的评价时，因为副语言使用不得体而伤害了学生的自尊心和自信心。其中也许有"恨铁不成钢"的苦心，然而对于受打击的学生来说，可能会产生不良的影响。

［案例5–17］

某位教师上数学课时在教室里巡视，他特别注意的是那些成绩不好的学生。突然，他指着一个学生的作业本，手指敲得"咚咚"响，高声说："你这儿对吗，别往下写了！它们俩有联系吗？好好看看，你这儿做得不对，擦了重写！"①

这种用手指戳捣学生作业本的副语言可能是教师的率性而为，但在学生看来，教师是有意为之，一方面伤害了学生的自尊心，另一方面还可能让学生产生敌对的情绪。

第二，教师使用评判性手势语时，要辨清手势的褒贬含义。一般来说，含褒义的，也即表达肯定性的评价，手往往向上、向前、向内；而含贬义的，也即表达否定性的评价，手往往向下、向后、向外。

第三，教师要避免使用讽刺性鼓倒掌、威胁性挥动拳头、双手叉腰、对他人

① 蒋同林，崔达送．教师语言纲要．北京：华语教学出版社，2001：341．

指指点点、蔑视性伸出小指、斥责性食指点动、宣泄性以拳或掌击物等评判性手势语。需要注意的是，使用“跷拇指”这一象征性手势语一定要注意拇指、掌心和手背的方向。如果掌心向内，手背向外，拇指斜指身体外侧并晃动几下，则表示相当蔑视、侮辱的意思。这种手势语严重打击学生的自尊心和自信心，教师要避免使用。

3. 评判性表情语的运用

评判性表情语常常以眼神和微笑表达评判性的语义内容。教师在使用评判性表情语时，应该注意：第一，教师要呈现真诚的表情和友善的微笑，以营造充满关爱的课堂氛围，让学生感受到教师的殷切期盼和真切关爱。只有发自肺腑的评判才能触动学生的心，唤起他们积极向上的态度。第二，表达肯定、满意的时候，教师使用的表情语表意要鲜明，但也不可太过渲染。表达否定、不满意的时候，要避免使用一些可能会产生负面影响的表情语，比如撇嘴唇甚至是嗤之以鼻。

［案例5–18］

几天后，我们上实验课——解剖鲫鱼。我远远地站在实验室门口，一股鱼腥味直往鼻孔里钻。不少同学都拿出手绢捂住鼻子。艾老师正在水池边洗刷器皿，见我们捂着鼻子，撇了撇薄薄的嘴唇：“假干净，谁家不吃鱼？这样子怎么解剖？把手放下来！”我愣了愣，把手绢从嘴上移开，可向四周一看，并没有人“响应号召”，于是又把嘴捂住。

艾老师来气了，左手叉着腰，右手拿着解剖剪，剪尖直指向我们：“喂！你们听到没有？哼！吃鱼时要这么斯文就好了！我发现你们这些年轻人就这样儿，好像多干净！遇到清洁工，远远地捂着鼻子。嗨，有能耐你们别制造垃圾！”①

上述案例中，撇嘴这样的表情语在一定程度上是会影响教师形象的，“叉腰”“用剪尖指人”这样的副语言行为更加有损教师的风度，无形中也会对学生心理造成伤害。（拓展资源5–18　情景训练：评判性副语言训练）

六、沟通性副语言

沟通是师生情感的基石，是完成教育教学活动的基本手段和途径。人类区别于动物的一个重要特征就是对语言的创造和使用，这也使得人类的沟通成为可

① 欧阳科谕，胡显银．中国初中生作文精品廊．北京：中国少年儿童出版社，1999：39.

能。语言是人类最重要的沟通工具，副语言作为语言工具的一种，同样是沟通中不可缺少的交际工具。

（一）沟通性副语言的定义及作用

沟通性副语言就是教师在教育教学及其他日常工作交际中，以表情语、手势语和空间语与学生、家长、同事、领导以及社区等建立联系、进行沟通的一种副语言。根据沟通性副语言的表现形式，沟通性副语言可以分为沟通性表情语、沟通性手势语和沟通性空间语等三种类型。

沟通性表情语是通过眼神观察内心世界，与学生、家长或同事进行心理、感情的沟通；沟通性手势语是教师因心理、感情沟通的需要而运用的手势动作。沟通性表情语和手势语的作用是沟通感情，化解矛盾，拉近距离。沟通性空间语是教师在教育教学工作和日常交际中利用空间距离和身体指向来与对方进行心理、感情的沟通，表达某种信息的一种副语言，其作用是通过适当、得体的空间距离强化表意功能，获得有效沟通。沟通性空间语在沟通中的作用不容小觑，空间间隔过大或过小，都会导致对方产生一种排斥心理，这种心理会削弱甚至破坏沟通的效果。

（二）沟通性副语言的运用

沟通是人与人之间的思想、情感、认知交流的过程，沟通性副语言的运用因表达方式的不同，所产生的效果也会有很大的差异。

1. 沟通性表情语的运用

沟通性表情语一般以目光和微笑等为表达手段。沟通性的目光语是指教师通过目光的变化来实现沟通性的表意功能。例如，在课堂听取学生发言、在思想教育活动中倾听学生想法、在家长会和家访中倾听家长意见、在座谈调研活动中聆听与会者看法等场合时，教师选择的目光为自下而上注视对方，一般有“询问”的意味，表示“我愿意听你讲下一句”，也可以表示“我在注意听你讲话”；教师头部微微倾斜，目光注视对方，一般表示“哦，原来是这样”。下面的案例是一个学生对教师目光所传递信息的内心感受。

［案例5–19］

“起来！”我的第六感觉告诉我：隋老师在叫我！我忙站了起来，揉了揉发花的眼睛。此时他正恶狠狠地盯着我。我不敢再看，不由得低下了头。“要抓紧时间啊！”他的语调变了，我抬起头，发现这次他的目光中充满了惋惜，充满了严厉，多像我父亲的目光啊！

晚自习，班级里安静极了。忽然耳边传来一阵皮鞋声。我抬头一看，天哪！是隋老师，我立刻打了一个冷战。“跟我来！”于是我被他“拎”到了办公室。“坐！”他笑着对我说。……我无意中又看了一眼他的眼睛，我惊奇地发现他的目光中竟充满了慈爱。……“另外，我想让你担任临时团支部组织委员，怎么样？”我刚想说“不行”，一抬头，我又看见了他的目光，饱含着期待和鼓励，仿佛在说：“你能行！”我又把想说的话咽了回去。

……结果，在我的主持下，团会非常成功，此时我看到隋老师又向我注视着，那目光中充满了喜悦和兴奋，我心头不由一热。[①]

案例中隋老师目光语的沟通功能强大而丰富，在学生的心里那是教师全部的心灵语言：批评时如“父亲的目光”般充满“惋惜”与“严厉”，鼓励时的“期待”与“慈爱”，赞赏时的“喜悦”与“兴奋”。

沟通性的眼神根据目光停留于对象的不同区域，一般以亲密注视和社交注视为主要表达手段。亲密注视是将视线停留在对方两眼与胸部之间的倒三角区，以及在两眼与腹部之间的倒三角区；社交注视是将视线停留在对方双眼与嘴部之间的倒三角区，这是社交场合最常见的视线交流的位置。目光射出的角度不同，可以表达不同的意义。例如，在群体沟通过程中，教师应该多使用环视，可表示关注所有听众；在进行个别沟通时，教师应该注视对方，表示对对方的尊重和关注。从学生年龄角度来看，越是年龄小的学生，越需要运用亲密注视，以给学生一种教师如慈祥的父母的感觉，这样更有利于开展教育教学工作。

教师在使用沟通性目光语时，应注意以下几点：

第一，说话时目光不应呆滞，不能木然地盯着一个地方不动，要使眼神具有与所表达的内容同步发展的喜怒哀乐的变化。此外，当对方提问时，要以亲切、鼓励的目光看着对方，而不要将目光移向其他地方。

第二，目光要流露出真诚，让接受者感受到真情。需要特别注意的是在运用亲密注视时，必须发自内心，要表现自己真诚的态度，避免矫揉造作、故作亲密；要特别注意对方的年龄和性别，对于年龄较大的学生和成年人中的异性，不宜采取亲密注视行为。

第三，需要避免的目光语有：目光四处游离，那会使对方感到你心不在焉；教师在倾听时，眼睛表现得无精打采，那会使对方认为你对谈话内容不感兴趣；每隔几秒钟就看一下手表，那会传达出催促、不耐烦的意思，是希望对方结束谈话的暗示；斜视对方，那会使人觉得你居高临下，有失沟通的平等性。

沟通性的微笑是指教师通过微笑来达到沟通性的表意功能。在课堂教学和思想教育中，教师的微笑是一种信任、鼓励与宽容；在家庭访问时，教师的微笑是相互理解的桥梁；与同事相处或联络社区时，教师的微笑是融洽相处的润滑剂；与领导接触或座谈调研时，教师的微笑是拉近距离的纽带。教师在使用沟通性表情语时，应该注意：第一，微笑可以表示拒绝回答（不值得回答，不便于回答，

① 欧阳科谕，胡显银. 中国初中生作文精品廊. 北京：中国少年儿童出版社，1999：106.

不想参与讨论和回答等），因此，微笑作为一种辅助性的表意手段，在沟通的过程中，不宜单独使用。例如，当学生提出问题后，教师给他一个长时间的微笑而不及时开口，就难免会使学生产生疑惑，不知道你究竟是什么意思。第二，微笑应当是真诚的、发自内心的，切忌假笑。

2. 沟通性手势语的运用

在进行沟通时，教师应多用中区手势，中区为肩部到腰部的手势语，表示坦诚、和气等意义，教师运用中区手势可以产生亲切感，缓和并化解紧张气氛，消除双方心理隔膜。沟通性手势语的运用方式有：（1）十指交叉的手指动作。谈话时，教师将十指交叉，表示对对方谈话内容感兴趣；（2）掌心向上的手掌动作。教师掌心向上，并向前稍许伸出，表示自己的诚恳和可以被信任。（3）使用情感手势语动作，如对学生表示赞赏、信任或鼓励，教师可与学生握手，用手轻摸学生的头或轻拍学生的肩膀。这种沟通方式常常显示出它巨大的教育力量。

教师在运用沟通性手势语时，应注意以下几点：

第一，教师不宜有过多的手势变换，且活动范围宜小不宜大。在沟通的过程中如果手势语运用不当，难免会使对方产生一种压迫感，破坏了自由宽松的沟通氛围。如果教师需要配合内容即兴辅以一些手势动作，那么其幅度一般只在胸前部位即可，宜小不宜大，宜少不宜多。

第二，手势语的运用要注意沟通对象的身份、辈分和地位。在与学生沟通时，教师可以做出拍拍学生的肩膀、摸摸学生的头等动作，以调节气氛，放松学生的心情；但与年岁大的、辈分高或地位高的人进行沟通时，则不宜向对方施以同样的动作，因为那意味着对对方的不尊重。

第三，注意手势语方面的忌讳。抓耳挠腮，指手画脚地讲话，或者手指直指对方面部，说话时下意识地摸后脑勺，毫无掩饰地挖鼻孔等，都是与对方沟通时需要避免的动作。另外，教师与他人谈话时，应尽量避免出现将手背在身后的动作。

3. 沟通性空间语的运用

沟通性空间语一般以空间距离和身体指向等为表达手段。沟通性空间距离要视双方的关系和沟通的内容而定。常用的方法有：（1）在与学生进行沟通时，教师走下讲台，教师和学生的个人空间就产生了交合或靠近，教师个人空间急剧缩小，这样会使学生感到亲切；（2）在与群体进行沟通时，如家长会、与社区沟通、座谈调研、演讲报告等，有时往往会形成教师一人在台上讲，众人在下面听的报告式格局，这时教师可以走下台来，通过缩小空间距离，力求形成朋友谈心式的融洽气氛。

沟通性身体指向是指教师通过调整自己对着对方的角度、方向以达到期望的沟通效果。常用的方法有：（1）面对面的指向。教师与交际对象面对面，表示他们之间的交流是持续的，不愿被打断的。（2）肩并肩的指向。进行沟通的两个人平行面向一个方向，表示两人之间关系融洽。同事之间常常可以出现这样的身体指向。师生之间出现这样的身体指向，一般是师生共同参与娱乐活动，或者教师与学生一边走，一边探讨话题或布置任务。

教师在使用沟通性空间语时应注意以下几点：

第一，教师应该尽量避免使自己处于“居高临下”的状态。如果教师距离沟通对象较远，如远远地站在讲台上，教师的个人空间比较大，容易建立起教师的权威，也会产生与沟通对象疏远的感觉，这一般是适用于需要强化震慑力的场合，比如向学生宣布某项决定，而不适用于宽松自由的沟通氛围。当双方之间有明显的界线（如台上、台下或桌子相隔），那么教师也不宜过久地仰靠在椅背上说话，那会使沟通双方产生心理距离。这时教师最好是将双臂置于桌上，上身微微前倾，以拉近距离。

第二，避免背对背的身体指向。这样的身体指向一般含有否定性的含义，教师在与对方进行沟通时应尽量避免这一动作，以免造成对方心理上的压力，影响双方沟通的顺利进行。

第三，若因沟通感情、化解矛盾等需要，要与对方保持亲密距离或要有一定的身体接触，比如拥抱、抚背等，应以感情交流作为基础，否则对方会感到教师侵犯了他的个人空间而觉得不自在。一般来说，在幼儿园、小学和初中阶段，教师使用较为亲密的沟通性空间语比较有效，因为这些年龄段的学生比较情绪化，尤其是对性格内向的学生来说，使用较为亲密的沟通性空间语比较容易达到沟通效果。（拓展资源5–19　情景训练：沟通性副语言训练　拓展资源5–20　实践指导：沟通性副语言常见问题及解决方法）

【本章小结】

本章对小学教师副语言进行界定，即辅助有声语言实现交际目的、完成交际任务的语调、身姿、手势、表情、仪表、空间等。小学教师副语言分为语调、身姿语、手势语、表情语、仪表语、空间语六种类型。小学教师副语言具有辅助性、直观性和真实性特点。

本章探讨了小学教师在运用副语言时需要遵循的语用原则，即辅助性原则、准确性原则和得体性原则。辅助性原则要求符合不同课程的学科特点及要求，注意辨识具有多义性的副语言；准确性原则要求副语言所表达的内容、情感要与语境相符；得体性原则要求副语言的使用要适宜、简练、灵活。

本章对小学教师副语言的表意功能类型与运用进行了介绍和分析。按照其表意功能，分为强调性副语言、提醒性副语言、鼓励性副语言、表扬性副语言、批判性副语言、沟通性副语言六种类型，并翔实地介绍了每种副语言运用时的具体要求。

【理解·反思·探究】

1. 小学教师副语言有哪些特点及作用？请举例说明。
2. 小学教师在运用副语言时应遵循哪些原则？这些原则的具体内容是什么？
3. 具有不同表意功能的副语言在具体运用时有什么不同？
4. 评判性副语言的运用应该注意哪些问题？
5. 沟通性空间语的运用方法和注意事项有哪些？

【做中学】

1. 请以4 ~ 8人为一个小组，观看一堂小学教师授课实录，对授课教师的副语言运用进行分析，并提出相应的改进建议。

2. 一位语文教师上课时十分有激情，讲到动情的地方捶胸顿足、手舞足蹈，一会儿声嘶力竭、全身抖动，一会儿上蹿下跳，在教室里频繁走动。请你说出这位教师在使用副语言时，违背了哪些语用原则。

3. 有的教师认为副语言在交际过程中并不起重要的作用，不用学习和探究。请你收集一些不规范的小学教师副语言运用案例，对其进行深入分析并得出结论。

第六章

小学教育教学中的常见口语语病探源

要点提示

本章主要让学生了解小学教育教学中常见口语语病的主要类型及其生成原因，掌握预防和避免小学教育教学中的常见口语语病的技能。

学习目标

知识目标：

- 了解小学教育教学中常见的口语语病类型。
- 理解小学教育教学中常见的口语语病形成的原因。

能力目标：

- 能根据具体案例分析小学教育教学中常见的口语语病的类型。
- 能根据具体情况分析小学教育教学中常见的口语语病的原因。
- 能在小学教育教学实践中避免出现类似的口语语病。

在小学教育教学活动中，教师的口语一端联系着教育教学内容的落实，一端联系着学生的接受和认知效果，教师口语运用得正确及适当与否，决定了教育教学效果的好坏。小学阶段是儿童学习语言的关键时期，小学教师的教学口语水平不仅会影响到教育教学的质量和效率，而且会影响小学生语言能力的培养。教师能规范、正确地使用口语，不但会给教学增添无穷的魅力，而且会使学生终身受益。反之，如果小学教师在教育教学口语中出现口语语病，不仅会使教育教学丧失原有的价值，还会直接影响小学生的口语运用能力。因此，小学教师应该不断提高口语运用能力，消除口语语病，规范地运用教育和教学口语。（拓展资源6-1 争鸣与讨论：针对教育教学中语用失误的出现，有人认为应加强口语方面的训练，有人认为还要加强思维训练。你同意这些观点吗？为什么？）

第一节 课堂教学中常见口语语病及其原因

小王是一名实习生，他试讲《看云识天气》这篇课文时，是这样导入的：“同学们，今天我们上《看云识天气》。俗话说：‘天有不测风云。’天上的云会给我们一些启示，我们就来测一测天上的风云吧！”学生们一头雾水，不明白教师要表达什么意思。

小王老师的导入语过简，句子间又缺乏必要的关联性，使得课文导入不成功。在小学课堂教学中，教师的教学口语运用是否妥当，会直接影响课堂教学的效果。本节将介绍小学课堂教学中常见的口语语病的类型及其原因。

美国语言学家格赖斯认为，人们在言语交际中应本着合作的态度，谈话双方相互配合，使话语能被理解，交际更为顺利。

小学课堂教学是一种言语交际活动。在这一特定的交际语境中，作为教师，更应该本着合作的态度，引导学生参与对话，进行教与学的合作。教师的课堂口语就是引导学生进行对话与合作的媒介，教师正确适当地使用教学口语，来传授教学内容，组织课堂教学，启发学生思考，鼓励学生参与对话，激发学生情感，陶冶学生情操。

在小学课堂教学中，如果教师不注重口语运用，就可能出现不同类型的口语语病。这些口语语病不能很好地引导学生进行学习探究，甚至会阻碍学生参与学习活动。

一、小学课堂教学中常见的口语语病

口语语病有一些与书面语中的语病是相同的，比如搭配不当、语序不当、缺少成分、成分多余、结构杂糅等。本节借鉴语用学理论中的合作原则，对小学课堂教学中的常见口语语病进行分类，如表6-1所示。

表6-1 小学课堂教学中常见口语语病分类表

语病分类	语病症状	语病性质
传递信息有误	临时性口误	违反质的准则
	固有性口误	
信息量控制不当	过简	违反量的准则
	累赘	
关联性把握不当	分散	违反关系准则
	断裂	
方式运用不当	含混	违反方式准则
	重复	
	急速	
	缓慢	

（一）传递信息有误——违反质的准则

质的准则指说话人应努力使自己所说的话是真实的，不要说自知是虚假的话或缺乏足够证据的话。小学课堂教学中，传递的信息一定要保证是正确的。如果传递的信息有误，那就违反了质的准则，出现“口误”这一口语语病。

所谓口误，指在课堂教学中，教师的话语表述出现错误的口语语病现象。口误有两种形式：一种是教师在教学中临时产生的口误，一种是由于教师本身知识储备有误而产生的固有性口误。

临时性口误在生活中很常见，但在交际过程中不会产生较大的交际障碍，因为听话人在头脑里有一套期望交际装置和自动纠错机制，即使说话人表达有误，听话人也能按自己的期望进行理解。在小学课堂教学中，由于交谈的内容是知识性的，小学生对口误的鉴别能力也有限，所以，教师应该尽量减少口语中的口误。如果出现口误，应该及时纠正。

由于教师本身的知识储备有误而产生的固有性口误，在小学课堂教学中也偶有发生。小学教师应该认真备课，以严谨负责的态度对待每一节课、每一个知识点，才能在课堂教学中避免这类口误的出现。

［例1］

教师：同学们，今天我们学习一篇神话《盘古开天地》。说到神话，大家都不陌生，比如我们很熟悉的《女娲补人》《后羿射日》，等等。

学生（举手）：老师，应该是“女娲补天”。

教师：哦，对不起，老师刚才口误了。刘翔飞说得对，应该是女娲补天。看看，我们同学听得多仔细呀！

例1中的语病属于临时性口误。教师原本想说“女娲补天”或“女娲造人”，但是发生口误，说成了“女娲补人”。

［例2］

教师：同学们，今天我们帮助小白兔分了萝卜，还帮助小松鼠算了松果，在帮助它们的过程中，我们知道了一条数学法则。这条法则是什么？

学生1：被减数不变，减数越来越大，差就越来越大。

教师：对，这位同学掌握得很好。

学生2：不对，老师，应该是“被减数不变，减数越来越大，差反而越来越小”。

例2中，对学生1的错误回答，教师没有及时发现，还给予了肯定评价，产生口误。这属于临时性口误。

［例3］

教师（泛读课文）：当地居民恨透了狼。他们组成了狩猎队，到森林中捕杀狼。

学生（举手）：老师，“狩猎队”的“狩”应该读第四声，书上有拼音。

教师（不好意思）：哦？在哪里？……嗯，对的，这个字（板书“狩”），老师刚才读成了第三声shǒu，错了，应该读第四声shòu（板书）。王逸晨同学纠正得很及时，说明他预习非常认真，谢谢他帮助老师纠正了一个错误。来，我们一起读一遍。

例3中的语病属于固有性口误。由于教师备课不够认真，加上既有的知识储备缺乏，将“狩”的发音读错了。

（二）信息量控制不当——违反量的准则

量的准则指说话人应提供适当的信息量，所说的话应包含交谈目的所需要的信息，但不能超出需要的信息。在小学课堂教学中，教师应根据学生情况及教学目标，控制好对话的信息量。如果信息量控制不当，就违反了量的准则，出现过简和累赘两种口语语病。

1. 过简

所谓过简，指在课堂教学中，教师的表述过于简略，话语中缺少必要的信息量的口语语病现象。过简会导致学生难以准确理解教师的话，从而无法有效地与教师进行对话与合作。

在小学课堂教学中，教师不能为了求简而省略有用的话语信息，不能为了追求语言简洁而一概否定言谈中的重复现象。有时言谈中特意重复某个词语或某个句子，是为了突出和强调。

［例1］

教师：现在，我们来做几道题目。大家看黑板。

1. 24÷12=

2.（24×4）÷（12×4）=

3.（24÷4）÷（12÷4）=

学生：老师，做好了。商都是2。

教师：对的。为什么？

学生：算出来的结果就是这样。

教师：我的意思是，你是怎么算出来的？

学生：根据除法的计算法则算出来的。

教师：不是，我想说，你们通过做这几道题，说一说在什么情况下商不会变？

学生：就是被除数和除数都乘以或除以一个相同的数的时候。

例1中教师的话语过简，他本人以为提问非常明确，但是学生却未理出头绪，不知所云，导致前面两次提问都以失败告终。第三次提问时，教师调整了自己的表述，结合语境，明确了提问的目的，给出了相应的信息量，最终让学生明白了教师的意图。

［例2］

教师：同学们，今天我们学习了《摇篮曲》，现在我再放一遍曲子给大家听。大家闭上眼睛，一边听音乐，一边想象妈妈是怎样摇着摇篮哄孩子睡觉的。

（学生听完曲子。）

教师：这首曲子很温馨、很优美。大家回去可以和妈妈一起唱。

这是一位音乐教师的一节音乐课的结课语。在课程快要结束时，他创设了一个“闭上眼睛，一边听曲子，一边想象”的情境，运用了情境式结课语的方法，还是用了一番心思。但是，这位教师语言过于简短，对学生的想象缺乏一些具体的提示，语言略显空洞，使得学生对曲子“温馨、优美”的艺术风格体会不深。

［例3］

教师：大家欣赏一下这幅画，这是罗中立的油画《父亲》。看看，有什么想法？

学生1：老师，这是一位农民父亲。

学生2：老师，这位父亲生活一定很辛苦。

学生3：老师，如果一位是富翁爸爸，一位是农民爸爸，你选谁做爸爸？

（学生们哈哈大笑。）

教师：你的父亲是可以自己选择的吗？

学生3（低下头，不好意思）：不能。

教师：大家不要胡思乱想，认真观察这幅画。

这是一位六年级的美术教师上课时的启发语。但是，对于小学生来说，这个突如其来的选谁做爸爸的问题，教师的回答过于简单，只是让学生知道了父亲不可由自己选择的道理，并未进一步说明。如果教师针对这一问题，进行深入的启发，对于学生理解这幅油画的意义会有帮助。比如，教师可以这样说："一位富翁爸爸，一位农民爸爸，从金钱的角度来说，可能无法比较，但是他们对于子女的爱却无法用金钱来衡量。一位富翁爸爸，给孩子的也许只有钱；而一位农民爸爸，给孩子的，可能更多是爱。你们看这幅油画中的农民父亲，他的这双大手，青筋密布，骨节隆起，虽然粗糙得像干枯的树皮，却有着无限的力量。它曾高高地将自己的孩子托在肩头，它也曾紧紧将孩子抱在怀里。我们难道会因为父亲是农民而不爱自己的父亲吗？"（拓展资源6-2　争鸣与讨论：有人认为教学语言表达要简洁，有人认为教学语言要对知识点反复突出。你同意这些观点吗？为什么？）

2. 累赘

所谓累赘，指在课堂教学中，教师的表述过于冗余，话语中出现多余信息的口语语病现象。这些多余信息会介入话语意义的表达，对学生准确理解教师的话语造成干扰。

美国著名作家马克·吐温最头疼冗长的演说。据说，一次他在教堂里听牧师演讲，开头十分钟，他听得津津有味，感到很有震撼力，准备在捐献时倾其所有；过了十分钟，牧师还没讲完，于是他改变主意，只准备捐献一些零钱；又过了十分钟，牧师还没讲完，他决定一分钱也不捐了。结果等牧师讲完后，他不但没捐钱，反而从盘子里拿出两元钱。这是对话语累赘冗长的最好讽刺。在小学课堂教学中，教师的语言应该简洁明晰，当知识点讲授清楚之后，可以多启发学生提问、发言，把话语权适当交给学生，从而引导学生参与到对话与合作中来。

［例1］

教师：同学们，这节课，你们都带来了这个自己采集的这个植物的种子，观察了这个植物的种子的不同的形态，还了解了这个不同植物传播种子的这个不同的方法。今天，大家回去以后，这个找一个瓶子，装上一些土，然后，把你们采集的这个植物的种子啊，放进去，等待它们发芽吧！

例1是一位小学科学课教师在上完"植物的种子"一课时做的结课语，教师过多地使用了“这个”词语，超出了正常交际所需要的信息量，成为干扰信息。

［例2］

教师：同学们，你们觉得，在生活中，你什么时候感到很幸福?

学生1：我过生日，得到生日礼物的时候。

学生2：放假后，我和爸爸妈妈出门旅游的时候。

学生3：我和小朋友一起玩电脑游戏的时候。

教师：哦，你们幸福的时候都不一样啊。有的同学的话呢，是得到生日礼物的时候最幸福；有的同学的话呢，是出门旅游的时候最幸福；有的同学的话呢，是玩电脑游戏的时候最幸福。这些都是得到了一些东西，得到了享受而感到的幸福。但是老师的话呢，觉得幸福的话呢，不仅仅是得到享受的时候，有时候付出和奉献的时候也会很幸福。今天的话呢，我们就来认识三个小男孩，看看他们觉得的“幸福”是什么。

例2是一位小学语文教师讲授《幸福是什么》这篇课文的导课语。教师过多使用了“的话呢”这一话把儿，阻碍了话语信息的正常传递，加重了学生理解话语的负担，严重干扰了学生对话语意义的理解。

［例3］

在教学“退位减法”时，像“1000−463＝　”这样的题目，对学生来说是个难点，为了突破这一难点，教师是这样叙述的：

今天，数学王国来了一家人，这家人十分有趣。“零小弟”是个穷光蛋，减“三”不够，向“十叔叔”借钱；“十叔叔”也是个穷光蛋，可是他乐于助人，于是帮“零小弟”向“百伯伯”借；“百伯伯”还是个穷光蛋，他也很热情，于是帮“零小弟”向“千爷爷”借。“千爷爷”把仅有的一千元钱借给了“百伯伯”，“百伯伯”马上把它换成了十个“一百”，自己留了九个，拿出一个借给“十叔叔”，“十叔叔”又把它换成十个“十”，自己留了九个，拿出一个借给“零小弟”，“零小弟”欢天喜地，马上用借来的十减三……

这位数学教师考虑到了学生的年龄特征，尽量用拟人化的手法使语言生动形象。可是，教师没有讲明白“退位减法”的基本法则，学生自然也弄不明白其中的道理。这样过分追求文辞生动，不注重把法则讲授清楚的做法，只会徒增无用的冗余信息，反而弄巧成拙。

（三）关联性把握不当——违反关系准则

关系准则指说话人所说的话语应该与交际目的相关，在小学课堂教学中，教师应根据教学内容和语境，把握好对话内容的关联性。如果关联性把握不当，就违反了关系准则，出现分散和断裂两种口语语病。

1. 分散

所谓分散，指在课堂教学中，教师的表述不集中，不能围绕话题中心，而是东拉西扯、漫无目的地延伸的口语语病现象。分散会导致学生难以理解话语，从而无法有效地进行对话与合作。

唐代杜牧曾说：“苟意不先立，止以文采词句绕前捧后，是言愈多而理愈乱。”意思是说写文章前，主旨尚不明确就匆忙下笔，结果造成言多而理乱的后果。同样，在小学课堂教学中，教师如果对教学目标和教学重点不够了解，也就会导致话语分散，出现无的放矢的情况。

［例1］

教师：大家看看，对《枫桥夜泊》这首诗，还有什么问题吗？

学生：老师，为什么张继要发愁呢？

教师：因为张继没有考上功名。张继生活在唐代，唐代实行科举考试制度来选择官吏，读书人辛辛苦苦读书，就是为了考取功名，当上大官，光宗耀祖。我们现在也是一样，你们从小在教室里学习，就是为了以后考上好的大学。这样，才不枉费父母的一片苦心。

例1是一个小学语文课堂教学案例。当学生提出问题时，教师没有紧紧围绕“张继为何要发愁”这一话题来回答，而是从张继没有考上功名，说到唐代的科举考试制度，再说到当今学生的读书目的，一扯开话题就收不回来，最终没有很好地解答学生的问题。

［例2］

教师：我们已经学过20以内的加减法了，现在，请同学们动一下脑筋，做一下这道题。

（教师在PPT上出示一道题：2、4、□、8、□）

学生（举手）：第一个框内是6，第二个框内是10。

教师：对了。这道题目很简单，这就是找规律来填数字。我们生活中有很多规律，大家要善于发现。

例2是小学数学课堂教学中的一个案例。教师出示题目，学生回答正确后，教师未紧紧围绕题目进行讲解，帮助学生认识其中的规律，而直接跳到数学规律甚至生活规律，使得话题分散，表意不集中。

2. 断裂

所谓断裂，指在课堂教学中，教师的表述不连贯，一句话还没说完就进入下一句话，或者一个话题还未说完就进入下一个话题的口语语病现象。断裂会导致学生不能完整地理解话语意义，无法有效地参与对话与合作。

［例1］

教师：庐山的云雾有哪些特点？

学生：千姿百态、瞬息万变。

教师：是的，这些云雾千姿百态……我去过庐山，那天刚好天阴……庐山的云雾真的非常漂亮，以后大家可以去看看。

例1中教师的话语出现断裂。句子是语言交际的基本单位，它能表达相对完整的意义。而这位教师先说“这些姿态”这一话题，之后没有陈述和评价，下一句就转到自己去庐山的经历和印象，然后又转到庐山的云雾。三句话之间的跳跃太大，关联度不够，让学生不能很好地理解话语。

［例2］

教师：你们手中的叶子都是什么样子的？

学生：有各种各样的颜色，有绿的、黄的、红的，还有紫色的。

学生：叶子的形状不一样，有的是圆形的，还有的是椭圆形的、扇形的。

学生：叶子的大小也有区别，有的叶子很大，有的叶子很小。

教师：对。这些叶子的边缘，有的有锯齿，有的没有锯齿。这些叶子有没有共同之处呢？

学生：它们都属于植物。

学生：它们都不能繁衍后代。

教师：你们观察一下，这些叶子的中间是不是都有一根叶脉？这就是我们今天要学习的叶子的叶脉。

例2是一节科学课的提问语。教师在组织学生对植物的叶子进行观察后进行第一次提问，围绕第一个话题“叶子是什么样子的”，学生反应很活跃。但是，教师对第一个话题没有做出及时的评价，然后引入第二个话题“这些叶子的边缘”，还没等学生有所反馈，就进入了第三个话题“这些叶子的共同之处”，但学生回答后，教师仍没有评价，又进入第四个话题“叶子的叶脉”。教师在三次发言中，先后引入了四个话题，对前一个话题未进行总结、评价就匆匆进入下一个话题，使得话语断裂，影响学生的理解。

（四）方式运用不当——违反方式准则

方式准则指说话人应该清楚、明白地说出要说的话，在表达方式上要尽量避免晦涩、啰唆。在小学课堂教学中，教师应根据教学内容，适当运用对话交流的方式。课堂教学中，教师一人说话，有几十位学生听众，每位学生的倾听状态是不一样的，教师应该适当运用对话方式，保证自己的话语能够清晰地传递给学生。如果说话方式运用不当，违反了方式准则，就会出现含混、重复、急速、缓慢四种口语语病。

1. 含混

所谓含混，指在课堂教学中，教师的发声功能正常，却吐字含混不清的口语语病现象。有些教师在运用课堂教学口语时，出现“吃字”“倒字”“丢音”等口齿不清的现象，违反了方式准则中“要清楚明白”的基本要求，会使学生听不清楚，从而导致理解不畅。

造成语音含混不清的因素主要有四个方面：第一是出字无力。出字是指声母和韵头的发音过程，有些教师发音时唇舌无力，字头不清晰，使整个字音松散。第二是立字不稳。立字是指韵腹的发音过程，有些教师发音时对主要元音的舌位、唇形控制不当，使整个字音不能立稳。第三是归音不到位。归音是指音节韵尾的发音过程，有些教师发音时归音不到位，甚至没有归音，出现丢音等现象。第四是声调幅度过小。汉语普通话四声调值不同，有着高低升降的变化，有些教师发音时调值变化幅度过小，会使音节与音节的区分度小，整段语流呈现含混不清的现象。

2. 重复

所谓重复，指在课堂教学中，教师经常重复已经说完了的前一句话的口语语病现象。有些教师在课堂教学中，习惯性地总要重复前一句话，这种重复是一种下意识行为，是一种无效的话语，造成语言啰唆，不够简练，违反了方式准则中“要简洁”的基本要求。

[例1]

教师：这就是我们今天要学习的，学习一个重要概念“角”，“角”。角是由一个顶点和两条边，两条边，构成的图形。角的大小与边的长短无关，无关，与角张开的，角张开的，大小有关。

例1是一位小学数学教师在讲析“角”这一个概念时的讲析语。对于数学概念的讲析，教师应使用简明清晰的语言，而这位教师却多次重复，使得话语表达不简明，影响学生对这一概念的认知。

[例2]

教师（用PPT展示跳舞草的图片）：大家见过这种草吗？

学生：好像见过，是不是跳舞草？

教师：对。它为什么叫跳舞草呢？

学生：因为它听到音乐就会跳舞。

教师：那你知道跳舞草为什么会跳舞吗？

学生1：因为它的神经很敏感。

学生2：因为它有特殊的感觉。

教师：其实，这是跳舞草这种植物受到刺激后，跳舞草自我保护的一种表现。音乐响起来的时候，跳舞草会感觉到声波的振动，跳舞草的叶子表面有一种特殊的细胞，跳舞草的这种细胞会感觉到音乐的振动，然后跳舞草就释放出特殊的激素，造成跳舞草细胞内部的液泡液压上升或下降，跳舞草的叶子就会收缩或展开，看起来就像是跳舞草在跳舞。

例2是一位小学科学教师在分析跳舞草为何会“跳舞”时的一段话。这位教师在短短一百多字的讲解中，重复了9次“跳舞草”，造成话语表达啰唆。（拓展

资源6–3 案例分析：案例中这位教师的教学口语有什么语病，是什么原因导致的？如果是你，你会怎么说？）

作为口语语病的重复应与强调性重复加以区别。在课堂教学中，由于口语转瞬即逝的特点，教师有时需要采用重复的方式对一些关键性的词语或句子加以强调，以加深学生对这些关键性词句的理解和记忆，这种强调性重复是一种有目的、有意识的重复，在教学中运用广泛。

3. 急速

所谓急速，指在课堂教学中，教师说话节奏过快的口语语病现象。有些教师由于性子急，或者心理紧张，在课堂教学中，说话节奏特别快，这种现象违反了方式准则中“井井有条”的基本要求。“井井有条”不仅要求说话者的表达要条理清楚、层次分明，还应该让听话者的理解做到条理清楚、层次分明。课堂教学中的急速现象，使学生在聆听和理解时感到吃力，思维跟不上教师的语言表达，理解上出现困难。

[案例6–1]

教师：刚才大家读了一遍这首诗。现在，我来解释一下这首诗的意思。“爆竹声中一岁除，春风送暖入屠苏。”这句诗中，“一岁除”指“一年过去了”，“东风”指春风，“ 屠苏”指屠苏草泡的一种酒。全句诗的意思是：在爆竹声中，一年又过去了，春风把暖气都吹到屠苏酒里了。“千门万户曈曈日，总把新桃换旧符。”这句中，“曈曈”指阳光灿烂；“新桃”和“旧符”指新的桃符和旧的桃符，桃符是过年时贴在门上的门神。全句诗的意思是：灿烂的阳光照耀着千家万户，大家都取下旧的桃符，换上新的桃符。这首诗描写了春节热闹、欢乐和万象更新的动人景象。现在大家再来读一下这首诗。

这是一位小学语文教师讲授《元日》的讲析语。在讲解诗句的内涵时，这位教师讲得太快，学生还来不及理解个别词语的意思，教师就将全首诗的意思以及主旨讲完了，学生学习就会感到很吃力。

作为口语语病的急速应与教学口语中的轻重缓急加以区别。在课堂教学中，教师的教学口语常常会出现快慢、强弱的语流变化，当表达激烈、兴奋、紧张等情绪时，语言节奏就相对要快一些。而急速的语病现象则表现为不分任何语境，节奏一直很快。

4. 缓慢

所谓缓慢，指在课堂教学中，教师说话节奏过慢的口语语病现象。有些教师在课堂教学中，说话节奏特别慢，每句话都拉得很长，或者语句之间的停顿时间过长。课堂教学中的缓慢现象，使学生在聆听和理解时感到乏味，思维远远快于教师的语言表达，理解上空出许多时间，难免思想走神儿、注意力不集中。

［案例6–2］

这节课，——我们——学习了——分数的基本——性质，即——分数的分子——和分母——都乘以——或除以——相同的数——，0——除外——，分数的——大小——不变。

这是——学习分数——和其他——相关知识的——重要——基础。——我们——在学习——数学知识——的同时，——还学会了——一种——观察事物，——分析问题——的方法，——这——就使——我们——在变化的——数学现象——中——看到了——不变的——实质。

这是一位数学教师在教完“分数的基本性质”之后的结束语。由于教师话语过于缓慢，使得句子作为一个基本交际单位的表意的完整性受到影响，致使学生不能很好地理解教师话语的意义。（拓展资源6–4　研究性学习：小学教师课堂教学常见语病探析等）

作为口语语病的缓慢应与教学口语中轻重缓急的运用加以区别。在课堂教学中，教师的教学口语常常会有一些慢节奏的表达，比如表达庄重、悲伤、深沉等情绪时，语言节奏就需要慢一些。在一节课里，多种节奏会交错使用，它是教师根据题旨情境而做出的有目的、有意识的声音调控艺术。而缓慢的语病现象则表现为不分任何语境，节奏一直很慢。小学生的注意力很容易分散，因此，在小学课堂教学中，教师应该尽量避免话语节奏缓慢。

二、小学课堂教学常见口语语病产生的原因

小学教师在课堂教学中出现以上口语语病现象，主要是受到心理、思维、业务素养等因素的影响。

（一）心理障碍

说话是一种复杂的生理和心理过程，心理障碍会导致生理的反应。

有些初上讲台的教师，会出现胆怯心理，表现为说话时有一系列的生理变化，如呼吸急促、心跳加速、面红耳赤、唾液减少、肌肉颤抖、脑子里一片空白，等等，从而出现语速过快、话语重复、话语累赘、话语断裂等语病。

有些教师有自卑心理，过分看重自己的弱点，看不到自己的优势，在生活中不敢大大方方与人平等交往，担心受到别人的冷落与嘲讽。在课堂教学时，也常常出现脸红心跳、手足无措的现象，从而出现声音太小、语无伦次、话语重复等语病。

自傲心理是自卑心理的另一个极端。有些教师有自傲心理，凡事以自我为中

心，只把注意力集中在自己身上，过高估计自己的能力。在课堂教学时，滔滔不绝、高谈阔论，甚至不顾及学生的接受情况，从而出现话语分散、信息量过多等语病。

小学教师应加强心理自控训练，通过自我心理分析对自身心理状态有一个冷静而理智的辩证认识，通过心理暗示、呼吸调节、联想比较等方法，不断克服心理上的障碍，以达到课堂口语表达的最佳状态。

（二）思维活动与控制能力差

人的语言表达和思维活动与控制能力是紧密相连的。排除生理缺陷和心理障碍的影响，一般说来，口语表达和思维活动与控制能力之间呈现为一种同步发展的关系，即思维活动与控制能力高，口语表达水平也高；反之，思维活动与控制能力差，口语表达水平也差。

有些教师在课堂教学中，思维活动不够敏捷，在处理具体问题的过程中，不能迅速对问题作出判断和反应，出现话语断裂、语速过慢等语病；有些教师思维活动不够开阔，在课堂教学中，不能联系多方面的知识、事例进行类比或比较，出现话语表达过简等语病；有些教师则思维活动过于灵敏和开阔，在学生还未来得及理解前一个问题时，就想到另一个问题，出现话语分散等语病；还有的教师由于思维控制能力差，不能理清事物的逻辑性和层次性，使得话语表达出现不连贯、条理不清晰等语病。

小学教师在生活中应该多注重培养自身思维的敏捷性、开阔性、条理性，提高思维活动与控制的能力；在课堂教学中，应该紧扣课堂教学的目标和具体内容，联系学生实际，加强思维机制的主控能力，尽量避免由思维因素带来的口语语病。

（三）业务素养低下

小学教师业务素养体现在两方面：一是语言素养，二是知识素养。有些小学教师的业务素养低下也是导致其口语语病的主要因素。

有的小学教师，语言素养不高，语言规范化意识淡薄，没有真正重视教师职业口语和日常生活用语的差别，未能从发音、用词、语法、语用等角度全面考虑课堂口语表达的规范性，在实践中就会出现这样或那样的语病，如吐字含混不清、话语节奏不当、重复或累赘，等等。

有的小学教师，知识素养不高，对教学目标、教学内容缺乏独立、全面、深入的思考，过多借助教学参考书，人云亦云，没有真正内化成自己的知识，而只是充当知识的转述工具，在课堂教学中，就不能做到举一反三，连类比物，导致课堂口语设问不清、表达过简等语病。还有的小学教师，对教学对象了解不够，不能将所教的内容与学生的实际情况联系，找不到调动学生主动学习的方法，课堂口语成了自己的独角戏，导致学生不能真正参与教学合作活动，教学效果不好。

小学教师应该树立终身学习的理念，要有反思和自省意识，不断钻研，努力提升自己的业务素养，精益求精，尽量避免由于业务素养不高带来的口语语病。（拓展资源6–5　实践指导：小学教师在课堂教学中避免口语语病产生的办法）

第二节　教育活动中常见口语语病及其原因

小张老师是一名小学顶岗实习教师。在他上课的第二周，学生在课前把粉笔全都藏在讲台底下，他们想看看老师会怎么办。开始上课了，小张老师要用粉笔写字，一看，粉笔都不见了。下面的学生都既好奇又忐忑地看着小张老师，他们很想看看老师会不会发火。果然，小张老师生气了，他走到讲台前，大声说道："这节课看样子上不成了。你们是不是对我有意见？"全班同学都低着头，不敢出声了，课堂氛围霎时紧张起来……

在小学教育活动中，一位教师的教育口语如果不分时机、不分场合，会直接影响到教育活动的效果。本节将介绍小学教育活动中常见的口语语病的类型及其原因。

小学教育活动口语是小学教师对学生实施思想品德教育、行为规范教育过程中所使用的工作语言。当小学生在思想、行为方面表现出一些突出的优点或缺点时，教师要相应地运用教育口语对学生进行沟通启迪、表扬鼓励或批评教育。正确规范地运用小学教育口语，对学生养成良好的品德情操、树立正确的人生观和价值观、形成良好的师生关系具有重要作用。

在小学教育活动中，如果不注重教育口语的运用，就可能出现不同类型的口语语病。这些口语语病不能很好地对学生进行思想品德、行为规范的教育，会打击学生的自尊心，对学生心理产生负面的影响，甚至引起学生的反感和敌对情绪。

一、小学教育活动中的常见口语语病

小学教育口语是小学教师与学生进行信息和情感双向互动交流的一个过程，具有针对性、交流性、感染性等基本特点。在小学教育活动中，如果不注重这些

基本特点，就可能出现不同类型的口语语病。本节借鉴语用学理论中的礼貌原则，对小学教育活动中的常见口语语病进行分类，如表6–2所示。

表6–2 小学教育活动中常见口语语病分类表

语病分类	语病症状	语病性质
针对性不强	不分对象	违反得体准则
	不分事件	
	不分时机	
	不分场合	
交流性不够	漠视对象	违反尊重准则
	超前判断	
	拦截话题	
	假意倾听	
感染性不够	空洞生硬	违反接纳准则
	武断草率	
	立言不诚	

（一）针对性不强——违反得体准则

得体准则指说话人应注意保持所说的话语与言内语境、言外语境之间的适应度，要注意交际时的对象、事件、时机和场合。在小学教育活动中，教师应充分注意教育个体和事件的差异性，选择恰当的时机和场合，有针对性地使用教育口语。如果说话的针对性不当，就违反了得体准则，出现不分对象、不分事件、不分时机、不分场合四种口语语病。

1. 不分对象

教育口语常常是针对学生个体来使用的。不同的学生具有不同的个性心理特征。作为小学教师，在实施教育口语时，应充分重视教育对象的个体情况，做到因人施言。

有些学生性格外向，易于接受外部影响而改变自己的态度或行为，对于这样的学生，教师可以采用直接说理或情感激励的方式，直截了当地进行批评或鼓励；但有些学生性格内向，对批评、否定性的语言特别敏感，有偏执、自卑的心理定势，对于这样的学生，教师要多采用直接的表扬语言，如果是批评语言，应考虑避开其他人，单独面对他，可以采用诱导暗示的方式，委婉含蓄地进行批评教育。如果不区分教育对象的个体特征，一味地进行赏识教育或一味地进行批评指责，不仅会使学生心理上不接受，还可能导致学生的心理隐患。

[案例6–3]

（有一位非常胆小、敏感的女生，期中考试数学考了70多分，教师要求家长要签字。她担心家长责骂，就自己签上了妈妈的名字。这件事被教师发现了，在班上对她进行批评。）

教师：我们班有个学生，考了70多分，拖了全班的后腿，不但不好好反省，居然还敢冒充家长签字。

（学生窃窃私语，猜测是谁。）

教师：她的名字我就不说了，其实不说大家也知道，大家千万不要像她一样，做事情一定要诚实……

（教师话还没说完，该女生就哭了起来。）

对于不同性格的学生，应该有不同的教育方式。案例中的教师没有区分教育的对象，对于性格内向、敏感的学生，应避免在公开场合进行批评，可以采用课后单独交谈的方式，也可以在试卷上写上一些希望和鼓励的话语，这样，既达到了教育的目的，也顾及了学生的心理感受。

2. 不分事件

教师使用教育口语，常常是因为出现了某一典型事件。不同事件有不同的起因和特点。作为教师，在实施教育口语时，应了解不同事件的具体情况，做到因事施言。有些事件反映出学生错误的思想认识、行为方式，是需要批评的；有些事件反映出学生正确的思想认识、行为方式，是需要表扬的；有些事件比较复杂，既有错误也事出有因，需要辩证地看待，教师需要在批评消极的一面的同时表扬积极的一面。如果使用教育口语时，不区分事件，一味表扬或批评，就达不到教育的效果。

有些教师，不区分事件，完全放弃对学生进行直接的批评教育，一概用激励性教育来替代，这可能会导致学生淡化或漠视对做错事的后果，模糊对与错的界限。如果不区分事件的具体情况，往往导致教育失败。

[案例6–4]

教师：在日常的生活和学习中，同学们常常会给别人起外号，对这种做法，你们是怎么看的？

学生1：这是不好的事情。

学生2：这会给别人造成伤害。

教师：对，不管怎么说，给别人起外号是不对的，是嘲笑别人。每个人都有自己的名字，是父母起的，我们要尊重别人，就不能给别人起外号。

学生3：可是，有些外号不是骂人的。比如老师在课堂上表扬我是小博士，我觉得很自豪。

案例中的教师主要想批评给别人起外号的行为，但他未考虑到，起外号有恶意的、嘲讽的，也有善意的、钦佩的。这就是由于不分事件所导致的语病现象。针对学生3的发言，教师可以顺势引导学生区分外号的不同性质，教育学生们不能出于恶意和嘲讽的动机去给别人起外号，这样的教育就会更有针对性。

3. 不分时机

教师使用教育口语，要选择适当的时机，做到因时施言。不分时机，该说时不说，或者不该说时乱说，就会造成交际的障碍。有些事件发生了，需要及时对当事人进行教育；而有些事件的处理不能操之过急，需要静观一段时间，再找机会对当事人进行教育。如果不区分时机，随意使用教育口语，就不能收到良好的效果。

[案例6–5]

教师：哪位同学愿意将你制作的贺卡拿出来给我们看看，并说说你制作的贺卡有什么意义？

学生1：我做的贺卡是这样的。（拿出贺卡，是一张红色的卡纸，上面有一对亲吻的小人。教室里一片笑声。）

学生2：他们在亲嘴呢。

学生3：那是早恋。

（学生1脸红了，眼泪快要流出来了。）

教师：大家不要乱猜测。我们看看另一位同学的贺卡。

这是发生在小学四年级美术课上的一件事情。教师对于学生1拿出的贺卡引发的讨论，没有让学生1有辩解的机会，也没有对其他学生及时进行尊重他人的教育，错过了一次实施教育的时机。教师应抓住时机，让学生充分表达自己制作这个贺卡的真实意愿，从美育的角度引导学生正确对待爱，同时也要对其他学生进行尊重他人的教育。

4. 不分场合

教师使用教育口语，还要选择适当的场合，做到因地施言。有些场合适合进行教育，有些场合不适合进行教育；有些场合适合进行表扬、鼓励性的教育，有些场合适合批评、鞭策性的教育。如果不区分场合，随意使用教育口语，会适得其反，达不到教育的目的。

[案例6–6]

（一天中午午休时间，学生们有的在休息，有的在做作业。教师去办公室拿书，一名学生趁机站起来，走到讲台边，玩起教学用的电脑。教师刚好进来看见了。）

教师（大声地）：你在干什么？你看看，其他同学都在安安静静地做作业，还有的同学在休息，就你，在这儿干什么？你看看你，拿着电脑乱点，电脑坏了你负责啊！回到你的座位上去！

（做作业和休息的学生都抬起了头。）

案例中这位教师没有注意学生正在午休的场合，因为批评了一位学生而影响了其他的学生午休。教师可以用眼神制止这位学生，示意他回到自己的座位上去休息。等到下午放学后再与他交谈，进行教育。

（二）交流性不够——违反尊重准则

尊重准则指说话人要遵循谦和儒雅、慷慨大方、赞誉他人的尊重态度。在小学教育活动中，教师应充分尊重教育对象，以谦虚、慷慨的态度，在平等的基础上进行交流。如果说话的交流性不够，就违反了尊重准则，会出现漠视对象、超前判断、拦截话题、假意倾听四种口语语病。

1. 漠视对象

漠视对象，指在小学教育活动中，教师无视学生的感受，仅从自身出发来使用教育口语而出现的口语语病现象。

小学教师在实施教育时，需要与学生保持心理上的平等、互相尊重，不能以高人一等的心态与学生对话。有些教师在使用教育口语时，过多地关注于自我情感的抒发、自身感受的说教，而较少考虑学生能否承受、是否愿意承受等问题，表现出“孤芳自赏”的教育行为；有些教师则与一些自己情感上更喜欢、更感兴趣的学生交流，而将其他学生冷落在一边，表现出“顾此失彼”的教育行为。这些行为都漠视了教育对象，影响了教育效果。

［案例6–7］

（一位教师走进教室，看到地面上有些脏。）

教师：这间教室物产可真丰富啊！有五彩斑斓的纸屑、有色彩鲜艳的零食袋，还点缀几个粉笔头，这里可真是一间垃圾房呀！你们都生活在垃圾堆里，真幸福呀！

案例中这位教师话语中运用了夸张和讽刺，对学生不够尊重。教师可以这样说：“我们班的教室物品真丰富啊！有色彩斑斓的纸屑、有五颜六色的食品袋，还点缀几个粉笔头，让老师眼花缭乱，都不能集中精力好好上课了。同学们，我们一起来收拾一下好吗？”先以“我们班”开头，从指称上拉近了教师和学生的心理距离；接着用幽默的语气描述教室里的情况，指出其带来的后果；最后号召学生一同来打扫教室。这样的话语表达就是以平等、尊重的态度来对待学生，还能引导学生换位思考，体谅教师。

2．超前判断

超前判断，指教师在教育活动中，对学生的表述缺乏倾听的耐心，未等学生说完，便以为自己了解了事件的全部情况，从而对事件加以判断、得出结论的口语语病现象。

小学教师要有效地实施教育，就要尽量全面地了解事件，不能根据经验武断推测。有些教师由于性子急或工作繁忙，往往来不及听完学生的表述，出现超前判断的口语语病。超前判断往往会得出错误的结论，让学生产生委屈、被冤枉等心理感受，从而无法针对事件和对象有效实施教育；即使超前判断的结论正确，也会影响学生的倾诉欲望，降低学生的表达热情，对教育产生不良影响。

［案例6–8］

教师：你们都知道什么车的品牌？

学生1：奔驰，我爸开的是奔驰。

学生2：我们家是保时捷。

学生3：我们家的是尼桑。

学生4：我们家的是大众。老师，你们家的是什么车？

教师：老师家里还没有车。

学生4：不会吧？老师怎么会没有车呢？

教师：大家不要攀比，攀比是一种不好的行为。我们今天的内容是认识汽车，不是比谁家的车更好。

这是发生在小学品德与社会课上的案例。认识汽车是教学的内容，孩子们根据教师的提问积极回答，接着孩子们问及教师有没有车，并对教师家里没有车表示惊讶。教师对于孩子们的这种表现进行了直接的批评，这种处理有些操之过急。针对学生的疑问，教师可以说：“对呀！所以老师对汽车的认识，可能还比不上你们呢！我们今天的教学内容是认识汽车，大家就带着老师一起来认识一下汽车，好吗？”这样说，就能自然过渡到教学内容，而且调动了学生学习的积极性和主动性。

3．拦截话题

拦截话题，指教师在教育活动中，硬性打断学生的话题，改由自己表述的口语语病现象。

有些小学教师个性急躁，办事武断，在进行教育活动时，没有“春风化雨”“润物细无声”的耐心，而是粗鲁地拦截对方的话题，抢夺话语权，急于发表自己的看法。这种做法使学生话语地位低下，不能充分表达自己的观点和想法，让学生产生沮丧、失落等心理感受，久而久之就不愿与教师交流。

［例1］

老师：今天，张××和刘××打架，两人都各扣20分。

张××：可是，我……（想解释一下。）

教师（打断学生的话）：没有可是，打架就是错了，各扣20分。

例1中这位教师拦截话题，未给学生解释的机会，这样武断粗暴地处理事情，久而久之就会使学生对教师产生不信任、敬而远之的心理，导致师生间的隔阂。教师应该尊重两位学生的话语权，先听听他们的解释，根据事件的前因后果来判断对与错，哪怕扣分也要扣得有理有据，让学生心服口服。

［例2］

教师：今天加餐的时候，我发现我们班的一位小朋友把一块吃剩的面包扔进了垃圾箱，牛奶也没喝完。你们说，这种行为对不对？

学生（齐声）：不对。

教师：那请王晓宇同学来说说，该怎么做？

（全班同学看着王晓宇。）

王晓宇（站起来，小声）：老师，我是因为……

教师：你先说应该怎么做！

王晓宇（沉默一会儿，小声）：把面包吃完，牛奶喝完。

教师：请坐下。

例2中这位教师也拦截了学生的话题，以自己的看法来主导对话，剥夺了学生的话语权。这个案例的语境是全班同学都在场，教师应该先让王晓宇说完，明白是什么原因导致他没吃完食物并悄悄扔进了垃圾箱，然后请学生们来做评判。这样会显得更加公正客观。

4. 假意倾听

假意倾听，指教师在教育活动中，没有真正集中思想聆听，敷衍应答的口语语病现象。

教育活动是一个双向交流的过程，既要求教师能表达，也要求教师会倾听。成功的教育者，应该本着内心的真诚，倾听学生的心声，从而了解学生的想法，帮助他们走出困境。有些教师，由于主观上不够尊重学生、对话题不感兴趣，或者客观上工作繁忙、身心疲惫等因素，出现表面上在听学生诉说，但实际上虚假对付、敷衍了事的情况，结果答非所问，伤害了学生的感情，不能有效地实施教育，甚至影响教师在学生心中的权威性。

［案例6–9］

（小明是班上的劳动委员，一天，他气呼呼地来到教师办公室，教师正忙着改作业。）

小明：老师，我不干了。

教师：怎么啦?

小明：值日生全跑了，还没值完日呢。黑板也没擦，桌椅也没有摆整齐。还有……

教师（打断）：哦，那你让其他同学做一下。

小明：其他同学都……

教师：就这样吧，我知道了，明天我会批评他们的。

案例中这位教师忙于批改作业，未认真倾听学生的话语，伤害了学生的工作热情。话语交际都需要以诚立言，交际双方只有本着真诚的态度，才能让交流顺利进行。教师和学生的交流也不例外，如果教师忙于别的事情，对学生的话语假意倾听、敷衍应对，会极大地伤害学生。所以，教师应该真诚地面对和学生的每一次交流，如果确实有事当时不能交流，可以告诉学生，然后找到适当的时机主动与学生交流，这也是尊重学生的表现。

（三）感染性不够——违反接纳准则

接纳准则指说话人交际时要遵循言之有理、言之动情、换位思考、以诚立言的态度和精神，使得话语交际方式和交际内容具有可接纳性。在小学教育活动中，教师应遵循接纳准则，使教育口语能够真正感染到学生。如果说话的感染性不够，就违反了接纳准则，出现空洞生硬、武断草率、立言不诚三种口语语病。

1．空洞生硬

空洞生硬，指小学教师在运用教育口语时，内容空洞、语气生硬的口语语病现象。

小学教师在运用教育口语时，不应空泛说理，让学生不知所云。应该言之有理，针对具体情况进行分析，并引导学生参与分析问题与解决问题，由浅入深、由表及里，层层诱导、步步推进，使学生不仅知其然而且知其所以然，明白现象后面蕴含的道理，并在道理的启发下受到教育。

此外，在运用教育口语时，教师还应该言之动情，以充满感情的语言和语调激发学生的感情，使学生体会现象后面包含的真情，并在真情的感染下受到教育。如果教师在教育时语气运用不当，生硬说教，会引起学生的抵触情绪，达不到教育效果。（拓展资源6–6　争鸣与讨论：有人认为，教师语言的使用是受到情感支配和影响的，所以在教育教学中，教师要注重情感的把握。你同意这样的观点吗？为什么？）

［例1］

（一天早上，全校学生在操场集合升国旗。两名学生打闹嬉戏。升旗仪式结束后，教师对两名学生进行教育。）

教师：升国旗是多么庄严的事情啊，你们怎么可以打闹、私下讲话，态度太不端正了。国旗代表着国家，对国旗不尊重，就是对国家不尊重，就是不爱国。你们太不像话了！一人写一份检查交来给我！

两名小学生对待升旗仪式不够认真，这是需要批评的，但是教师的批评口语显得空洞生硬，不能让学生真正理解到升旗仪式的意义。教师可以说："同学们，国旗是一个国家的标志和象征，五星红旗则是中华人民共和国的标志和象征。我常常在两种场合能看到升国旗。一个是在奥运赛场上，中国健儿得了冠军，就会在场上奏响我们的国歌，升起我们的国旗。另一个就是在学校，每周一早上，我们也能看到升国旗。每次我在雄壮嘹亮的国歌中，注视着冉冉升起的五星红旗，心里总会升起一种庄严感和自豪感。今天，我想请同学们回去后仔细看看我们的国旗，去了解一下它的内涵，想一想学校为什么要举行升旗仪式，再想一想升旗仪式上自己应该怎么做，该不该东张西望，嬉戏打闹。明天早上上课前，我要请几位同学起来发言。"教师先将自己的真实感受传递给学生，再让学生通过观察、查找资料、自主思考等方式，去挖掘升国旗仪式的意义及自己应该采取的行为，这样的教育就不会显得生硬。

[例2]

（学校要求教师在班会课上进行节约用水的教育活动。）

教师：同学们，水很重要，这大家应该知道。这段时间，我们这里干旱，很长时间没下雨了，到处都缺水，生活很不方便。我们大家都应该节约用水，珍惜水资源。下面，大家说一说，怎样节约用水？

例2中的这位教师对于水的重要性和缺水的严重性只是三言两语一带而过，学生未能真正明白节约用水的重要意义。教师在开主题班会之前，可以先布置学生搜集关于水资源的重要性以及缺水的危害性的相关材料，引导学生用分类别、摆事实、引数据等方法充分了解水资源的重要性，再来具体说说大家节约用水的小窍门和做法，就可提高学生发现问题和解决问题的能力。

2. 武断草率

武断草率，指教师在运用教育口语时，用自己的价值观去推测学生的思想和行为方式，主观判断，说话武断草率的口语语病现象。

在教育实践中，针对某一现象，教师应立足具体事件，尽可能全面、客观而公正地加以判断，切忌武断草率，说话不负责任，随口表达自己的观点。在小学生心中，教师是真理、正义和公平的象征，如果一位教师武断草率地随口乱说，就会影响教育的实施。

[案例6–10]

（一名男生学习成绩不好，还常常与同学打架，同学们都不喜欢与他相处。一次，另一名男生取笑他笨，考试成绩差，他又与同学打架了。教师没了解事情的原因，就找他谈话。）

教师：你怎么又打架了？你什么时候才可以学乖一点，不要给我惹事，不要给班级丢脸？

学生：这次不是我的错！他先来说我的！

教师：他为什么要说你？还不是因为你做得不好！反正每次打架都有你，你都成打架大王了！

案例中的教师未弄清事情的原因，就根据以往的经验对事情草率判断。有的学生可能平时表现不够好，但不一定每次错的都是他。在这个案例中，教师应该让两位学生当面说清楚事情的经过，先批评取笑人的学生。对于这名学习成绩不好又常常与同学打架的学生，教师可以学一学著名教育家陶行知用四块糖果教育学生的事迹，用宽容、信任和爱心来对待这样的学生。

3. 立言不诚

立言不诚，指教师没有本着真诚的态度运用教育口语，而是以虚情假意的态度来敷衍了事、说话不真诚的口语语病现象。

小学生身心都处在成长的阶段，需要教师更多的关怀。教师应该本着真诚、爱护的态度，有意识地创设关心、体贴、尊重、互助、真挚、信任的良好氛围，与学生沟通，对学生进行表扬鼓励或启迪批评。如果教师虚情假意或嘲讽敷衍地运用教育口语，不仅起不到教育的作用，反而会引起学生反感。

［案例6–11］

（快放寒假了，教师根据学校的要求，对学生进行安全教育。）

教师：寒假期间，大家要注意安全。现在有些同学骑自行车，不小心就摔破头、跌断腿；还有，春节时可能就会放鞭炮，一不小心就崩瞎眼。大家要想试试，就只好做铁拐李、独眼龙了。

案例中的教师本是进行安全教育，但话语中大有调侃、讽刺的意味，小学生容易误会教师的用意。教师可以换一种方式："同学们，寒假马上就开始了。假期里，我首先要提醒大家注意的，不是假期作业，而是生命安全。交通安全、活动安全、在马路上行走或骑车，要遵守交通规则；春节燃放烟花爆竹，要在家长的指导下进行。生命对于每个人只有一次，我希望你们把生命安全的种子撒播进自己的心田，每天都健康成长！我期待着下学期与大家相聚。"这样说，能创设出真诚、体贴的氛围，用正面的话语明确表达教师的提示和期待，自然更容易被学生接受。（拓展资源6–7 案例分析：案例中这位教师的教育口语有没有不妥之处？如果有，是什么原因导致的？换做是你，你会怎么说？ 拓展资源6–8 情景训练：根据下面给出的情景，对教师话语进行思考和表达等）

二、小学教育活动中常见口语语病产生的原因

小学教师在教育活动中出现以上口语语病现象，主要受到教育观念、评价标准、语用态度等因素的影响。

（一）“师本位”的教育观念

传统的教育观念中，教师总是处于“本位”，教师是主动的“传道”者，学生处于被动的“纳道”地位。确实，小学生的自觉意识较差，很多事情需要教师主动来帮助他们认识、分析和总结。但在这一过程中，如果教师只是盲目地充当教育的主动者，不考虑学生，那么就容易出现不分对象、不分事件、不分时机、不分场合等口语语病。

在以学生为主体的“生本位”的现代教育观念中，教师应改变高高在上的师尊心理，努力贴近学生的心灵，了解学生的兴趣点、需求点、渴望点和失落点，在实施教育的语境中，一切言语都要为学生服务，让学生能够认识到教育的目的，从而达到理想的教育效果。

（二）单一的评价标准

小学教育中，要让小学生形成正确的思想观念和行为规范，常以二元式的方法来评价事件或学生，对或错，好或坏，这使得有些小学教师在实施教育口语时，出现武断草率、空洞生硬等口语语病。

评价一件事，有时采用二元式的评价标准是必要的，小学生的认知水平有限，需要知道对与错的界限、好与坏的区别。但有时也要看到，一件事或一个人，需要用多元化的标准来衡量，辩证地来看待。

（三）错误的语用态度

在实施教育的情境中，有些教师出现漠视对象、超前判断、拦截话题等口语语病，是因为他们以高人一等的语用态度来说话，在交际中牢牢掌握话语权，让学生没有平等对话的机会，不能充分表达自己的观点；有些教师出现假意倾听、立言不诚等口语语病，是因为他们以虚假的语用态度来说话，在交际中虚以应付、敷衍了事。

教师应该本着尊重、真诚的态度来实施教育口语，尊重教育对象，以真诚之心对待学生，耐心倾听学生的心声，与他们沟通，对他们进行启迪、激励、表扬与批评，逐步引导他们形成正确的人生观和价值观。

通过对教学口语和教育口语中的语病现象进行分类及根源探究，我们可以看到，教学和教育中的口语语病现象虽然表现各异，但其病因却相对集中。教学口语中的语病，主要是受到心理、思维、业务素养等因素的影响；而教育口语中的语病，则主要受到教育观念、评价标准、语用态度等因素的影响。由此，我们可以确立纠正教学口语和教育口语语病的基本原则，即在教学、教育口语训练中，

有意识地提高心理素质、思维素质和业务素养，同时注意更新教育观念，以多元化的标准评价学生，以平等、尊重的语用态度与学生交流。这样，就可以避免和消除口语语病，让口语表达更好地为教学和教育服务。（拓展资源6–9 实践指导：针对小学教育口语中常见的语病，实施具体的改进措施）

【本章小结】

本章分析了小学课堂教学和教育活动中教师常见的口语语病类型，并对常见口语语病产生的原因进行了分析。

小学课堂教学中常见的口语语病主要有四类：传递信息有误——违反质的准则；信息量控制不当——违反量的准则；关联性把握不当——违反关系准则；方式运用不当——违反方式准则。小学课堂教学常见口语语病产生的原因主要有：心理障碍、思维活动与控制能力差、业务素养低下。

小学教育活动中常见的口语语病主要有三类：针对性不强——违反得体准则；交流性不够——违反尊重准则；感染性不够——违反接纳准则。小学教育活动中常见口语语病产生的原因主要有："师本位"的教育观念、单一的评价标准、错误的语用态度。

【理解·反思·探究】

1. 小学课堂教学口语中有哪些常见的口语语病？造成这些语病的主要原因是什么？

2. 小学教育口语中有哪些常见的口语语病？造成这些语病的主要原因是什么？

3. 联系实际，以某一所小学为例，调查小学教师在课堂教学和教育口语中有哪些常见语病，并想出对策。

【做中学】

1.下面是一堂小学数学课的教学导入语。案例中 教师的教学口语有什么语病，是什么原因导致的？如果是你，你会怎么说？

教师：我们昨天学习了分数，对不对？今天我们要学习比较分数的大小。我们先来听一个故事：猪八戒，大家都知道他很懒，很好吃，对不对？在高老庄的时候，他一人可以吃掉别人几十个人吃的东西，还整天说饿。对不对？有一天，天气很热，猪八戒去找吃的，对不对？他找到了一个西瓜。他们有师徒四人，对不对？悟空说，大家平分吧！平分就是每人四分之一，对不对？猪八戒就想，我找来的西瓜，对不对？我应该多吃一点，对不对？于是，他就提出，他要吃五分之一。悟空一听，哈哈大笑，连忙说：

“好好好！”最后分到西瓜后，对不对？猪八戒一看，我的怎么比他们的都少一点呢？猪八戒的西瓜到底是多还是少，我们来比较分数的大小就会知道了。

2. 下面这则案例发生在一堂小学语文课上，教师针对课堂上一个学生的行为运用了一段教育口语。案例中这位教师的教育口语有没有不妥？如果有，是什么原因导致的？如果是你，你会怎么说？

（某语文教师正在上《望洞庭》一课。）

教师：刚才，我们已经了解这首诗的基本意义，现在，大家自己读一读，看看能不能将这首诗背下来。

（教室里响起读书声。突然，教师发现李××埋着头，手里拿着笔，在画着什么。）

教师（大声地）：李××，你不背书，乱画什么？

（教室里顿时安静下来。）

李××（惊慌地）：我，我没干什么。

教师：还说没干什么，别的同学都在好好读书，背书，就你一个人在这儿乱涂乱画。拿出来我看看！

（李××犹豫了一下，拿出画纸。上面画着一幅简笔画：平静的湖面、一轮秋月、湖中的小山、山上的树林。）

教师：这画的是什么？

李××：就是这首诗里的景物。

教师：那也不能上课的时候画。收起来，现在大声读！

第七章 小学教师语言风格

要点提示

本章对小学教师语言风格的特征、类型、表现进行理论阐述，并结合案例分析教师语言风格对教育教学产生的影响，进而对小学教师语言风格有一个系统的了解和学习。

学习目标

知识目标：

- 了解小学教师语言风格的内涵及特征。
- 理解小学教师语言风格的类型及其具体表现。
- 掌握小学教师语言风格对教学教育的影响。

能力目标：

- 在具体的教育教学实践中，努力形成自己独特的语言风格。

第一节　小学教师语言风格特征

王希杰先生说过："没有自己言语风格的人，是没有的。"每位教师，无论是文科教师还是理科教师，小学或是其他学习阶段的教师，他们都有属于自己的语言风格。同样一堂课，有的教师上出了玫瑰般浓郁的韵味，有的教师则让它散发着百合般淡雅的气息，有的教师则让它变成了丛林冒险……这就是教师语言风格所表现出来的特征。本节将介绍小学教师语言风格的内涵、特征及形成原因。

教师语言风格是教师在长期的教学生涯中刻苦磨炼、不断创造而逐步形成的相对稳定的、积极独特的言语风度和言语格调。它是教师在教学和教育中语言运用稳定成熟的重要标志，也是教师教学风格的重要组成部分。小学教师的语言风格除了具有所有学习阶段教师的共性外，还具有自身特有的特征，即个体性、创造性和审美性。

一、个体性特征

小学教师语言风格的个体性，是指教师在运用语言从事教育教学活动的过程中所形成的言语格调的个性特征，简单地说，就是教师的语言表达具有鲜明的个性。窦桂梅老师说过："教师不能没有独特的风格，不能没有鲜明的个性。"[①]个体性，是教学语言呈现风格特征的根本属性，是教师语言风格的生命所在，没有个体性，也就无所谓风格。

影响教师语言风格形成的原因是多方面的：首先，学生是影响教师风格形成的基础；其次，教学内容及其宽度和深度的不同，也是造成语言风格不同的原因；另外，教师个性的差异、思维品质的不同、文化素养的高低、情感的投入程度、教学内容的客观差异等都会影响小学教师语言风格的形成。小学教师语言风格的个体性表现在以下几个方面：

（一）话语方式的个体性

话语方式，即话语组合方式，是指教师在教育教学活动中对语言形式的积极性选择及组合。它的个体性，是通过语言形式和手段，如语音、词汇、语法、修辞等各个方面表现出来的。话语方式的个体性主要表现为语言形式的不同和语言表现手段的不同。

---

① 窦桂梅.激情与思想.太原:山西教育出版社，2005：354.

1. 语言形式

语音、词汇、语法是语言的基本构成要素，也是语言的外在形式。每个语用主体的个性特征都会通过这些形式表现出来。因此，小学教师语言风格的个体性也会明显地表现于这几个要素中。

在教师语言中，语音要素是表现风格的重要物质材料，特指教师的声音表现形式。由于教师各种主客观条件的差异、理解角度和程度的不同，对于语音形式的选择运用，总是带有个人色彩，这样就形成了不同的语言格调。所以，不同的语言风格在语音上也呈现出了不同的特点，具体反映在对音质、音量、语速、语气、语调、节奏等的把握中，比如质朴的语言风格，其语音往往是声音柔和、低缓沉稳的；铿锵激越的语言风格，则是洪亮高昂、节奏鲜明的。基于小学生和特定的教学内容，小学教师语言的声音形式具有儿童化的特点：甜美而有节奏，抑扬顿挫，富有变化，其语调甚至是夸张的，显出童真的韵味。例如，朱雪丹老师在《泉水、小溪》一课的教学中，把“泉水”“小溪”比作小弟弟、小妹妹，把“大江”比作大哥哥，然后以小弟弟、小妹妹的语气读出泉水和小溪的对话，读得甜美而天真，又用大哥哥的语气来读与大江的对话。富于变化的儿童化音调，适合低年级儿童的口味，有利于教学对象对知识的理解和接受。

词汇，是语言的建筑材料，本身具有巨大的风格潜能，是显著的风格构成要素。汉语词汇中的同义形式极其丰富，不同的形式往往蕴含着不同的风格色彩。教师对不同风格色彩的词语进行选择和运用的过程中，便会呈现出不同的风格特征。

[例1]

蔚蓝的天空，没有一丝云。一条潺潺的溪水从卵石中间穿过，卵石在清澈的水中忽隐忽现，清晰可见。溪边端坐着一位长者，面庞清瘦，双目炯炯有神！

[例2]

喂，这天可真蓝哪！一点儿云彩也没有。有一条小河“哗哗啦啦”地流着，这水可清亮啦！水里有好些圆石头，像鸡蛋似的，人们都管它叫卵石，这些卵石在水里可以看得清清楚楚。在河边坐着一个老头儿，长得虽然瘦，可是挺结实，那双眼睛可有精神啦！

这两段话语意基本相同，却呈现出了不同的风格。例2是著名儿童教育家孙敬修将例1改编后说给儿童听的，具有通俗、亲切、浅显的风格特点。这种差异主要是通过所选词的不同风格色彩体现出的。

[例1]

蔚蓝 清澈 潺潺 清晰可见 端坐 长者 清瘦 炯炯有神

[例2]

蓝 清亮 哗哗啦啦 清清楚楚 坐 老头儿 瘦 有精神

小学生词汇量少，理解力较弱，且以感性思维为主。教师在词汇选择中，必然会相应地趋于儿童化、形象化和浅显化。在词汇上显出了其形象而富有诗情画意的个性特点。下面两个例子，两位教师面对同样的教学内容“我们只有一个地球”，在导入课程时，因为教师对词汇的不同选择而显现出了不同的语言风格。

[例1]

教师：同学们，我们的脚下是什么？

学生：地球。

教师：（板书：地球）我们一起读一遍：地球。

学生：（齐读）地球——

教师：地球听到了没有呀，怎么没有反应？让我们再一次深情地呼唤：地球，你好！假如地球听到了，她会热烈地鼓掌的。开始！

学生：（一起，深情地）地球——你好——（学生身后响起听课教师们的热烈掌声。）

教师：地球听到了我们的呼唤。好，我们现在开始上课。同学们，今天老师要带你们乘坐中国自行设计和制造的“神舟号”宇宙飞船到太空去旅行。请大家闭上眼睛，我们的飞船马上就要升空了。好，飞船已经升到了太空，请睁开眼，观看太空美丽的景色。（播放太空行星运行的录像，地球逐渐清晰，最后定格。）

[例2]

教师：同学们，这蓝色的星球就是我们的地球，喜欢吗？请用一句话，夸一夸我们的地球。

教师：同学们，我们生活在地球上，宇宙中唯一的地球，地球跟我们朝夕相处，你了解地球吗？下面请同学们谈谈你对地球的了解。（学生做出各种回答。）

教师（总结）：是呀，人类世代在地球上繁衍生息，把地球称为人类的母亲，生命的摇篮。今天我们就来学习“只有一个地球”。

这两段教学语言具有不同的风格色彩。例1中的“深情”“呼唤”“你好”“旅行”“观看”“美丽”“蓝色”，等等，这些词汇的综合运用形成了这位教师诗情画意、娓娓动听的语言风格；例2表现出了教师较为理性的干净利落、鲜明简练的语言风格。可见，小学教师语言风格的个体性突出地表现在一系列词汇的个体性中，而词汇的个体性又体现在它们的音、义和色彩中。

语言中丰富多彩的同义句式，为教师的选择运用提供了最大限度的可能性，如简约的短句、周详的长句，直接沉稳的陈述句、情感强烈的感叹句，平实质朴的常式句、活泼灵巧的倒装句，等等。

小学教师的教学对象，决定了教师在句式选择中具有其独特而普遍的风格特点，即通俗直接、简约朴实、情感突出，尽量避免使用复杂长句。

但不同的教师又因各种主客观的原因，会呈现出各自不同的语言风格。例如，《难忘的一课》教学中教师的表达。

[例3]

同学们，这堂课的学习，相信你一定记住了“我是中国人，我爱中国”这句话。世界上什么都可以选择，唯独不能选择的是你的母亲、你的祖国。也许母亲丑陋但你绝不能嫌弃，因为母亲的周身血液化作了喂养你的甘甜乳汁；祖国贫穷，但你绝不能嫌弃，因为祖国的周身细胞铸造了你做人的灵魂之躯。我们的国家并不富强，需要发展，虽然眼前面临着许多问题，但是，我们要以积极的态度正视她，改变她，因为你是她的孩子。现在出国留学已成热门，不过有一天，一旦你身在国外，请别忘了“我是中国人，我爱中国”！

例3中的教师运用语气坚定的肯定句、情感强烈的祈使句、简洁有力的短句的交叉组合，形成了抒情性的语言风格，表达了对祖国的热爱之情。这种情感也通过教师富于变化的句式表达传递给了学生。

2. 语言手段

语言手段是指综合运用各种语言要素而形成的具有特定功能的言语表达的方式方法，这里主要指修辞。修辞是体现风格的重要因素，教师语言风格与修辞的运用有着密切的联系。一般而言，小学教师为激发学生的想象力，让学生能更好地理解知识，在修辞方式的选用上，往往倾向于浅显、直观和童趣。当然，不同的教师在具体的修辞手段的选用中也会呈现不同的特点，从而形成不同的语言风格。比如典雅藻丽的语言风格，在修辞上往往多是比拟、夸张的运用；气势磅礴的风格，则多是反复、排比的使用，等等。

（二）书面语言的个体性

小学教师语言风格的个体性还体现在书面语的运用方面。这里的书面语主要指汉字的书写和板书。小学教师面对的是刚刚进行汉字规范教育的小学生，教师的主要任务是让学生学习规范汉字的书写，所以在书面语的风格要素上，也具有普遍的个性特征，即整齐、规范，讲求笔顺、笔画的清晰、准确。

从板书的表现形式来说，基于教学内容的不同，理科教师因为其教学内容的逻辑性，往往选用简约大方、图表式的书面语言；文科教师则常常选用关键词罗列的书面语言。另外，不同的教师，其书面语言的个体性也是十分明显的。

[案例7–1]

两位教师在讲解同一篇课文《我们只有一个地球》时呈现的不同板书（图7–1）：

教师A：

晶莹透亮　纱衣　生命的摇篮　美丽壮观　和蔼可亲——可爱 } 珍惜资源 保护地球

渺小扁舟——范围有限　资源有限　难以移居——易碎

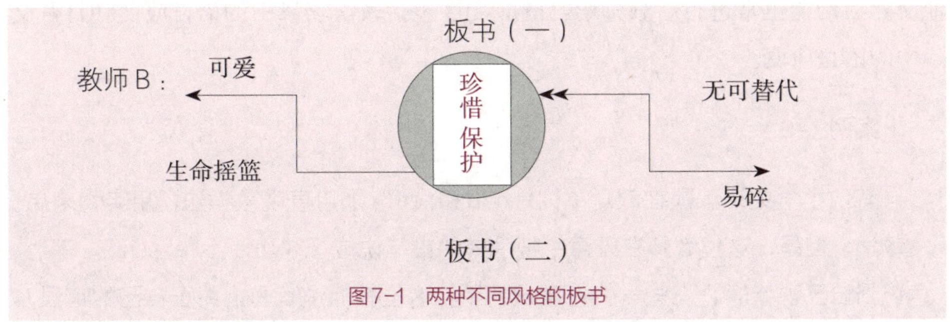

图7-1 两种不同风格的板书

教师A的板书语言比较丰富，陈列性强，显现出形象的语言风格；教师B的板书则比较简约，图表性强，显现出直观的风格特点。

（三）体态语言的个体性

小学教师语言风格的个体性还体现在体态语的运用上。教师体态语是表达情感态度的一种无声的教学语言，是教师语言运用中必不可少的部分。小学生注意力持续时间短，而且容易分散，对动作的敏感度甚于语言，学生会从教师的体态语中获取更多、更形象的信息。所以，小学教师的体态语比较开放丰富，表现力和情感性都比较强烈，而且具有“儿童化”的特点。同时，不同的教师会根据自身的习惯与特点，结合不同的学科特征而选择不同的体态语，从而呈现出不同的风格趋势。比如平静的表情、小幅度的手势往往形成温婉的风格；夸张多变的体态语的运用，则容易呈现出幽默的语言风格。（拓展资源7-1 案例分析：立足词语运用的角度，从《游园不值》一文的教学实录中分析小学教师语言“话语表达方式的个体性”特征等）

二、创造性特征

所谓创造性特征，是教师为了适应特定语境的需求，完成特定的教育教学任务而形成的具有应变性、独创性、灵活性的语言风格特征。小学教师因在课堂教学以及思想教育、家长交流等日常交际中，身处于不同的交际场景，面对着不同的交际对象，有着特定的交际目的，所以在运用语言时，便形成了“因时因地因人”而创造性地运用语言的特征。创造性体现出教师的创新精神，表现在教师面对突发事件时的语言应变性、语言策略的独创性以及词语搭配的灵巧性等方面。

（一）突发事件的应变性

教师的交际处于一个多边交往的动态语境中，蕴含着许多变量因素，而教师是无法对它们做出预知和提前准备的，这就对教师的语言表达提出了应变性的要求。即教师的语言表达要随时做出适应性的变化和调整，以便使教育教学以及其他交际活动能正常进行。教师语言的应变性包括教学场景中的语言应变和日常交际中的语言应变。

［案例7–2］

有位小学英语教师在教学单词pencil和pen时采用直观教学法，用实物来启发教学，但是，这位教师在无意中把手中的铅笔说成了“This is a pen.”。等他意识到自己说错时，有些学生也意识到了。这位教师没有马上纠正自己的错误，而是声音高昂，反问一句：“Is this a pen?”学生齐声回答：“No,it isn't.It is a pencil.”。这种灵活而果断的问答，使学生误以为教师是在考问他们句型呢。[①]

案例中的教师在面对自己的教学失误时，迅速做出反应，快速组织语言，同时创造性地运用了语调的强调性特征，变被动为主动，既增强了教学效果，又避免了尴尬局面的出现。

除课堂教学外，小学教师日常交际活动，如思想教育、班会活动、家长交流、教研活动等，也会遇到偶发事件，这时教师为了完成特定的交际任务，会适时创造性地构建话语，这也是教师语言应变性的突出表现。例如，在某次教研活动中，两位教师就某一问题发生了争执，使教研活动无法继续。这时，教研组长说：“我们要向这两位老师学习，既能大胆说出自己的想法，又能坚持自己的观点，这样我们的学校就会百花齐放了。而且我觉得，各花有各花的香和美，花儿越多，学校才会更多姿多彩啊。”这样适时的评论，既阻止了争执，使得教研活动能继续进行，又照顾到了两位教师的面子。又如，期末考试后的一次家长交流会上，一位家长突然提出质疑：“听说，我们学校的考试成绩是假的？不知道是不是真的？”这个突发的问题，如果不能很好地回答，无疑会给班级、给教师、给学校带来很大的负面影响。这时，班主任教师回答说：“您好，谢谢您的提问。我们学校的校风校训是“勿自欺”，而且我们一直奉行着它。一个将不自欺作为自己信念的学校，又怎会做出欺人的行为呢。再说了，您孩子的进步，我相信您是看得见的，不只是成绩上，在其他方面也是进步很大，我想，您的眼睛也是不会欺骗您的。”刹那间，全场响起了热烈的掌声。

真正具有创造性的语言应变，不仅要消解突发事件的消极影响，而且更要化消极为积极，或者给学生以深刻的启发教育，或者通过幽默的语言调整交际气氛，或者产生令人回味的延伸效果，等等。（拓展资源7–2　案例分析：小学教师语言应变性案例分析）

（二）语言策略的独创性

在小学阶段，学生对于教师“说什么”的接受性很大程度上取决于教师“怎

① 程培元.教师口语教程（第2版）.北京：高等教育出版社，2010:164.

么说”。这里的“怎么说”就是指教师语言的运用策略，即教师语言策略。语言策略的独创性表现在教师依据特定的教育教学语境，创造性地运用多种语言手段进行话语建构。

［案例7-3］

某教师正在对试卷进行分析讲解，注意到有两个学生心不在焉，对彼此的鞋子指指点点，而且这两个学生此次考试的成绩也不太理想。于是，教师说：“同学们，我很好奇呢，有一个问题很想问问大家。”“老师，什么问题啊？”那两个学生注意力也转移到此，投来好奇的目光。教师笑了笑，说：“同学们好像都挺喜欢耐克，可是，卷子上为什么总有不少‘特步’呢？”说完，眼睛悄悄看向那两个学生几秒钟，看到教师的提醒，这两个学生都低下了头，之后的课堂中，他们一直认真听课。

这位教师用了“特步”来代替“错误”，通过词汇的形象使用，形成了幽默的语言策略，既委婉地提醒这两个学生应该注意听讲，又提醒大家应该追求的是学习上的“耐克”（指“好成绩”）。苏联教育家斯洛夫说过：“教育家最主要也是第一位的助手是幽默。”[①] 德国著名学者海因兹·雷曼麦也指出：“用幽默的方式说出严肃的真理，比直截了当地提出更能为人所接受。”[②]

新课程改革的背景下，教师角色的转变，使得语言策略呈现出了多样化的特点，其中，最突出的是教师对商量式语言策略的创新使用。目前的教学正从单一、指令式的模式转向多元、民主的教学环境，师生之间相互尊重，建立起了平等互敬的关系。学生的学习由“排斥”“恐惧”转为“乐学”“期待”。商量式语言策略的运用，是其成因，也是其体现。比如，“谁愿意为大家朗读一下这段话？”“这次我们已经取得了很好的成绩，大家愿不愿意再加把劲儿？”等等。这种商量式话语表达的牵引力和有效性大大超过了命令式的话语。除此之外，实际工作中，小学教师还会采用情感语言策略。比如，二年级某班的学生总喜欢采摘学校花园里的花花草草，教师多次劝说教育，效果依旧不明显。这位教师便在一块纸板上写下一句话：“宝贝们，别采我，好不好？我好疼。”让学生在爱的情感中自觉地学会爱护花草。（拓展资源7-3情景训练：请依据以下语境，组织一段应对的即兴口语，并分析建构这段话语的理由及依据等　拓展资源7-4　研究性学习：小学教师课堂教学语言风格独特性的语用学分析）

（三）词语搭配的灵巧性

教师语言的创造性还表现在词语搭配的灵巧性中。在教育教学过程中，教师会根据特定的语境和讲课的需要，通过词语在语音、语义上的变异以及词语、句

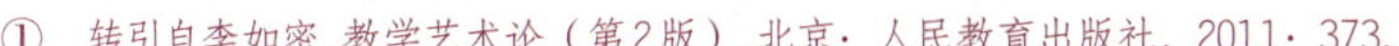

① 转引自李如密.教学艺术论（第2版）.北京：人民教育出版社，2011：373.

② 转引自李如密.教学艺术论（第2版）.北京：人民教育出版社，2011：373.

子的超常组合与搭配等手段创造出独特的语言形式，其格式新颖出奇，意蕴耐人寻味，给学生以新奇而独特的感受，从而增强表达效果，提高教育教学的质量。

［案例7–4］

教师进入教室后，一名学生依旧站立在教室墙角的书柜前看书。等待几分钟后，教师走上前，微笑着轻轻拍了他一下。那位学生很尴尬，红着脸回到位子上。其他学生大笑。教师微笑着说："××同学看来十分喜欢看书呢，老师非常欣赏，也很高兴你有这样聚精会神的表现，你看，都把自己种在书柜前了。不过，咱暂且移植一下吧。好了，上课。"

案例中这位教师通过独特的语言表现形式，既化解了学生和自己的尴尬，又从侧面说出了这个学生爱读书的良好品质，使学生产生被认同的心理满足感。

［案例7–5］

一位学生总是在铃声响后才跑进教室，不止一次打断教师的教学。在一次上课后，他再次迟到，教师便暂时停止教学，温和地说："我们班看来是有一位飞侠，总是在铃声响后就"嗖"的一声飞进来，我想这是不是就是金庸笔下的飞檐走壁的感觉呢？"学生们轻轻笑过，教师停了一会儿，接着说："可是，大侠都是行侠仗义、顾全大局的。我相信，以后我一定可以看见我们班的大侠也能够这样。好吗？"这次以后，那位学生再没迟到。

案例中的教师既说明了自己希望这位学生不要再有迟到的现象发生，同时又顾全了他的面子。这正是教师巧用词语的效果。（拓展资源7–5 案例分析：词语巧用的案例分析）

总之，教师语言风格的创造性，是语言应变性、灵巧性、独创性的综合表现，尤其在当今新课程标准倡导的理念下，教师语言的创造性正在得到积极的体现，教师语言风格的自我创造性将会得到更大的发展和延伸。

三、审美性特征

古人云："言之无文，行而不远。"教师的语言尤其如此。其语言风格的审美性，主要体现在形式美、内容美和情感美三个方面。

（一）形式美

所谓形式美，是就教师语言风格的外在表现而言的，它是一种听觉美和视觉美的融合，具体表现为语音美、语调美和体态美。

语言以语音为表现形式，为表意服务，这是语音的重要功能。作为教学活动重要工具的教学语言，除了具备很强的表意功能之外，还具有语音美的审美特点。优美动听的教师语言，不仅能够使所承载的语意信息被很好地理解和接受，而且能够使学生获得美的体验和感受。小学教师语言风格的语音美具体表现为：清晰规范、字正腔圆的音乐美；错落有致、丰富多变的节奏美；清亮圆润、平易亲近的柔和美。当然，对于不同的小学教师，针对不同的教学内容，也会呈现出具有个性的语音美。比如，低年级的小学教师往往表现出可爱稚嫩并且亲近多变的童音美，高年级的小学教师则往往表现出规范清晰并错落有致的语音层次美。

所谓语调美，即在教师语言风格中所呈现出的轻重缓急、抑扬顿挫、错落有致的韵律美，它包括停连美、语势美、重音美和节奏美。语调美表现出强烈的音乐美感，具有动人心魄的力量，因为重音能震撼学生、停连能吸引学生、语势能驾驭学生、节奏能感染学生。小学教师语言无论呈现哪种风格，都具有自己的语调审美特征。比如，铿锵激越的语言风格，呈现的是一种节奏变化明显，语调起伏多变，语气变化频繁，语速忽快忽慢，时而微风细雨，时而飞流直下的语调美；宁静含蓄的语言风格，则呈现出声音柔和、语速温婉和语势如清泉般流淌的美。总之，语调美把学生紧紧地吸引在教学中，使学生在获得知识的同时，也获得了美的享受。

小学教师体态语的审美性体现在其体态语的感情色彩和感染力中。小学教师的体态语情感力量很强，信息量展示充足。不论是文静的体态风格，还是活泼的体态风格，都能显现出教师体态的优雅美。学生不但可以从中体验到无声的情感美，也会对行为动作的美获得直观的认知和体验。同时，体态语还会直接影响学生对教师形象的认同。小学生的模仿力极强，“身教胜于言教”，教师大方、得体、优雅的举止会成为学生模仿的对象，并对学生产生深远的影响。

（二）内容美

所谓内容美，是就教师语言风格的深层审美而言的，是理智美和意境美的深层感知。

教师语言风格的理智美，表现为运用准确的概念和正确的判断，按照严密的思维规则排列语言程序,使教学语言具有强大征服力的思维美和逻辑美。同时表达出的语义信息真实、简明、规范，并从纷繁复杂的事物中深刻而鲜明地揭示出事物的内在规律，使教学语言具有较为深刻的哲理性和严谨性。语言的理智美，将丰繁复杂的知识精练化，要点重点突出化，使得学生既能在有效的时间内获得尽可能多的有效信息，又能受到这种美的感染，潜移默化中还会影响自己的思维和语言。教师语言风格中的理智美，能让话语接受者获得一种干净利落、富有韵味的审美感受。

教师语言风格的意境美，是形象和理智碰撞后产生的审美情境及审美感受，分为感性层次的审美意境和理性层次的审美意境。感性层次的审美，偏于以感性直觉能力直接感受通过语言传递的审美对象，无需借助太多的思考，便可以不假思索地唤起感官的满足和喜悦，进入感性愉快的审美经验状态。理性层次的审美，是通过诉诸人们的视觉和听觉的有限形象，从语言传递的信息中捕捉和领悟到审美对象内含的某些深刻意蕴，从而产生一种精神愉悦，获得悦心悦意的审美感受。在这种理性层次的审美意境中，人们可以凭借理解和想象因素使自己超越目观之景、耳闻之声，看到所谓的象外之象、景外之景，听到所谓的言外之意、弦外之音，进而把握其中所蕴含的丰富意蕴，达到神领意会的效果。这是一种更高级的心灵自由和谐的审美领悟。

（三）情感美

苏霍姆林斯基说："在知识的活的身体里，要有情感的血液在畅流。"①情感是语言表达的重要内容，而语言则是情感表达的外在形式。作为教师语言审美特征的重要内容之一，情感美是语言美的内在表现，而二者的有机结合则是情感美的语言化，即语言的情感美。

小学教师所面对的是一群急切渴望获得知识的学生，因此，他们身上所有美好的情感都将对学生产生极大的影响，也正因为如此，教师语言必然是深情的、坦诚的、真挚的。语言风格美的深层感知，必然是源于情感美的一种沉淀。同时，情感美使学生在获得知识的同时也得到审美的享受和情感的陶冶。而这种审美享受的本身也会对学生产生积极的影响，不但感人，也能育人。因为教师语言风格中所表现出来的高尚、圣洁的情感本身就是一种强烈而不可抗拒的教育力量。例如，向学生宣讲理想和正确人生观时的言之凿凿；弘扬高尚情操，痛斥不良思想时的义正词严；传授科学知识，答疑解惑时的循循善诱；打开心灵之锁，解答心理迷惑的恳切交谈……所有这些内在真实的东西都是由教师通过他们饱含深情的语言在教育教学活动中真切表现出来的。可见，教师教书育人，不但是知识的传授者，而且也是美好积极情感的引导者，教师语言风格，不但具有形象美、智慧美，更有不可抗拒的情感美。（拓展资源7-6 案例分析：课堂教学用语案例分析 拓展资源7-7 研究性学习：小学教师的言语美探析等）

第二节 小学教师语言风格的类型与表现

语言风格是由于语用者生活经历、文化素养、性格等的不同所形成的不同的

① 苏霍姆林斯基.给教师的建议.杜殿坤,译.北京：教育科学出版社，1984:414.

语言表达特色，是语用者通过语言表现出来的特有的格调。每位教师在教育教学实践的过程中都是一个独立的个体，会表现出属于自己的独特的语言风格。语言风格没有绝对的好坏之分，每一种风格都有自己的特点。根据教育教学的需要，形成并恰当地运用和调整自己的语言风格是教师良好语言素养的表现。本节将介绍小学教师语言风格的类型及表现。

教师语言风格千差万别，从话语风格的倾向[①]的角度来看，大致可以分为内向型语言风格和外向型语言风格两大类型。需要指出的是,两种语言风格类型与教师的性格类型不是完全对应的，有的教师虽然性格内向，但为了在课堂上调动学生的积极性，也会使用一些生动幽默的语句。相反，性格外向活泼的教师在讲授一些庄重、典雅的篇章时也会相应地调整语言，以达到更好的表达效果。（拓展资源7-8　研究性学习：小学生对教师语言风格类型的偏好调查等）

一、内向型语言风格

内向型语言风格是教师在教育教学活动中所表现出的一种语言风格，其主要特征是语言的音色温和动听，语调平缓少变；选词较为常见，多使用基础词汇和一般词汇；句子语法趋于简单化，一般使用短句、常式句；较少使用比喻、拟人、夸张、排比等修辞格；篇章简短，追求总体的美感。这些风格手段综合利用于教师用语中就形成了平易亲切、干净利落，质朴浅近、简练鲜明、庄重典雅、自然流畅的表现特色。

（一）平易亲切、干净利落

内向型语言风格的教师话语平易亲切，不故弄玄虚，不刻意表现自己的语言能力。他们把自己和学生看做平等的群体，在语言中融入对学生、家长的尊重，融入对学生的情感，往往借助干净利落的语言来教导学生。讲授知识时，他们力求以最直接的方式进行知识的传输和讲述；对学生进行思想教育时，他们不会夸夸其谈，而是平易随和缓缓道来，在柔声细语中讲述人生的真谛。这样的语言风格具体表现为音色柔和，语调平缓；表达简单直接，不拖泥带水。

当今的教学理念提倡以学生为主体，以教师为主导。这意味着教师不再是课堂上至高无上的权威，而是整个教学过程中的引导者。作为一个引导者，教师不能以“命令”来“压迫”学生学习，而应该让学生在教师的激励与引导下自主获取知识。柔和的音色加上平缓的语调能减少话语中的“权威性”，让学生听来更

---

① 指按照粗略的性格模式而划分的语言表达习惯所表现出的词句表达倾向。

加亲切。在语言中融入情感，站在学生的角度看待问题，展现教师对学生的关爱，让学生明白学习不是痛苦不堪的负担，教师也不是这些负担的制造者；让学生感觉到艰苦的学习过程中有教师与他们同在，教师会在大家遇到困难时施以援手。这样做无形当中拉近了师生间的距离，让学生不再排斥学习，进而爱上学习。

[案例7–6]

某小学三年级的数学课上，一个学生趴在课桌上睡着了，教师A非常生气，冲下讲台敲敲那个学生的头，厉声斥责道："我在讲台上讲得那么辛苦，你却在这呼呼大睡，再这么睡下去的话就没必要来上课了，站到后面墙角去！"该学生吓了一大跳，晕晕乎乎地站到墙角小声啜泣起来，其他学生都好奇而胆怯地不断回头张望。

同样是该校另一个班的数学课上，一个学生趴在桌子上睡着了。教师B发现后走到他身边，轻轻地拍了拍他，然后转身平静、柔和地对所有学生说："你们知道老师上小学的时候上课打瞌睡有什么快速清醒的办法吗？"学生们都答"不知道"，并好奇地看着教师等待答案。教师B笑了笑："我会悄悄地站到墙角，清醒过来后再悄悄回到座位上。"说完，便微笑着看着那位学生，那位学生默默地站起来站到墙角，两分钟后又悄悄地回到座位上，课堂又恢复了正常。此后，在这位教师的课堂上，打瞌睡的学生便自觉地用起了这个快速清醒的办法。

同样是为了让打瞌睡的学生清醒过来，认真听讲，同样是采取了"罚站"的方法。教师A的语气过于强硬，"语言暴力"伤害了学生的自尊心，也使课堂秩序难以恢复正常，从而影响了教学。教师B的表达得体、睿智，让学生了解到"老师小时候上课也会打瞌睡，只要想办法马上清醒过来认真听讲就行"，无形中拉近了师生间的距离，将"罚站"变成了自我提醒，这样更容易让学生接受，也更容易执行。教师B亲切温和的话语以更快的速度让课堂井然有序。

小学生的认知能力还有待开发，不太容易理解过于烦琐、委婉的语言，因此，教师讲课的语言不宜过于深奥复杂，要在词汇和语法这两种风格手段方面下工夫。教师应选用较为常用的基础词汇、一般词汇，连接成句时一般使用陈述、祈使、疑问等简单的句型，避开反问、设问等较为复杂的句型，尽量把复杂的长句拆分成易于理解的单句，等等，这些都是干净利落式话语表达常用的表现手段。

（二）质朴浅近、简练鲜明

内向型语言风格的教师惯于使用质朴浅近、简练鲜明的语言。质朴不是文辞贫乏，缺乏文采，而是拒绝华而不实，拒绝冗长累赘。质朴的语言在词汇方面很少使用生僻、晦涩的词语，而会选择普通常见的词语；修辞方面很少使用夸张、比喻、拟人等修辞手法；语法方面则较多使用简单句、常式句，文辞简洁、掷地有声，让人听了直接明了；篇章简短、表意清晰。拥有这种语言风格的教师通常会平铺直叙地解惑答疑，按部就班地叙述事实，显得厚实而大方。例如，两位教师讲授成语“狐假虎威”时的不同表达。

［例1］

“‘狐假虎威’的意思是狐狸借着老虎的威风而洋洋得意，用来比喻生活中一些人依仗别人的权势来欺压人。现代社会，有很多仗势欺人的人，他们依靠亲友的权力做尽坏事，在法律面前都不收敛。同学们，我们能不能学习他们呢？”学生们齐声答道：“不能！”“对，我们不能像他们一样！同学们，与这个成语意思相近的成语还有‘仗势欺人’‘狗仗人势’，等等，同学们要记住了。”

［例2］

一只狐狸被饥饿的老虎捉住了，它害怕被老虎吃掉，于是就对老虎说，我是天帝派来管各类野兽的，你要是吃了我，天帝不会放过你的。老虎不信，狐狸就告诉老虎，所有的动物都怕我，不信你跟我走一趟。结果老虎跟着狐狸走了一趟后发现所有动物看到狐狸就赶快逃窜，它相信了狐狸的话，只好把狐狸放了。它却不知道，动物们怕的是自己而不是狐狸，狐狸只是借了自己的威风。所以，“狐假虎威”这个词用来形容借着别人的势力来欺负弱小的行为。

例1中教师的表达显得过于空洞和说教，例2中教师的表达清楚、明了，充分体现了质朴浅近、简练鲜明的特点。

（三）庄重典雅、自然流畅

骆小所先生在《语言风格的分类和语言风格的形成》一文中提到：“庄重适用于表达重大事件和问题，歌颂伟大、崇高的人物，论证科学道理等。它表达清楚，往往选用庄严词语、各种术语和敬语，句式严整，不用双关、反语等修辞方式。”① 从风格手段上来看，这样的风格不仅表现在沉稳厚实的语音上，还表现在庄重典雅的词汇、严密齐整的语法构建及精妙适宜的修辞上。淳厚的音质、沉稳严肃的语气奠定了“庄重”的基础，正式、文雅的词汇提供了“庄重典雅”丰富的原材料，严密、齐整的语法构建是“庄重典雅”的基础框架，引用、对比等修辞手法则将对语句进行精加工，使语句充分具有“庄重、典雅”的特性。另外，庄重典雅的语言风格还表现为善用抒情、多用想象、升华哲理、巧用名言、力求诗意等。

［案例7–7］

一次课堂教学中，一位教师是这样引入《我们爱你啊，中国》这篇课文的：“同学们，大家好好看看自己，我们拥有黄色的皮肤，这是大地一样沉稳的

① 骆小所.语言风格的分类和语言风格的形成.武汉教育学院学报，1991（2）.

颜色，代表着中华民族是脚踏实地、积极向上的民族；我们拥有黑色的眼睛，这是黑夜一样神秘的颜色，代表着中华民族刻苦探索、勇于超越的民族精神。著名诗人顾城曾经写下“黑夜给了我黑色的眼睛，我却用它寻找光明”的诗句。中国人就是用这黑色的眼睛寻找着光明，探索着前进的道路。我们是中国人，我们是祖国母亲的儿女，我们爱你啊，中国！我们爱你大好的河山，我们爱你灿烂的文明，我们更爱你可爱淳朴的劳动人民！让我们带着这份爱来体验作者对祖国的热爱。下面，老师朗读一遍课文，同学们要认真听，认真体会诗中浓烈真挚的感情。

案例中的教师联系学生自身的身体特点，用“黄皮肤、黑眼睛”引入“中国人”这一集体概念，再用这两种颜色的深层含义进一步带出“民族精神”“爱国主义”等抽象的概念，自然而然地激发出学生的爱国情怀。然后，再通过有感情地朗读，庄重地罗列出祖国的可爱与伟大之处。让学生更加了解自己的祖国，更加为身为一个中国人而感到自豪。这样的陈述容易给学生留下深刻的印象。从语言表现风格来看，教师所使用的词句正式而典雅，语气庄重而柔缓，体现了教师良好的语言素质。

二、外向型语言风格

与内向型语言风格相比，外向型语言风格显得更加活泼生动，富于变化。外向型语言风格总体的特征是语音高低变化突出，选词生动活泼，以贴切形象为主，语法形式灵活多变，陈述、疑问、祈使、感叹等句式交替使用，多用比喻、拟人、排比、夸张、层递等修辞方法。具体表现为以下几大特色：

（一）生动形象、娓娓动听

生动形象是指教师运用语音的高低变化、修辞的修饰描写及态势语言的灵活多变等风格手段使自己的语言形象多变，充满表现力。语音方面，教师会根据情境需要安排音调和语调的高低起伏，有时还会借助拟声词来描述所要表达的声音；词汇方面，教师会多选用一些描绘性及修饰性的词汇，如形容词、副词等；语法、修辞方面，教师不但注重句式的变换、句型的长短松紧，还注意灵活使用比喻、拟人、借代等修辞手法。另外，外向型语言风格的教师还特别注意自己的态势语言和口头语言的搭配使用，让学生在肢体与大脑的双重运作下快速接受知识。例如，在教学单韵母“ɑ、o、e”时，教师们设计出这样的儿歌：“圆圆脸蛋羊角辫，张大嘴巴ɑɑɑ；太阳出来公鸡叫，圆圆嘴巴ooo；清清池塘一只鹅，水中倒影eee。”这样的语言表达能够使知识直观形象，使学生在说唱的同时还根据儿歌中的描述记住了字母的写法。学生在“图与歌”的情境中学习，打破了字母的神秘感，缩短了学生与汉语拼音的距离。

生动形象、引人入胜的话语表达常常使用修辞格进行话语建构。小学教师最常用的修辞格有比喻、拟人、夸张、排比等。

［案例7-8］

课堂上，一名数学教师为了让一年级的小学生记住1—10的阿拉伯数字，在课堂上做了如下的处理：

教师：同学们，仔细看看黑板上老师刚刚教过的数字，它们分别像什么？1像什么？

学生：像竹竿……棍子……金箍棒……铅笔……

教师：对，这些都对，大家记住了，它像我们手中的铅笔一样，还像大圣手中的金箍棒……那么2呢？

学生：……

教师：像不像一只小鸭子？

学生：像！像一只小鸭子在水面上！

教师：好，那我们再来看看3,3像什么，像不像你们的小耳朵？

就这样，教师将1到10的数字都找出了生活中的相似物让学生对比，“4像小旗，5像秤钩，6像哨子，7像小锄头，8像宝葫芦，9像气球，10像油条加汉堡”。在讲解过后，教师还编了简单有趣的口诀“1支铅笔1 1 1，2是鸭子水中戏；摸摸耳朵记住3，4是小旗随风展；5挂称头勾物件，6是哨子把人集；7像锄头弯弯角，8是葫芦手中宝；气球飘飘画出9,10是油条加汉堡。”学生们一边跟着教师有节奏地读，一边写写画画，很快就记住了这些数字。

案例中这位教师把数字的形状生动地反映在日常可见的事物上，既让学生学起来妙趣横生，又让他们印象深刻，口诀读起来朗朗上口，很大程度上为学生减少了记忆的难度。可以说，这完全是生动形象的教师语言在教学中所起到的作用。

（二）声情并茂、铿锵激越

外向型语言风格的教师语音上富于变化，节奏感强，凸显情感，语调高亢激昂、大气磅礴；句子表达中多用排比、夸张、层递等修辞手法，句式回环，波澜壮阔。体现出了声情并茂、铿锵激越的特点。

［案例7-9］

毛泽东的诗词《长征》显得大气磅礴，朗诵和讲解时需要教师以铿锵有力的语调来加以升华。下面这位教师在课堂上讲述了这样一段话：

有句老话是这么说的：“苦不苦，想想长征二万五；累不累，想想革命老前辈！”红军在面临第五次反围剿失利的情况下被迫进行长征。但是，红军战士有着铁打的脊梁，他们“流血流汗不流泪，掉皮掉肉不掉队”！万水千山只是等闲，没什么可怕。在他们坚挺的身躯下，绵延的五岭不过是细浪，雄伟的乌蒙山也只是泥丸！金沙江水之急、大渡桥梁之险，夺命雪山、凶险草地都绊不住红军坚定的脚步！二万五千里的长征，一个字“难”！但红军的呼声是“不怕”！

教师用铿锵激越的语言声情并茂地展现红军的坚强与不畏艰险，一声高过一声的呐喊喊出了长征之难，更喊出了红军不畏艰险的品格，喊出了作者毛泽东面对困难等闲视之的磅礴气概。教师的语言给学生架起了一座通往知识与情感的桥梁，让学生感受到了诗词所蕴含的革命坚强意志与大无畏的气势。

（三）机智风趣、幽默诙谐

钱仁康老先生曾说过：“幽默是一切智慧的光芒，照耀在古今哲人的灵性中间。凡有幽默的素养者，都是聪敏颖悟的。他们会用幽默手腕解决一切困难问题，而把每一种事态安排得从容不迫、恰到好处。”[①]可见，能做到机智幽默的人必是生活的智者和语言运用的强者。幽默感也是教师语言魅力的一个组成部分。有了幽默感，教师可以在一种非常融洽的气氛中传播自己的知识和思想。

机智幽默在语言运用上的表现是：在合适的语境中选择立意新颖、独特创新的词汇加之以灵活的修辞方法以产生不同的语言表达效果。机智幽默的语言让课堂妙语连珠、妙趣横生，因此让人印象深刻、乐此不疲，从而起到辅助学生理解知识，调节课堂气氛，拉近师生距离的作用。

[案例7–10]

在一节数学课上，有一道题，问从甲地走到乙地要用多少时间，一个学生误把“5小时”答成“5时间”，教师没有进行絮絮叨叨地说教，也没有板起脸孔指责批评学生，而是进行了如下诙谐、有趣的调节：好，问题问用多少时间，答用5时间；那如果问教室有多大，则答48大；小芳有多重，答42重；山坡上有几头牛，答8牛。在学生的哄堂大笑中，教师再作讲解和订正，不但调节了课堂的气氛，而且产生了事半功倍的教学效果。

当然，在教学过程中使用风趣幽默的语言并不是越多越好，教师必须掌握合适的度。小学生的自控能力较差，在教师幽默语言的刺激下学生们很可能笑个不停，却忽略了教师所教授的知识。另外，使用诙谐幽默的语言还应该注意语言本身的艺术性和高雅性。幽默不是哗众取宠，更不是轻薄地要贫嘴。引起学生发笑不是目的，重要的是笑后得到深刻的哲理启示。

不管是内向型的语言风格还是外向型的语言风格都是教师在长期教学相长的过程中积累而成的。学生也会在教师语言风格的影响下收获不同的知识，养成不

① 转引自新浪博客.教师该怎样提升课堂语言的艺术表现力. http://blog.sina.com.cn/s/blog_77db598e010118gn.html

同的倾听、思考及回应的方式，甚至也会在潜移默化中改变着自己的学习态度、方法及处理事情的方式。（拓展资源7-9　实践指导：内向型、外向型小学教师教学、教育语言常见问题及解决方法）

第三节　小学教师语言风格对教育教学的影响

教育教学语言是课堂教学及日常交流中，教师传授知识、进行思想教育工作的重要工具。因此，教师教育教学语言水平的高低，是课堂教学和思想教育能否取得高效的关键。不同教师的语言风格会对学生产生不同的影响。研究教师语言风格对学生学习和教育的影响有着重要意义。本节将从教学和教育两个维度，阐述小学教师语言风格对教育教学的积极影响和消极影响。

教师的语言风格多种多样，不同的语言风格在相同的教育教学活动中会产生不同的效果。这是由语言表达手段及所承载的话语信息决定的。

一、内向型语言风格对教育教学的影响

教师语言风格对教育教学的影响不是绝对的，任何一种语言风格都有其有利和不利的因素。所以，内向型语言风格对教育教学的影响也表现为积极和消极两个方面。

（一）内向型语言风格对教学的影响

内向型语言风格的教师讲课时音调较低，语速较慢、平缓，面部表情较为平静，肢体语言也相对单调或缺乏，但他们能够周密地梳理、阐明每个知识要点，便于学生理解掌握所学内容。学生长期在这种语言环境中成长，往往心思细密，考虑问题周全，但也容易墨守成规、不知变通。基于内向型语言风格教师的特点，其对教学的影响表现为以下方面：

1. 积极影响

所谓积极影响是指教师在教学过程中由于自身的语言风格而给学生的学习带来的正面影响，即此类语言风格的有利因素。

（1）有利于学生客观地理解和接受知识，培养其扎实、稳进的学习态度及缜密的思维方式

内向型语言风格的教师在运用语言时多选用基础词汇、一般词汇，这些词语中较少出现学生们不懂的词语，即使出现一些，学生们也容易在教师的引导下理解掌握；内向型语言风格的教师语言句式常见，结构简单，常用单句、短句，这样的语句同样是易于理解的；内向型语言风格的教师擅长用简单、具体的已知内容来解释复杂、抽象的事物。因此，内向型语言风格的教师在表述时大大减少了学生理解的难度，从而有利于学生对知识的理解和把握。

［案例7–11］

一位教师给学生讲述“不能以事物的美丑评判事物的价值，美丽的东西不一定有用，不美的东西也可能有用”的道理时，运用了以下的表达方式：

一只鹿非常口渴，连忙跑到泉水边去。他喝着甘甜的泉水，望着水里自己的影子，见到自己修长而美丽的双角，得意洋洋；见到自己细小的腿，又郁郁不乐。正当他看得入神时，有头狮子疾奔而来。他转身拼命地逃跑，一下子就把狮子远远地甩在身后。因为鹿的力量是在腿上，狮子的力量是在心脏上，在空旷的平原上，鹿总能跑在前头，保住性命。但当他进入树林中时，美丽的双角被树枝挂住了，再也无法奔跑了，结果被跟踪而来的狮子捉住了。鹿临死之前对自己说：“我真不幸啊！被我所不喜欢的救了命，却被我所最宠爱的东西断送了生命。相信同学们能够从这个故事中领悟到“不能以事物的美丑评判事物价值的道理”。

案例中的教师冷静、客观地用一个浅显易懂的故事讲述了一个较为抽象的道理。没有过多的修饰和夸张的强调，而是简单、沉稳的叙述和结论的推导，体现出内向型语言风格的特色。这种语言风格无形中会对学生形成求真务实、扎实稳进的学习态度产生影响，有利于形成严谨而富有逻辑的思维方式。

（2）语气委婉平和，能较好地保护学生的自尊心和自信心

教师的课堂教学除了讲授知识外，还常伴随一个重要的环节，那就是课堂评价。教师在课堂上需要及时有效地对学生的表现做出客观评价，无论是表扬还是批评，对学生都有着不同寻常的意义。内向型语言风格的教师在表扬学生时语气亲切诚恳，所用语句简洁真实，让学生真切地感觉到教师对他的赞许和认可，这样会激发学生学习的兴趣和进一步努力的信心。而这种语言风格的教师在批评学生时也会相对委婉、宽容，他们的语气会相对柔缓，所说话语通常借助“婉曲”“衬托”等修辞手法来降低批评的意味。对于一些自尊心较强的学生来说，这样的表达有助于保护他们的自尊心，不会因为教师的批评而消沉自卑。

［案例7–12］

一次数学课上，为了检查学生们的乘法学得怎么样，教师临时出了一道

题，“1只小白兔每天要吃3根胡萝卜，我们要给它准备3天的食物，请问我们应该准备几根胡萝卜呢？”一个平时不怎么爱回答问题的女生小芳被点名回答这个问题，她考虑了一会儿说：“12根。”她刚一说完，其他同学就哈哈大笑起来，大声说道“9根！”小女孩的脸“刷”地一下就红了，害羞而害怕地低下了头。教师看到这种状况，顿了一下说道：“小芳真是个有爱心的好孩子，她是想让小白兔多吃几根胡萝卜呢。不过，如果给这只小白兔的胡萝卜多了，其他小白兔就得饿肚子了，所以大家记住了，是9根。小芳，坐下吧！”“听到教师的表扬，其他同学也不笑了。小芳也没想到教师会夸自己是个好孩子，脸上露出了笑容。

案例中的教师的评价语言亲切而平和，将批评转化为了表扬和鼓励，很好地保护了学生的自尊心。对那些性格内向、自尊心强的学生来说，这种评价语言能减少他们的压力，产生好的评价效果。如果教师一味厉言相向的话，无形之中就会伤害学生的自尊心和自信心。

2. 消极影响

所谓消极影响是指教师在教学过程中由于自身的语言风格而给学生的学习带来的负面影响，即此类语言风格的不利因素。综合内向型语言风格教师的语言特点，它的消极影响主要有以下两个方面。

（1）节奏缺乏变化，可能影响学生的注意力

内向型语言风格的教师采取保守稳定的语言策略，他们的语言语调平缓，缺乏高低变换，会使学生难以长时间集中精力；词汇和句式较为常见，缺乏新鲜感和变化感，难以给学生带来冲击和挑战；语法搭配固定少变，修辞保守缺乏创新。这种语言风格对于小学生来说，可能会影响他们对教师所讲内容的关注，不能将注意力长久地保持在教师传输的信息上，从而影响教学效果。

（2）词句灵活度相对弱，可能影响学生的创造力

“学高为师，身正为范”，教师的言传身教都会影响学生的成长和发展。学生们从教师那儿学到的不仅仅是知识，也会学到教师的思想品质和思维方式。内向型语言风格的教师在语言上惯于采用固定的词汇、语法结构来讲述知识内容，让学生接触不到创新、灵活的语言表达。久而久之，学生惯于用固定的语言去描述事物，用既定的思维模式去思考问题，却很难从新的角度、新的突破口去审视事物，在学习和生活中就显得缺乏想象力和创造力。这种语言风格影响下的学生，基础语言的使用能力会较为扎实，但语言的变换能力和表现能力却可能受到限制和影响。这些语言能力的缺乏体现在他们的语言表达中，就显得缺少了灵动感。（拓展资源7-10 研究性学习：小学教师语言风格在教学中的作用分析 拓展资源7-11 案例分析：利用所学知识分析下列教师语言案例，并结合课堂口语和教育口语重新构建教师话语）

（二）内向型语言风格对教育的影响

对学生进行思想道德及行为规范的教育是教师日常工作的重要内容之一，“师者，所以传道授业解惑也。”教师既是学生知识的传授者、疑难问题的解答者，同时也是学生做人行事的引导者。教师借助语言这一工具给学生讲述做人的真知，也凭借自己的言语行为给学生树立学习的榜样。内向型语言风格对教育的影响也有积极和消极两个方面。

1. 积极影响

内向型语言风格对教育的积极影响是由其平和、稳健、质朴的语言表达特色决定的。

（1）语言平易亲切，有利于学生与人为善品格的形成

影响一个人性格的因素有两种：一种是先天因素，一种是后天因素。小学阶段是性格塑造的关键时期，教师们的一言一行都在影响着学生。具有内向型语言风格的教师讲话节奏柔缓，语气温和，选用的词语多是平和性的用语，不容易引起话语接受者的反感。在教师这样的语言风格影响下，学生一般也会学习教师说话的语音语调，沿用教师所说的词汇、句子，容易形成与人为善的品格。

（2）语言质朴持重，有利于培养学生务实本真的生活态度

语言反映出一个人的思想，而思想又是一个人知识水平、性格、世界观、人生观、价值观的集中体现。内向型语言风格的教师说话稳重、质朴。这种稳重、质朴的特点使得他们所说的话更加真实、自然和简明。在进行严肃的道德教育时，庄重质朴的语言要比那些生动诙谐的语言更加具有说服力。内向型语言风格的教师在育人时语气严肃庄重、选词质朴简洁，他们不会夸夸其谈、豪言壮语，而用最质朴的词句阐述人生哲理。这样的语气和语言凸显出真理的客观性，有利于培养学生务实本真的生活态度。

2. 消极影响

（1）教师话语沉闷少变，影响儿童社会化的进程

社会化是指个体在与社会互动的过程中，逐渐养成独特的个性和人格，从生物人转变为社会人，并通过社会文化的内化和角色知识的学习，逐渐适应社会生活的过程。[①]简单来说，社会化涉及两个方面：一是社会对个体进行教化的过程；二是与其他社会成员互动，成为合格的社会成员的过程。教师在这当中充当了重要的角色，他们不仅是领导者也是示范者。内向型语言风格教师的话语从某种角度来说显得沉闷少变，在人际交流中缺少灵活度。这些话语中没有太多语调的高低变化，也少有灵活创新的词语搭配，句式固定老套，语言缺乏激情。这些或多或少会影响学生在与他人交流时语言表达的自如、生动和富有吸引力等，进

---

① 百度百科.http://baike.baidu.com/view/79745.htm.

而对学生社会化的进程产生一定的影响。

（2）言语包含信息较少，可能影响学生眼界的开阔

课堂是学生们认识世界的窗口，教师的教学应是以小见大的。学生们通过教师的语言描述充分地想象外面未知的世界。生动的语言能诱发学生丰富的想象，在无尽的想象中为自己打开求知的大门。当他们渴望了解什么时，就会自觉地去探索，在探索的道路中他们的眼界就会变得越来越宽阔。内向型语言风格教师的话语中词汇不是那么丰富，句子也显得单薄，少有生动的修辞，少有丰富的课外知识蕴藏在话语篇章中，带入的信息量要少一些。这在一定程度上限制了学生的想象力和创造力。

（3）语气过于柔和，可能影响批评教育的效果

小学阶段，教师不仅要扮演教学中的“慈母”,而且要扮演教育批评中的“严父”。内向型语言风格的教师说话语气过于柔和，缺少“威慑力”,话语过于委婉，所用的词语、句子表意留下太多的包容的空间。这样的批评教育方式对一些调皮、“吃硬不吃软”的学生来说就有如“隔靴搔痒”，起不到良好的教育效果。（拓展资源7-12　情景训练：根据下面给出的情景，对教师话语进行思考和表达）

二、外向型语言风格对教育教学的影响

外向型语言风格表现为语音起伏跌宕，语词形象活泼，句式丰富，体态语多变而开放，修辞明丽丰繁而灵活，声情并茂而情思激荡，“刺激性”较强，整体显现出或活泼舒展或生动诙谐的基调和特征。

（一）外向型语言风格对教学的影响

与内向型语言风格一样，外向型语言风格在教学中也会表现出其积极的一面和不利的一面。

1. 积极影响

与内向型语言风格相比，语音和体态语的运用是外向型语言风格较为突出的特点。因此，外向型语言风格对教学的积极影响也会通过这两个要素体现出来。

外向型语言风格的教师在上课时，往往声音洪亮，音调较高，语速较快，节奏鲜明。这样的语音特点，会产生抑扬顿挫、跌宕起伏的效果，给学生以活灵活现的表达感受，有利于吸引学生的注意力，产生好的节奏感；语词上往往擅用色彩鲜明的词，如比喻性词语和摹状词语，或形象生动，或诙谐幽默，给学生以身临其境的联想和感受；句式短促连贯，并常常综合使用各种修辞，语言的表现力强劲有力。总的看来，外向型语言风格充分发挥语言的直观功能，更讲究表达的形象化、生动化和情感性。小学生主要用形象、声音、色彩进行具体形象思维，

这样的语言表达形式更能给他们留下深刻的印象，激发学生思维的跳动，使得学生乐于听、利于记、勤于思。

外向型语言风格的体态语丰富生动且张弛有力，容易吸引学生的注意力，有利于教师引导学生对知识的形象化理解或者加深学生对知识的印象，使教学更富有趣味性和生动性。丰富形象的体态语配合声音的运用，声情并茂、妙趣横生的语言，将抽象化为形象，将平淡化为神奇，将深奥化为浅显，在这种丰富的语言表现中，学生容易被吸引，能在教师的引导下，将“苦学”变为“乐学”。

总之，外向型语言风格的美，不同于内向型语言风格的美，它更张扬、更活泼，如果说内向型风格的语言是一个温和的女子，那么外向型风格的语言便是一个灵动的女子，它的美感是强烈而动态的，容易使学生获得审美感受，引发审美想象，丰富审美情趣，从而获得审美能力的发展。

2. 消极影响

外向型语言风格的教师，如果控制不当，就会造成语速过快，没有间歇。这种“机关枪”式的语言，缺乏节奏感，容易让学生应接不暇或产生凌乱感。同时，没有间歇的快速语言，会一直刺激学生的脑细胞长时间处于兴奋状态，容易产生疲惫感；语速过快，容易使教师忽视学生的接受能力，导致学生没有及时地获取信息，甚至造成排斥接收信息的心理，从而使教学成为教师的“独白”课堂，违背了“主导与主体”的教学原则；教学语言过快，实际上是压缩了教学时间，这样造成了教师输出信息过多、频率过高，使学生对于信息的接收处理不迭，容易造成信息的脱漏、积压，甚至导致信息接收活动的障碍；从审美角度而言，这种快速而无节奏的语言无法给学生带来语言音韵美感的享受。

外向型语言风格的体态语具有较为开放的特点。具体表现为动作幅度较大，力量较强，视觉感突出，体态丰富而多变，比较容易吸引学生的注意力。但同时也会存在学生专注于教师的体态变化，而不能将注意力迁移到学习内容上的情况，甚至出现没有教师体态语的刺激便无法自行理解学习内容的被动情况等。

总之，无论是内向型语言风格还是外向型语言风格都有自身的优点和不足。教学中，教师需要根据不同的教学对象和教学内容灵活变化和调整教学手段与语言表达，以优化自己的课堂教学。（拓展资源7-13　争鸣与讨论：有人认为，外向型教学语言更有利于学生对知识的把握。你同意这种观点吗？为什么？）

（二）外向型语言风格对教育的影响

外向型语言风格的小学教师凭借自身“动态开放”的特点，对学生的教育工作产生积极影响的同时也存在一些不利的因素。

1. 积极影响

外向型语言风格，因其节奏鲜明、语气灵活、抑扬顿挫等，使得教育内容重点明确，呈现出情真意切的氛围。这样的氛围，容易拉近师生关系，也易于打开学生心扉，从而利于师生沟通，达到教育的目的。另外，这种语言风格，具有刚柔相济的特质，容易营造轻松和谐的氛围，给学生亲近感，使师生关系较为融洽。在这样的情境中实施教育，学生更能够心悦诚服地接受。再者，外向型语言风格形象生动的词汇与活泼多变的修辞特点，使它呈现出了较强的感染性。外向型语言风格的教师在教育活动中善于运用情感丰富的语言打动学生，晓之以理，动之以情，使其产生思想的共鸣和积极的力量。

2. 消极影响

外向型语言风格，其音调往往较高，语速较快，语气多变，如果此类风格的教师不能妥善控制，很容易形成一种高压感，让学生感觉到一种较为凌厉的压迫气势，造成氛围紧张，师生关系矛盾激化，甚至造成彼此之间的对峙，激起学生的排斥心理和逆反心理，不利于问题的妥善解决和教育的有效实施。外向型语言风格的情感力度较强，在教育过程中如果情感的“度”把握不好，有时可能会导致学生“情”“理”不分，限制其是非辨别能力和责任感等的培养。因此，在教育活动中，外向型语言风格的教师要注意情理兼顾、理容于情、不可偏颇。另外，外向型语言风格的教师在进行教育时，常常采用形象生动和幽默的话语表达手段，这样的表达学生一般会比较喜欢，但与此同时，教育的严肃性和深刻性有时也会被弱化。小学生的理解能力有限，对事物的理解很可能只停留在表面，玩笑式的教育语言，其教育的深刻性往往容易被忽略，不能达到理想的教育效果。

总之，教师的语言风格具有统一性和多样化，统一性是由教师职业语言规范决定的，多样化是个人、时代、民族、社会等多种因素影响的结果。教师要在教育教学实践活动中形成和运用得体的语言表现风格，调试和修正不适于教育教学活动的语用偏误，努力使自己的语言风格呈现出符合教育对象接受心理和教学需求的特征。

【本章小结】

本章介绍了小学教师语言风格的主要特征：个体性特征、创造性特征和审美性特征。个体性特征表现为话语方式的个体性、书面语言的个体性和体态语言的个体性；创造性特征表现为突发事件的应变性、语言策略的独创性和词语搭配的灵巧性；审美性表现为形式美、内容美和情感美。

本章介绍了小学教师语言风格的类型与表现。小学教师语言风格可分为内向型语言风格和外向型语言风格。内向型语言风格具有平易亲切、干净利落，质朴浅近、简练鲜明，庄重典雅、自然流畅的特点。外向型语言风格具有生动形象、娓娓动听，声情并茂、铿锵激越，机智风趣、幽默诙谐的特点。

本章阐述了小学教师语言风格对教育教学的影响。主要从内向型、外向型语言风格对教育、教学产生的积极影响和消极影响进行分析和阐述。

【理解·反思·探究】

1. 小学教师语言风格的内涵和特征是什么？
2. 影响小学教师语言风格形成的要素有哪些？
3. 外向型语言风格具体有哪些表现？
4. 内向型语言风格对教学、教育有什么样的影响？
5. 教师个体的语言风格能否改变？

【做中学】

1. 请以4 ～ 8人为一个小组，到小学观摩教师的课堂教学活动，观察、分析并总结授课教师的语言风格，提出改进的意见和建议。

2. 请以4 ～ 8人为一个小组，到小学观摩班主任组织的主题班会，观察、分析并总结班主任的语言风格，提出改进的意见和建议。

3. 有的教师认为，内向型语言风格的教师适合以内向型小学生为教育教学对象，外向型语言风格的教师适合以外向型小学生为教育教学对象。请你对此在小学展开调查和访谈，对其进行深入分析并得出自己的结论。

4. 有的教师认为，教师的语言风格一旦形成就具有很强的稳定性，这也是小学教师个性特色的一种反映，因此能够适应教师语言风格的小学生往往能够获得良好的教育效果和学习成绩。请你就此对小学生家长进行调查和访谈，对其进行深入分析并得出自己的结论。

5. 了解小学某一课程教材的话语表达，请你结合本章所学理论和知识，分析和总结小学教师应采用何种语言风格来讲授教材以实现教学的有效性。

第八章　小学教师语言运用案例分析

要点提示

本章将对小学教师课堂教学环节语、方式语、评价语、副语言和小学教师思想教育语言的相关案例进行分析。通过案例分析，让学生进一步了解小学教师课堂环节语、方式语、评价语、副语言和小学教师思想教育语言的特点和要求，进而让学生明确该如何更好地运用教师课堂教学语言和思想教育语言。

学习目标

知识目标：

- 巩固和运用小学课堂教学环节语、方式语、评价语、副语言及教育语言的相关知识。

能力目标：

- 能根据课堂教学环节、方式语、评价语、副语言及教育语言的相关知识进行实际教学案例的分析，通过分析，提升建构优秀教育教学用语的能力。

第一节　小学课堂教学环节语运用案例分析

在我们上体育课或军训课的时候，总会听到“稍息”“立正”的口令，并跟着做相应的动作。这个口令的由来与我国历史上一位抗倭英雄戚继光有关。戚继光在东南沿海抗倭时，夜间派士兵沿海警戒。为了避免夜幕中敌我难辨，戚继光让警戒的士兵都带着竹哨，如果发现人影就喊一声“哨起”，对方若是自己人，就要喊“立正”并原地站直。在部队操练时，戚继光不停地让士兵练习这两个动作，后几经演变成“稍息、立正”，成为军队队列练习的正规口令。同学们想了解戚继光抗倭的经过吗？想知道明代的中外关系中还发生过哪些重大的历史事件吗？让我们一起走进今天的历史课堂。

导课，是课堂教学的初始环节。导课语运用是否恰当，关系到整节课的效果。案例中的教师通过一个历史故事进行教学的导入。故事的选择与课程内容紧密联系，导入自然，能引起学生的注意力和学习兴趣。本节将通过案例分析，进一步巩固课堂教学环节语的知识，提升学生对课堂教学环节语运用的分析能力。

一、导课语案例分析

［案例8-1］　小学语文课文《称象》教学中的导课语①

教师：古时候，有人送给曹操一头大象，曹操很想知道大象有多重，可没有那么大的秤来称，大臣们又想不出什么好办法，有人建议把大象宰了，割成一块一块来称，这种办法肯定不行。你们说这事难不难办呀？当时有个6岁的孩子想出了一个非常巧妙的办法，称出了大象的重量。你们想不想知道这个聪明的孩子是谁？他是怎样称出大象的重量的呢？让我们一起到《称象》这篇课文中去寻找答案吧。

案例分析：俗话说得好：“良好的开端，是成功的一半。”导课语是教师在开始正式讲授课堂内容前，设置的一段和教学目标息息相关，能迅速吸引学生注意力，把他们的思路快速引导到即将开始讲授的教学内容上来的一段开场白。导课语设置的方法多种多样，以小学语文课为例，由于课文文体不同、内容不同、学生年级不同以及课堂气氛不同，课堂导入语的设计也不同。常见的导课语设置的

① 整理自：李建萍.浅谈小学语文教学中的情景设计.高平教育网.http://www.gaopingedu.net/Article/gpjy/gpjy/201003/736.htm

方法有故事导入法、悬念导入法、释题导入法、激情渲染导入法，等等。但不管采用什么方法，导课语必须要有强烈的吸引力，要在较短的时间内充分调动起学生的求知欲。导课语除了重情趣之外，还要重理趣。如果导课语只追求语言的吸引力，而忽略了教学目标或教学实质，就会变得哗众取宠。因此，教师除了注意导课语设置的精彩、冲击力等要素之外，还要重视导课语要充分服务于教学目标的作用。

上述案例以故事的方式导入课文，符合低年级学生的年龄特点和认知心理，能够激发他们对即将学习的新课产生浓厚的兴趣。同时，教师重视调动学生的参与性，注意在引发学生兴趣的过程中，紧扣课题找准学生阅读文本的思维点，有效地将本文的重点、难点以及学生阅读的兴奋点、切入点有机地结合起来。这样做有助于启发学生的思维，使他们在感悟语言的同时，领悟课题的寓意和文本的内涵。本段导课语话语构建的突出特点在于：形式简明、连贯、得体。如果导课语内容过多、叙述过杂、讨论过广、占用时间过长，将会造成学生注意力分散、兴趣转移、主次不分，最终失去导课语的本质目的。

[案例8-2]　小学语文课文《夸父追日》教学中的导课语[①]

教师：在遥远的古代，有这么一个人，为了让光明永远普照大地，于是他拿起手杖，迈开大步，向着西斜的太阳追去，他能追上太阳吗？这个人的名字叫夸父，今天就让我们一起来学习《夸父追日》，一起来听听夸父追赶太阳的神奇故事吧。

案例分析：毛姆曾经说过：“听故事的愿望在人类身上，同财产观念一样，是根深蒂固的。自有历史以来，人们就聚集在篝火旁或市井处听讲故事。”[②]这段导课语以故事语言娓娓道来，语言简练，叙述有趣，能激发学生们听故事的强烈欲望和对未知情节的知晓需求，从而引导学生主动进入对新课的学习。

[案例8-3]　小学语文课文《顶碗少年》教学中的导课语

教师：同学们，你们喜欢看杂技表演吗？能谈谈你的感受吗？

（学生争相说自己看杂技表演的各种感受。）

教师：是的，杂技是一项很复杂的表演，有时表演一个节目要经过几年的训练，可以说是“台上三分钟，台下十年功”。但是你想过没有，当一个杂技演员在表演时两次出现了失误，他还有信心表演下去吗？今天我们就来听听顶碗少年的故事，你或许会从中悟出一些道理来。

---

① 本章所选案例除另注有出处的以外，均整理自aoshu奥数网（小学资源库·小学教案）.http://www.aoshu.com/zlk/ja/yw/或http://www.aoshu.com/zlk/ja/shx/

② 毛姆.巨匠与杰作.孔海立,等,译.上海：华东师范大学出版社，1987:17.

案例分析：这段导课语从让学生们自己讨论看杂技表演的感受出发，引导他们对杂技表演“台上三分钟，台下十年功”的训练特点进行思考，进而因势利导让学生们把注意力转向课文中的主人公——顶碗少年，去为他的命运担忧，并为下一步授课过程中学生理解和把握课文所蕴含的哲理（不论遇到多少艰难曲折也不要退缩，只要坚持下去就能获得成功）做了很好的引导和准备。

［案例8–4］ 小学语文课文《四个太阳》教学中的导课语

教师：看到这个题目，同学们想到了什么？

学生：世界上只有一个太阳，怎么课文里会有四个太阳？

教师：是啊，宇宙中本来只有一个太阳，这篇课文好像和我们平时看到的不一样。让我们来仔细读读课文，寻找答案吧！

案例分析：好奇是小学生的天性，抓住学生的好奇心，能激发学生的学习兴趣。一年级的小学生上课时容易分心，注意力不易持续集中，针对一年级小学生的这种特点，需要在授课过程中运用诸如悬念设置等语言建构方式来吸引他们的注意力，让他们对课堂充满好奇心。这段导课语采用引导式提问的方式，设置了一个悬念，充分激起了学生的好奇心。为了探究这个不合常理的现象的答案，他们会积极地进行解答式阅读，自然而然地以最佳的思维状态进入到即将开展的学习中。

［案例8–5］ 小学语文课文《阿德的梦》教学中的导课语

教师：同学们，你们做过梦吗？大家都喜欢做些什么样的梦？

（学生七嘴八舌地说自己做过的各种梦。）

教师：刚刚听了同学们讲自己做过的梦，真是千奇百怪、各式各样。今天老师给大家介绍一个书里的新朋友，他的名字叫阿德，有一天他做了一个非常有趣的梦。梦见自己去火星旅游，还到月球去购物，你们想知道他在梦里的奇异经历吗？好，今天让我们来一起看看《阿德的梦》。

案例分析：这段导课以开放式的提问开始，鼓励学生们大胆地说出自己做过的梦，让学生们在听别人讲和讲给别人听的过程中产生良好的互动，开启创造性思维，为即将讲述的课文做好充分的课前热身。然后教师对学生的讨论进行简单的总结，就着学生们的思维迅速引导他们从对“自己”的梦的讲述和聆听中，进入到课文主人公阿德的梦境。整个导课语在该引的时候引，该转的时候转，语言节奏把握得当，既使语言充满吸引力，又没有忽略该篇课文所要达到的教学目标，恰到好处地实现了导课语的作用。

二、讲解语案例分析

［案例8-6］ 小学语文课文《木笛》教学中的讲解语[1]

12月13日是“南京大屠杀”纪念日。这是一段我们每一个有良知的中国人必须铭记的血泪史。

1937年12月13日，南京在日本侵略军的铁蹄下沦陷。丧心病狂的日本侵略者悍然进行灭绝人性的大屠杀，古都南京，血流成河，尸骨累累，30多万的无辜平民和放下武器的士兵遭到屠杀，这是中华民族历史上惨痛的一页，也是人类历史上惨绝人寰的章节。

屠杀持续了40多天，近1 000个小时，大约60 000分钟。遇难同胞超过300 000人，大约每12秒钟就有一个生命消失。来，我们一起读一读这一组数字。

（幻灯显示：屠杀持续了/40多天/近1000小时/大约60 000分钟/屠杀超过300 000人/大约每12秒钟就有一个生命消失）

这是什么？这难道仅仅是几个鲜红的数字吗？这是什么？这是国耻。

以朱丹的艺术才华，演奏欢快的曲目并不难，但他是那么热爱他的木笛，已达人笛合一，乐曲即心曲的境界。所以当朱丹想到今天是中华民族的奇耻大辱，他又怎么能让自己心爱的木笛流淌出欢快的乐曲呢？

案例分析：《木笛》讲述的是木笛演奏者朱丹在乐团招考时拒绝演奏欢快的乐曲，因为这天是“南京大屠杀”的纪念日。他毅然放弃艺术考试，来到南京大屠杀遇难者纪念馆，深情地演奏起一曲悲凉隐忍的木笛曲，乐声感动了来自丹麦的音乐大师，朱丹被破格录取。

讲解语是指教师较系统、完整地阐释教材内容的教学用语。其目的重在点拨，不是把知识硬塞给学生，而是用话语创设一种认知情境，引导学生自己去解决知识的难点。本段讲解语话语构建的突出特点在于：教师通过图片和板书的配合，生动、鲜明地呈现了当年“南京大屠杀”的惨痛景象，很好地让学生了解了“南京大屠杀”对中国人心理造成的伤害，从而揭示了朱丹放弃考试的原因和朱丹复杂的内心活动。教师运用了设问句和强调手法，形式多样地展现了讲解语的作用，较好地启发学生进行深入思考，进而达到培养学生爱国主义情感的目的。

---

① 整理自：小学语文五年级（上）教案.小精灵儿童网站/小学频道.http://new.060s.com/article/2011/07/19/338367.2.htm

［案例8-7］ 小学语文课文《我必须去》教学中的讲解语[①]

学生：老师，我不明白“犹豫”是什么意思。

教师：让我们先来看看书中是怎么说的。（出示并朗读：“是啊，李丹多想亲眼看看山羊拉车、小狗算算术、老虎钻火圈哪！可是，李丹犹豫了。”）大家看，听起来李丹非常想去看山羊拉车、小狗算算术、老虎钻火圈表演，但是她犹豫了，因为她约了同学——（出示并朗读：“爸爸，我和同学约好，今天要去敬老院的。”）

教师：李丹在面对选择的时候，有点拿不定主意，这就是“犹豫”。

教师：好，现在我想请同学带着“犹豫”的语气来读这个句子。

（学生用犹豫的语气读。）

教师：非常好，让我们继续来看课文中的这个句子。（出示并朗读：“李丹想起敬老院那些慈祥的爷爷奶奶，想起他们每次看表演时的笑脸，想起同学们在集合地点正等着自己，她对爸爸说：“是啊，我必须去！”）

教师：同学们考虑一下，李丹说这句话时的语气是怎样的？

学生：语气是非常肯定的。

教师：李丹下了决心，很坚决，也就是说李丹不再“犹豫”了，对吗？

学生：对。

案例分析：讲解语的目的重在点拨，好的讲解语能利用话语创设一种认知情境，引导学生自己去解决知识的难点。在建构这段讲解语的过程中，教师没有在学生提出问题后直接告诉学生答案，而是通过一步一步地引导，让学生自己去感悟、体会，在对问题理解的基础上自己获得答案。在小学教育阶段，很多时候教师没有充分重视“感悟”的重要性，不知晓“感悟”是学生获取知识的重要阶段，经常在话语表达的过程中用所谓的标准答案去代替学生宝贵的思考和感悟。这段讲解语的建构为我们提供了一个很好的范例。特别值得一提的是，在基本解决了学生对“犹豫”的理解后，该教师还用对比的方式让学生对比了“犹豫”和“坚决”的不同，进而加深了学生对“犹豫”一词的理解。

［案例8-8］ 小学数学“认识钟表”教学中的讲解语

教师：在你们的桌上有一个漂亮的钟面，请你们拿起来仔细看看，钟面上有些什么？把你的发现说给小伙伴听听。

……

教师：又短又粗的针叫时针，又细又长的针叫分针。

---

① 整理自：北师大版二年级下《我必须去》说课与设计（2）.精品教育资源城.http://www.jpcai.com/html/y2_665_20100219/88170416623075_2.html

教师：这里还有12个数，我们数一数。数字的旁边还有12个格，再来数一数。

（课件中时针、分针、12个数、12个大格分别闪动。）

教师：时针、分针、12个数、12个格，它们组成了一个漂亮的钟面。（放铃声）听，谁家的钟响了？原来是晶晶的钟响了。还不起床，快告诉她现在几点了？（出示放大的钟）

（学生回答。）

教师：对呀，七点了，晶晶该起床了。分针指12，时针指7就是7点。

……

教师：对呀，十二点了，晶晶该吃中饭了。分针指12，时针指12就是12点。

……

案例分析：在这段引导小朋友们认识钟表的讲解语中，教师注意从学生的生活经验出发，例如，早晨起床、中午吃饭，让学生在生动具体的情境中理解教师讲解的内容，学习新知识。由于一年级学生的学习特点是要将他们日常生活中的许多活动规范化、常识系统化，因此学生已有的生活经验对于他们理解数学知识是十分重要的。这些“经验”是学生的“数学现实”。正是通过“经验”，学生经历一个从具体到逐步抽象活动的过程。这段讲解语生动、简短、浅显，并结合了学生的生活经验。这对他们了解时间观念、更好地认识“整时”有很大的帮助。

［案例8–9］ 小学语文课文《乌鸦与狐狸》教学中的讲解语

教师：什么是“奉承话”？

学生：奉承话就是说人家好的地方。

教师：是这样的吗？老师表扬一位同学，说他有些方面做得好，老师是不是在说奉承话呢？

学生：老师表扬同学不是奉承话。

教师：说人家好的地方，分两种，一种是人家好才说好，是实话实说，是表扬人的话，目的是自己向人家学，也希望大家向他学，这不能说是奉承话。另一种就不同了。说人家好，故意夸大，有的时候把别人并不好的地方，也花言巧语地说成非常好，讨好别人，把别人说得快快乐乐、晕晕乎乎的，心里却有自己的打算。这就是奉承话了。

人人都知道，乌鸦的羽毛没有公鸡的羽毛漂亮，更比不上凤凰的羽毛多姿多彩。要是鸟儿比羽毛，乌鸦黑乎乎的羽毛恐怕要倒数第一，但是狐狸却花言巧语地说乌鸦的羽毛最漂亮，这就是讨好对方，心里却有自己的鬼主意。这种不切实际的话就是奉承话。

案例分析：这个案例中的教师在解释一个定义的时候，抓住“奉承话”的性质，进行了说明与解释的话语建构。在提问引导学生思考的语境下，对表扬和奉承话的差别进行了对比，然后结合课文中“乌鸦”这一角色本身的特点来举例说明。逻辑清晰、用词简洁、一语中的，让学生们能够准确地把握“奉承话”这一词汇的内涵。讲解清晰、到位。

三、提问语案例分析

［案例8-10］ 小学语文课文《鸟的天堂》教学中的提问语

教师：现在，大家有什么问题想跟老师和同学们分享一下吗？

学生：老师，鸟有天堂，人也有天堂吗？

教师（面向所有学生）：你们说呢？

学生：人死了才可以上天堂。人要想上天堂，先得死了。

（学生们大笑。）

教师：鸟有天堂，人有没有天堂？这个问题提得非常好。大家能够积极回答同学提出的问题，说明你们在思考，积极参与到课堂中来了。但是，是不是非得死了才能上天堂呢？要回答这个问题，我们首先要知道“天堂”的意思。你们知道“天堂”这个词的意思吗？

学生：人死了之后去的地方。

学生：很幸福的地方。

教师：大家说得很好。“天堂”这个词，有两种意思：第一种是有些宗教里面指的人死了之后灵魂所在的幸福之地，和“地狱”相反；第二种是比喻幸福美好的生活环境。在我们今天学习的《鸟的天堂》这篇课文里，小鸟们的“天堂”是第几种意思？

学生：第二种意思。

教师：对，小鸟们的“天堂”就是比喻小鸟们幸福美好的生活环境。那么，人有没有这样的“天堂”呢？

学生：有。

教师：什么样的地方算得上是人间天堂呢？

（学生们纷纷回答：“上有天堂，下有苏杭。”“春城昆明。”“有爱的地方就是天堂。”）

教师：人间天堂比喻人间幸福美好的生活环境。每个人心中的天堂可能不一样。有人认为是苏州、杭州，有人觉得是春城昆明，有人说家里就是天堂。总之，人间的天堂就是人们觉得幸福美好的地方。我们不能死了去寻找天堂，因为人死了，身体消亡了，思想消亡了，一切都没有了，还谈什么幸福？我们要活着寻找天堂，在人间寻找幸福与快乐，为我们自己，也为爱着我们的人去创造属于自己的天堂。

案例分析：这是一节语文课的提问语。在新课程背景下，教师越来越尊重学生的主体作用，鼓励学生积极思考，主动提问，大胆发言。这节课堂上的发言引来了哄堂大笑。面对这种情况，教师及时止住了哄笑，先表扬了提问和回答问题的学生，接着引导学生对“天堂”进行解释，从小鸟的“天堂”进入人间的“天堂”，启发和鼓励学生寻找和创造属于自己的天堂。同时，还对“死了去天堂”的错误观点进行了一次唯物主义教育，分寸把握得很好。顾名思义，提问语就是教师在上课的过程中根据教材和教学目的以及学生的问题提出的询问。在设置提问语的时候，教师要注意从提问的角度和提问的语气角度选择不同的提问类型，引发学生的求知欲，启发学生积极地进行思考。该案例中的提问有效准确，引导学生通过自己的探究和思考一步步达到教学目的。同时，提问的设置层层深入，每一个提问都为下一个提问做好准备，并逐步把对问题的探究和思考引向深入。

［案例8-11］ 一位教师在引导学生理解“冬眠”一词时的提问语①

教师：“眠”是什么意思？

学生：是睡觉的意思。

教师：那“冬眠”呢？

学生：冬眠就是冬天睡觉的意思。

教师：人冬天也睡觉，这是冬眠吗？

学生：（思考）不是，冬眠是指动物在冬天不吃不喝，只睡觉。

教师：（风趣地）噢，那骑兵队的战马到冬天不吃不喝，睡觉去了，那敌人来了怎么办？

学生：（笑）冬眠是指有的动物在冬天不吃不喝，只睡觉。

教师：对了，冬眠是指有些动物，如青蛙、蛇等在冬天不吃不喝，只睡觉，一直睡一个冬天。

案例分析：《义务教育语文课程标准（2011年版）》指出，学生是语文学习的主人，阅读教学是学生的个性化行为，不应以教师的分析来代替学生的阅读实践，应让学生在主动积极的思维和情感活动中，加深理解和体验，有所感悟和思考，受到情感熏陶，获得思想启迪，享受审美乐趣。

这段提问语的设置打开了学生的思维，给予学生积极思考的空间，在学生回

① 整理自：豆丁网.http://www.docin.com/p-478071073.html

答问题的过程中又及时对学生回答的漏洞进行层层设问，促使学生的思考不断深入，趋于严密。这样的话语建构方式容易激发学生学习的积极性，也满足了学生的表达欲望，有利于形成良好的课堂氛围。

［案例8–12］ 小学语文课文《秋天》教学中的提问语

特级教师施建平在教《秋天》一课时，讲完课文中的小鸟、小牛、小鹿分别把秋天说成是蓝色、金色、红色的后，启发学生进行想象，设置的提问语是：走出一只小白羊，它会说秋天是什么颜色的呢？如果从果园里飞来一只啄木鸟，从花坛中飞来一只小蜜蜂，从树林里跳出一只小松鼠，它们也来参加这场讨论，会怎样发表自己的看法呢？如果请你们当裁判，说说秋天到底是什么颜色的，你会怎么说？

案例分析：直觉思维是小学生主要的思维方式。施老师用提问的方式引导学生展开想象，诱发学生的直觉思维及感受力。这样的话语建构是脱离课文文本的创造性发挥，关键是刺激学生的想象力，并且鼓励学生主动进入角色，组织话语表达。

［案例8–13］ 小学数学“小数的数位顺序表”教学中的提问语

教师：前面我们已经认识了小数，谁能举出一些小数的例子？

学生：0.2　0.05　0.005　0.01……

教师：这些小数有什么共同特点？

学生：小数点左边的数都是0。

教师：在日常生活中你还见过其他的小数吗？谁能举出一些例子？

学生：1.5　40.6　3.134　6.8……

教师：这些小数的小数点的左边还是0吗？

教师：观察一下，小数可以分为几部分？

教师：是不是所有的小数都比1小？

教师：谁还记得整数的数位顺序？每个数位的计数单位是什么？相邻的计数单位间的进率是多少？

（学生边回答教师边在黑板上板书“整数数位顺序表”，接着开始详细解析。）

案例分析：这段提问语的设置充分考虑了小学数学教学的要求：有关小数性质的相关教学需要通过直观推理、自主探究等形式，启发学生应用比较、辨析、抽象、概括等一系列的思维方式，对所学知识进行理解和掌握，提高其运用知识进行判断、推理的能力。案例中提问的设置体现了很强的目的性，同时层次明晰，上一个提问为下一个提问做好准备，这种逻辑性很强的层层追问方式，让学生能体验到数学问题的探究性和挑战性，激发学习数学的兴趣，主动参与教学活动。

［案例8-14］ 小学语文课文《假如》教学中的提问语

教师：同学们知不知道“神笔马良”的故事？你们最喜欢马良什么？你知道他用神笔画了些什么吗？

学生：……

教师：是啊！马良得到了他梦寐以求的神笔，为穷人做了很多好事。假如我们文中的小作者也有一枝马良的神笔，他会做些什么呢？

（引导学生读课文。）

教师：假如你也有一枝马良的神笔，你要画些什么呢？

学生：……

教师：大家说得真好，我相信你们会画得更好，对吗？请你用小画笔把你们的美好愿望画出来。能写的小朋友呢，把你的想法写一写。

案例分析：著名小学语文教学专家李吉林大力提倡情境教学，即以生动形象的场景，激发学生的学习情绪，把教师的语言和情感，教学内容及课堂气氛作为一个广阔的心理场，作用于学生的意识，达到学生主动学习和整体、和谐发展的目的。案例中这段提问语的建构能够通过提问进行充分的情境创设，其特点是形真、意远。教师先用动画导入，把学生引入具体的情景境中，乘势提问，引发学生们对课文产生兴趣。之后又在学生进入课文阅读的情境中提问：“假如你也有一枝马良的神笔，你要画些什么呢？”从而开启学生丰富的想象空间，最后通过鼓励式的提问：“大家说得真好，我相信你们会画得更好，对吗？”引导学生用画笔表达自己的美好愿望，由此来加深学生对课文主旨的理解。

四、结课语案例分析

［案例8-15］ 小学语文课文《师恩难忘》教学中的结课语①

教师：同学们，学习了《师恩难忘》这一篇课文以后，你们觉得课文中的田老师是一位怎样的人？他的什么地方最能打动你？

学生：……

教师：人们都说教师是人类灵魂的工程师，付出多，收获少。“捧着一颗心来，不带半根草去”这一副对联表现了教师无私奉献的精神。同学们，你们能不能也拿起你手中的笔，给课文中的田老师写一副对联。（学生们纷纷拿

---

① 整理自：小学语文结课要有味.百度文库.http://wenku.baidu.com/link?url=KKWqci5q5yAFZ - 1SyZXqmOTmWulpRKN1UMfn-jRWJERizYbsK-Ry9RjhuHfQZGN1L4DiMIrfDI96DaPTMf9lzEyUYCcNUJs-hppDJ - 1KFh7

起笔开始写对联。）

学生1：三尺讲台写春秋，一生心血育桃李。

学生2：教书勤勤恳恳，育人甘甘心心。

学生3：今日精心育桃李，来年桃李满天下。

学生4：花草竞艳靠甘露，桃李争荣靠园丁。

教师：同学们，对联要横批呀，谁来加一个横批。

学生：师恩难忘。（此时，下课的铃响了，而学生们还在热烈地谈论着对联。）

案例分析：课堂教学是由各个部分或要素的有机联系所构成的统一体，各个部分既要受到与之相关的其他部分的作用、影响和制约，又要受到各个部分所构成的统一体的影响和制约。反之，由各个部分构成的整体教学也要受到其内部成分的影响和制约。也就是说，教学是作为一个有机整体来发挥其功能的。从这个意义上讲，结课语作为课堂教学的有机组成部分，是一堂成功的课不可或缺的。结课语的目的在于引导学生对该堂课所讲授的知识与技能、过程与方法、情感态度与价值观等进行再认识、再总结、再实践、再升华。不枝不蔓、耐人寻味的课堂结课语对学生进一步学习和思考起着重要的促进作用。

结课的方式有多种多样，如归纳式结课语、开拓式结课语、启发式结课语等，方法不同，产生的效果也不同。本案例采用了开拓式结课语的方式，在总结课文实质的基础上，有效开拓了课堂空间，让学生能够充分发挥自己的创造力。同时也很好地凸显了语文课程标准中对“实践性”的强调。写副对联送给教师，是一种集对文本语言的理解、吸收、内化和运用为一体的言语实践，调动了学生脑、手、口等多种感官的共同参与，使学生对所学到的知识理解得更加透彻。

［案例8–16］　小学语文课文《少年闰土》教学中的结课语

教师：同学们，“我”和闰土少年时结下了深厚的友谊，离别时难舍难分。在经历三十年后，我们又相见了。这时我们又怎样呢？

学生：……

教师：大家说得很好，想象也很丰富，但是实际情况是什么呢？三十年后，闰土见了“我”就喊“老爷”，这是怎么回事呢？大家想知道吗？请同学们课后到图书馆阅读鲁迅的小说《故乡》就明白了。

案例分析：这种结课语的设计，是教师根据小学生喜欢幻想、想象，好奇心强的心理特点，在结课时，先诱导学生展开丰富的想象，创设良好的课堂教学氛围，然后话锋突转，制造悬念，让学生有一种“山穷水尽”的感觉，进而巧妙地引导学生进入课外阅读。通过阅读让学生自己寻求问题的答案，达到“柳暗花明”的目的。这样的结课话语表达方式，既加深了学生对新课的理解，培养了学生的想象力，又能将学生引入课外阅读领域，扩大了学生的知识面，充分体现了结课语在启发思维、开阔视野方面的作用。

［案例8–17］ 小学语文课文《卖火柴的小女孩》教学中的结课语

教师：从刚才同学们的朗读中，老师也确实体会到了小女孩命运的悲惨和大家对她的同情。有一位叫刘倩倩的同学读了这个催人泪下的童话故事以后写了一首诗，获得国际儿童诗金奖,原因是她富有爱心，写得感情真挚，值得读一读，请大家也来感受一下。（教师充满情感地朗读）

你别问，这是为什么?

妈妈给我两块蛋糕，
我悄悄地留下了一个。
你别问，这是为什么?
爸爸给我穿上棉衣，
我一定不把它弄破，
你别问，这是为什么?
哥哥给我一盒歌片，
我选出了最美的一页，
你别问，这是为什么?
晚上，我把它们放在床头边，
让梦儿赶快飞出我的被窝，
你别问，这是为什么?
我要把蛋糕送给她吃，
把棉衣给她挡风寒，
在一块儿唱那最美丽的歌。
你们想知道她是谁吗?
请去问一问安徒生爷爷，
她就是卖火柴的那位小姐姐。

案例分析：和传统的教学相比，新课程标准下的教学更追求培养学生的探索、创造精神，训练学生的自学能力，实现知识教育和发展教育的双重价值。这段结课语重在引人思考，给人启迪，开发学生潜在的创作才能，鼓励他们张开想象的翅膀，大胆进行想象和创作，很好地契合了二年级学生的思维、情感特点。

［案例8–18］　小学语文课文《做一个最好的你》教学中的结课语[①]

教师：我们的生活等待我们去学习，我们的未来等待我们去创造，可这需要我们有一颗愉快而且充满自信的心，需要我们坚信自己的将来格外引人注目、格外美！祝愿同学们，每个人都拥有各自的美丽人生，像那条小路，那条小鱼，那颗星星，永远做一个最好的你！

案例分析：现在的一些孩子，由于家庭与社会的过分关注以及周围环境的影响，养成了任性、娇气、懦弱的性格，对于压力与困难的心理承受力很差，由此引发的极端事例在生活中屡见不鲜。《做一个最好的你》这篇课文本身是一篇不可多得的心理健康教育素材，在学习课文之后，这段结课语让孩子们建立自信心，培养成功意识，话语深入浅出，情感发展由弱渐强，令人心情激荡，既总结了课文要传达的核心观念，又鼓励了孩子们自信地去创造未来。

［案例8–19］　小学课外阅读《美洲彩蝶王》教学中的结课语

教师：同学们，彩蝶王能够长途跋涉，飞越高山大洋，即使中途殒命也在所不惜，总是向着既定的目标迁徙。它们为什么具有一般蝴蝶所没有的习性呢？它们勇敢、顽强地向远方飞行的目的究竟是什么？这种习性是否长久不变呢？这还是一个存在争论的不解之谜……看看哪位同学回去查找资料后能作出正确的回答。

案例分析：这段结课语属于拓展式和启发式结课语，这种话语建构方式一方面启发学生自主思考，培养他们思考问题的习惯；另一方面，有利于培养学生思维的拓展性，启发学生课下进行研究型阅读，溯本求源，使知识形成系统，在此过程中达到将课文知识深化的效果。

第二节　小学课堂教学方式语运用案例分析

一位教师在课堂上用议论方式语给学生讲解“昆虫的眼睛一般都比较大”的问题，他是这样讲的：“蚊子的一只眼睛中有五十只小眼，苍蝇的一只眼睛中有四千只小眼，凤蝶的眼睛是由一万五千只小眼组成的，蜻蜓则有两万只小眼，天鹅的一只复眼甚至有两万七千只小眼，因为有这么多小眼，所以昆虫的眼睛一般

① 整理自：《做一个最好的你》教学设计之四.老百晓在线.http://www.lbx777.com/yw11/b_zygzh/jxsj04.htm

都比较大。”

教学方式语的选择，是教师对讲授内容准确把握及教师语言表达风格的体现。案例中的教师选择了举例论证的方式来给学生讲解相关的知识，很好地帮助学生对抽象的知识进行了具象的理解。本节将通过案例分析，进一步巩固小学课堂教学方式语的知识，提升学生对方式语运用的分析能力。

一、叙述方式语运用案例分析

［案例8–20］ 小学语文课文《普罗米修斯》教学中的叙述方式语[①]

教师：我们都知道，在中国古代神话传说中，人是女娲造出来的，她用泥捏成人形，给人以生命。为了人类的幸福，女娲还历尽辛苦，炼石补天。而在古希腊神话故事中，也有一位带给人类幸福和光明的人，下面就让我们来认识一下这位充满神奇色彩的人物。

案例分析：叙述语是教师在教学中使用最多、最基本的教学口语。它运用一定的叙述方法来表述一定的教学内容，贯穿于整个课堂教学的各个环节。叙述语叙述的对象都是事实，不具有较强的论证性和情感色彩，所以教师在使用叙述语时一定要有清晰的话语脉络。案例中的叙述语用于导课环节，帮助学生明白教师即将要讲的内容，作为一种介绍性导入的辅助。在这段导入语中，叙述语提供了以下重要的信息：（1）教师要讲的是一个神话故事。（2）即将出现的人是一个带给人类幸福和光明的人。叙述完成，话语脉络清晰。

［案例8–21］ 小学语文课文《文成公主进藏》教学中的叙述方式语

文成公主知书达理，不畏艰险，远嫁吐蕃，为促进唐、蕃之间经济文化交流，增进汉藏两族人民亲密友好合作的关系做出了历史性贡献。藏族人民热爱美丽的文成公主，把她当成神一样崇拜，因此，民间流传着许多关于文成公主进藏的故事。

案例分析：叙述语的用词特点是：用词比较朴实，生动化的词语使用频率较低，因为叙述语的内容信息量大，教师在传递丰富信息时，主要是做到传递准确，在用词上较平实。这一段叙述方式语，句调较为平直，用词朴实，话语脉络清晰。运用叙述语的目的重在传递准确的信息，在学习课文之前能对背景知识有

① 整理自：小学语文.人民教育出版社.课程教材研究所.http://www.pep.com.cn/xiaoyu/jiaoshi/tbjx/sheji/sj4x/18/201008/t20100823_707336.htm

清晰的了解，激发学生学习课文的热情。

［案例8-22］ 音乐课“母鸡和小鸡”教学中的叙述方式语

同学们，老师先给大家讲个故事。有一天，鸡妈妈带着一群鸡宝宝在大树下玩儿。忽然，鸡妈妈看见地上有几条虫子，这可是鸡宝宝们最爱吃的食物了！她急忙“咕咕咕”地叫来她的宝宝们，鸡宝宝们听见妈妈的呼唤，立即“叽叽叽”地围过来。大家高兴地抢着、啄着那几条小虫子，叽叽喳喳，跑来跑去。同学们，鸡妈妈和鸡宝宝生活在一起，好不好啊？（学生齐答“好”。）有一首歌就是唱鸡妈妈和鸡宝宝的，你们想不想学呀？

案例分析：这是一节音乐课的导课语，教师采用了叙述故事的方法进行导入，讲了一个小鸡啄虫子的故事，既引入新课，又加深了学生对歌词内容的理解。叙述语言形象生动，贴切自然，容易吸引学生的注意力，对所学的内容产生兴趣。

二、描写方式语运用案例分析

［案例8-23］ 小学语文课文《小壁虎借尾巴》教学中的描写方式语

教师：大家见过小壁虎是怎样吃蚊子的吗？大家看看这个画面（展示小壁虎吃蚊子的图画），小壁虎遇到蚊子，会闪电般地冲过去，一伸头颈，嘴里吐出一条细长的舌头，灵巧地把蚊子卷进嘴里。在这只小壁虎三角形的脑袋上，有一双黑黑的小眼睛，它的四只脚紧贴着墙，一条又细又长的尾巴靠在墙上，可是，当它被其他动物袭击需要脱险时，它也会闪电般地弄断自己的尾巴逃脱，今天我们的课文里就有这样一只小壁虎，它的尾巴断了，它想要一条新尾巴，大家猜一猜，它会向谁借呢？

案例分析：著名教育家苏霍姆林斯基说过：“由于我们不善于用语言来创造鲜明的形象，我们就使得学生由形象思维向抽象思维过渡感到困难……须知抽象思维是建立在概念的基础上的，而概念又是在以语言创造的表象的基础上形成的。”① 描述语作为教师利用描述的方法在课堂上使用的教学口语，通过描述动作的方式、某种性质达到的程度、某种场景的生动性等，可以有效地调动学生的学习情绪,还可以作为课堂讲解的辅助手段帮助教学目的的达成。案例中，教师在教学图画的辅助下，以生动的语言较为细致地描述了壁虎的特征，引导学生关注细节，既充分调动了学生的形象思维能力，又对壁虎的特征有了全面的了解，

① 苏霍姆林斯基.给教师的建议.杜殿昆,译.北京：教育科学出版社，1984:67.

在此基础上把学生拉入即将讲述的课文中，给新的课文学习开了个好头。

［案例8-24］ 小学语文课文《春笋》教学中的描写方式语

教师：你们看，这是淙淙的春水，初融的春雪，阵阵春雷带来了春雨，春芽破土而出，生机勃勃，大地春暖花开，有红的、白的，真是春色满园，春光明媚，春意盎然，春色怡人啊！

案例分析：案例中的教师在精心创设的情境中将春的景象自然托出，用词生动形象，把对抽象的“春天”的表达具象化，表现了春美的主题，让学生感受春天的美。

［案例8-25］ 小学语文课文《望庐山瀑布》教学中的描写方式语

教师：同学们，假期我去贵州旅游，有幸看到了黄果树瀑布的壮观景色。在数里之外，就能听到轰轰隆隆的声响，似千军呐喊，似万马奔腾，远眺瀑布如白链倒挂，悬空坠落。走进瀑布，只见一条粗大的瀑布，像一条发怒的银龙，从半空中猛扑下来，直捣河心，水声轰轰，激荡起阵阵狂风，喷迸出如雹的急雨。现在就让我们一起走进李白的《望庐山瀑布》，来看一看李白笔下的瀑布是什么样子的吧。

案例分析：描写的语言会使表达有声有色，使听者身临其境或对听者产生较强的感染力。案例中的描述语抓住了“瀑布”中最典型的特征加以表达，很有语言表现力，寥寥数语却起到了“形神兼备”的效果，使学生对即将展开的课文景象充满了期待。

三、议论方式语运用案例分析

［案例8-26］ 小学语文课文《落花生》教学中的议论方式语

教师：要像花生——像花生是怎么样的呢？哪个同学来说说看？

学生：不好看但实用。

教师：对了。因为它是有用的，不是好看而无用的。因此可以得出结论：我们做人，要做怎样的人，不做怎样的人呢？

学生：……

教师：对。要做有用的人，不要做只讲体面而无用的人。花生是把果实埋在地里的，比起那些把惹人注目的果实挂在枝头的苹果一类的植物，实在太不起眼了。但是它的果实很好吃，还可以有多种用途，非常实用。在生活中，常常有一些东西可以启发我们。像这一课的落花生，就启发我们懂得了一个深刻的道理：外表的光鲜不是最重要的，重要的是看对社会有没有贡献，这也是我们活在世上的价值所在。

案例分析：《落花生》是著名作家许地山先生的一篇叙事散文，着重讲了一家人过花生收获节的事情。通过谈论花生的好处，借物喻人，揭示了花生不图虚名、默默奉献的品格，说明了“人要做有用的人，不要做只讲体面而对别人没有好处的人”的道理。表达了作者不为名利，只求有益于社会的人生理想和价值观。教师授课的重点就是要引导学生从平实的语言中悟出深刻的道理。

论述语是指教师在教学中针对某个具体问题运用论证的方法所说出的教学口语。它常采用类比论证、比喻论证等多种论证作为自己的表现方式，对学生的抽象思维能力的培养起到很好的示范作用。上述案例中，教师在结课环节有效地使用了论述语，帮助学生进一步理清了思路，深化了学生对课文的理解。同时教师在使用论述语时，也注意到了论述语的语言特点，恰当运用关联词语，语句连贯和严密，提升了论述的说服力。

［案例8–27］ 小学语文课文《想别人没想到的》教学中的议论方式语

教师：“想别人没想到的”，是一种独特而具有创造力的思维，老师希望同学们在学习、生活中，能够“想别人没想到的”。为什么我们需要“想别人没想到的”呢？牛顿思索“苹果为什么会掉下来，而不向上飞”这样别人不太会去想的问题，而发现了万有引力；莱特兄弟不迷信书本，独立思考，发明了飞机；鲁班上山被一种草划破了胳膊，他发现这种草的两边长有很多小细齿，就想带有细齿的铁条能不能割断大树，由此他发明了锯子。“想别人没想到的”能够给我们带来无法预知的创造力。

案例分析：议论的特点是以理服人，用说理的办法，以概念、判断、推理等逻辑形式，直接对客观事物进行分析、评论、证明。这里的议论语设置，采用了举例论证的方式，分别举了牛顿、莱特兄弟和鲁班的例子，引导学生发挥自己的想象力和创造力，促使学生对课文观点形成高度的认同感，想别人没想到的，进而引领学生进行拓展思考。

［案例8–28］ 小学语文课文《军犬黑子》教学中的议论方式语

教师：同学们，大自然中的万事万物，只要是有生命的，它们都和人一样有感情、有思想、有自尊，当它们对我们人类充满信赖和忠诚的时候，作为人，我们应该去细心地呵护，去体验、去感受，去真诚地回报这份信赖和忠诚。如果我们利用它们的信赖和忠诚去欺骗它们，那么，我们就是最无知的、最愚蠢的、最残忍的。

案例分析：这段议论语不但具有概括性和简洁性的特点，而且遣词造句恰如其分，实事求是地反映了客观现实。教师在表达观点的时候，既不夸张，又表达了自己的感情色彩，体现了鲜明性和生动性的特点，有助于论证力量的加强，能够引导学生去思考如何对待动物。

四、说明方式语运用案例分析

［案例8-29］ 小学数学课“年、月、日的认识”教学中的说明方式语

教师：一年有12个月，有的月份是31天，有的月份是30天，其中31天的月份有一月、三月、五月、七月、八月、十月、十二月；30天的月份有四月、六月、九月、十一月；二月很特殊，只有28天。

案例分析：这段说明方式语，用词准确、语言的逻辑层次清晰。说明语言的运用在解释“年、月、日”的规律时起到了重要作用，它帮助学生们对事物进行了必要的概括和归纳，使他们在有限的课堂时间内快速地了解并掌握了关键的问题。

［案例8-30］ 小学数学课“纳税”教学中的说明方式语

教师：纳税是根据国家各种税法的有关规定，按照一定的比例把集体或个人收入的一部分缴纳给国家。税收是国家财政收入的主要来源之一。国家用收来的税款发展经济、科技、教育、文化和国防等事业，以便不断提高人民的物质和文化生活水平，保卫国家安全。因此，根据国家规定应该纳税的集体或个人都有依法纳税的义务。

案例分析：在生活中，学生一般对“纳税”这个词并不陌生，但对纳税的意义并不完全了解，对纳税的计算更加陌生，这个说明语段是放在正式进入教学时，先说明了什么是纳税、为什么要纳税，使学生认识到税收的重要意义，这对教学的顺利开展是非常重要的。这个说明语段用词准确，平实简明，表达科学、严密。

五、抒情方式语运用案例分析

［案例8-31］ 小学语文课文《给予树》教学中的抒情方式语①

教师：多么艰难的选择啊，一边是亲爱的妈妈、哥哥和姐姐，一边是一

① 整理自：周兆金.小学语文阅读教学中的激情策略. http://wenku.baidu.com/view/a50bc358804d2b160b4ec02e.html

个陌生的小女孩，金吉娅多么想送给哥哥他们精美的圣诞礼物，给他们真诚的圣诞祝福，可小女孩又是多么可怜，她只想得到一个洋娃娃，一个多么微小的愿望。最后金吉娅选择了——

学生：给小女孩买一个穿着裙子的洋娃娃。

教师：让我们深情地读一读金吉娅说的这一段话，体会一下她内心艰难的选择。（背景音乐缓缓响起。学生在一阵悠扬婉转的乐曲声中有感情地朗读。）

案例分析：《给予树》这篇课文含有丰富的人文思想和人文精神，从妈妈“我”的角度来叙述故事，通过“我”讲述了金吉娅在商场选购圣诞礼物时，在一棵“给予树”的卡片上，发现有一位小女孩渴望得到一个穿着裙子的洋娃娃，于是金吉娅放弃了为亲人买礼物，给小女孩买了一个洋娃娃。金吉娅的言行中折射出善良、仁爱、同情、体贴的高贵品质。

在引导学生理解金吉娅的高贵品质时，案例中的教师采用了抒情方式语。抒情方式语是一种表现性话语，具有象征性表现情感的功能。抒情话语通过类似音乐的声音组织和富有意蕴的画面组织来表现复杂微妙的主观感受。抒情话语突出了直接呈示情感运动形式的表现功能，打破日常语言规范，既精炼而又具有复杂化、陌生化的特征。同时由于抒情话语指向抒情主体的内心世界，因此更加强调声音效果和视觉形象。讲授中，教师表达了自己强烈的主观感情，起到了渲染气氛、强调课文中的人物性格品质、突出文章中心的作用，由此也引起学生的共鸣，使讲课更有感染力。

［案例8–32］　小学语文课文《故乡的榕树》教学中的抒情方式语

教师：思乡之情是一曲古老的歌，背井离乡的游子从古唱到今。李白是“举头望明月，低头思故乡”，马致远是“夕阳西下，断肠人在天涯”，舒兰则端着一杯思乡的酒感叹道：“你满，乡愁也满。”同学们，你们中有些人也是远离故乡的游子，你们有没有想起故乡那绿草如茵的山坡？有没有想起故乡那苍翠欲滴的小树林？今天，我们就一起去看看《故乡的榕树》。

案例分析：人的情感总是在一定的情境中产生的。富有激情的语言最容易感染和打动学生。学生阅读或欣赏文章的过程是一种体验情感的过程，应注重“以情会文”和“披文入情”。针对这一特点，教师首先应在深刻理解课文的基础上充分调动自己的激情，努力使教学语言当快则快、当慢则慢，真正做到快慢结合、抑扬顿挫。抒情语言的运用，可以调动学生的情绪，加深学生的理解，增强学生的记忆，激发学生的情感共鸣，使其自然达到“情动于衷而形于外”的学习境地。案例中的教师创设的教学情境，不仅可以使学生如临其境、如见其人、如闻其声，还可以引导学生在理智和情感方面都产生强烈的共鸣，进而使学生的思乡之情很快被唤醒，直至带着相似的情绪走进课文，深刻领会作者在课文中传递的情感。

第三节 小学教师评价语运用案例分析

张灿是一个长得乖巧，可学习自觉性差的小男孩，一直以来学习成绩就不好，家里也无人管他。期中考试成绩出来了，他一看到自己的试卷，就迅速地用手遮住，生怕别人看见。这时，教师走到他面前，说："张灿这一次考了50分，全班唯一没有及格的。还记得你上一次考的是多少吗？"张灿的脸"刷"地红了，头越埋越低，部分同学开始窃窃私语。教师接着说："我记得很清楚，是49分。同学们，请问这一次的考题比前一次的是难了还是更容易了？"大家异口同声地回答："难了。""是的，这次试题比较难，活题多，需要平常多积累才能考好，阅读占的比例大，基本能看出一个同学的语文综合素质。虽然题难了，但张灿的分数还多了，说明他有很大的进步。这段时间，张灿学习认真多了，他还主动向我问问题呢！"

张灿从来没有因为学习在集体场合受过表扬，此时的他趴在桌上啜泣起来。这个曾经被同学认为脸皮最厚、最不爱学习的学生竟然为今天的50分而掉泪了。

评价是教师工作中必不可少的环节，评价语运用的优劣关系到教育、教学的效果。案例中的教师遵循评价语的运用原则，对学生进行了鼓励式的评价，符合客观实际，具有针对性和实效性。本节将通过案例分析，进一步巩固评价语的知识，提升学生对教师评价语运用的分析能力。

[案例8-33] 小学语文课文《在大熊猫的故乡》教学中的评价语①

教师：作为有志于大熊猫保护的我们，能不能为"大熊猫栖息地申遗"做一些我们能做的事情呢？比如设计申遗主题词或策划一个保护大熊猫的宣传广告。

教师：有困难吗？老师举个例子。比如，北京2008年奥运会的申请主题就是"绿色奥运，人文奥运，科技奥运"。再比如，中央电视台保护水资源的公益广告是这样的："如果人类再不节约用水，那么，地球上的最后一滴水，将是我们自己的眼泪。"

① 整理自：教学评价题库.考试资料网.http://www.ppkao.com/tiku/shiti/318383.html

学生:我写了三条：保护大熊猫，别让大熊猫成为灭绝动物；保护大自然，让大熊猫快乐地生活；别让“活化石”成为博物馆的标本。

教师：哇，太棒了，一下子就来了个高产作家！（笑）

学生：杨柳枯了，有再青的时候；熊猫走了，没有再回的时候。

教师：哈哈，当代朱自清！（笑，掌声）

学生：保护大熊猫，为中国添一份荣耀！

教师：掷地有声！（掌声）

学生：等到大熊猫灭绝的时候，你的记忆里是否还有它的模样?

教师：诗一般的语言。

学生：茂密箭竹，绵绵白云，清清泉水，可爱熊猫……

教师：一幅画！一首诗！当代小诗人！

学生：老师,我还有一条。地球已经有很多遗憾，别让大熊猫的成功成为新的遗憾。

教师：成功?这个怎么说？我帮你改一下好吗？地球已经有很多遗憾，别让大熊猫的离去成为新的遗憾。

学生：老师，我这个是一幅画，大熊猫妈妈对孩子说“亲爱的，过来吃早餐！”（笑，掌声）

教师：哈哈，真好！老师忽然觉得这是个绝妙的广告创意。广告画面是：大熊猫妈妈对着小溪对面竹林里的孩子说：亲爱的，过来喝早茶！（笑）然后响起背景音乐：（教师用新近流行的网络歌曲《两只蝴蝶》的旋律唱道）亲爱的，你慢慢来，穿过竹林来喝小溪水……(全场笑声，掌声，气氛热烈)

案例分析：课堂评价语，是指在课堂教学过程中，教师针对学生的学习行为作出及时价值判断时建构的话语。小学生正处在自我意识的启蒙阶段，缺乏自我评价的能力。教师在他们心目中有至高无上的权威，他们对事物的评价标准大多是以教师的评价为准。教师在课堂上的评价对学生的发展产生着深远的影响。新一轮教学改革非常重视教师评价的功能，语文新课程标准专门针对教师评价指出：教师的评价不仅要关注学生学习的结果，更要关注他们学习的过程；既要关注基本知识和基本技能的掌握，更要关注在语文活动中所表现出来的能力、情感、态度等方面的发展，帮助学生认识自我，建立信心；发现和发展学生多方面的潜能，了解学生发展中的需求。这体现出了新课程理念下学生的主体地位和教师对学生的人文的关注。

案例中教师的评价语言体现了对学生的尊重与赏识，也体现了教师语言运用的智慧。在面对学生回答中的错误时，教师并不忙着否定，而是引领其思考并巧妙地加以改正。这样的评价与教学过程融为一体，不仅肯定了学生富有创意、富有个性的思考方式，又给全体学生一种美的享受。

［案例8-34］ 小学语文课文《给予是快乐的》教学中的评价语

教师：这篇课文讲述了一个“给予”和“爱”的故事，给予比拿取更让人感到快乐、幸福和满足，正如文中的保罗体会到了“给予是令人快乐的”，同学们在生活中有过这样的体会吗？

针对回答有类似经历的学生，教师评价道：“谢谢你的分享，你真是一个幸福的人，相信你永远会留存这份快乐！”

针对回答还没有类似经历的学生，教师评价道：“给予令人快乐，你不妨在学习了这篇课文后，在生活中试一试，与人分享自己的快乐是给予，帮助别人也是给予，我相信在尝试之后，你会感到更加快乐。”

案例分析：这段评价语即时、恰当、有针对性，根据学生的不同回答，把学生分为有“给予别人”经历的学生和没有“给予别人”经历的学生，分别进行评价，对前者加以赞美和祝福，对后者加以鼓励和推动，这种有针对性的鼓励性评价语，能够让学生更加充分地理解课文，并把在语文课中学到的东西融入生活。案例中的两段评价语充满真情实感，富有感召力，蕴含正能量。

［案例8-35］ 小学语文课文《我必须去》教学中的评价语①

教师：你认为李丹是个什么样的孩子？

学生：她是个守信用的孩子。

教师：可老师觉得这样的选择对李丹来说多少有点遗憾，聪明的你能为她想一个既能看马戏又能为爷爷奶奶表演的办法吗？

学生：我认为李丹可以推迟表演，跟爷爷奶奶请假。

学生：我不同意他的办法，我认为这样做爷爷奶奶会伤心的。

学生：我想可以把爷爷奶奶也请到马戏团和李丹一起看节目。

教师：那李丹得跟爸爸商量一下，多买些看马戏的票。（笑）

学生：我有个好办法，就是让爸爸用录像机把马戏拍下来，等表演完回家看，这样又能看上马戏，又不失信。

教师：好主意，我得替李丹谢谢你。

教师：同学们，你们替李丹想了很多办法，那么哪种办法是最合适的？老师认为，不管用什么办法，当我们面对选择的时候，要想不影响和伤害信任、爱护你的人，就必须做个讲信用的人。

案例分析：在小学阶段，教师对学生的评价具有非常强的影响力，一个善用评价语的教师可能会对孩子产生深远的引导作用。这种引导不仅仅只作用于学习层面，更会辐射到心理层面。这段评价语不是空洞地表扬“好”“你真棒”，而是

---

① 整理自：《我必须去》说课与设计. 老百晓在线. http://www.lbx777.com/yw04/b_wbxq/sksj01.htm

能对学生的回答给出恰如其分的评价，不失时机地引导学生在面对选择的时候要做个讲信用的人。

第四节　小学教师副语言运用案例分析

上课时，一位胆小的女生艰难地把一段课文小声地读完了。

教师：你平时不太习惯站起来朗读，是吗？

学生：（点点低垂的头）嗯。

教师：你今天有勇气站起来，并且把课文读完了。你知道吗？（提高语调，微笑）这真让我高兴！

学生：（微微抬头，看了教师一眼）嗯！

教师：（亲切地拍拍孩子的肩膀，竖起大拇指）我为这勇敢的一试，向你致谢……

副语言是教育教学中具有独特作用和效果的教师辅助性用语。副语言的恰当运用，能起到增强表达效果和此时“无声胜有声”的作用。案例中的教师合理运用了语调、微笑、手势等副语言，表现了教师对学生的殷切期望，增强了表达的效果。本节将通过案例分析，进一步巩固副语言的知识，提升学生对副语言运用的分析能力。

［案例8–36］　小学语文课文《落叶》教学中的副语言

教师：“秋天到了，天气凉了，一片片的树叶从树枝上落下来。”请同学们认真地看这句话，这句话中有一个词语很有趣（重音），（停顿）请大家注意“一片片”（重音）这个词。（停顿）同学们想一想：“一片片”的树叶是指一片（重音）树叶吗？（学生回答“不是”。）那么是两片（重音）吗？（学生回答“不是”。）（停顿）对，大家回答得很对，“一片片”是指好多好多（重音）片树叶。那我们在朗读课文的时候应该怎样读这个词呢？在朗读时，一定要读出你的体会（重音），要读出你的理解（重音）。

案例分析：在课堂教学中，副语言包括了体态语、语气、语调、重音、停连等。有名师说过，学语文就要把语言文字变得鲜活起来，变成孩子能看得见、能够理解的东西。案例中教师根据学生的生活经验、感知能力引导学生紧紧抓住“一片片”这一个词，一连问了好几个有层次性的问题，帮助学生理解“一片”

与“一片片”的区别。在学生理解的基础上再引导学生反复诵读。

恰当的停顿有助于语义表达的准确、清楚，同时也可以使语流更富有活力。教学中的停顿是为表达思想感情和引导学生进行思考服务的。案例中的三处停顿并不完全是受标点符号束缚机械进行的，而是根据教学的需要、文意和情感表达的需要而设置的。意在引导学生对问题的思考，并且给学生留出思考的时间。同样，案例中的几个重音都是教学中需要着重引起学生去自主思考的地方，配合停顿，很好地使学生明白了教师的意图，突出了教学重点。另外，案例中的教师的语气是变化起伏的，或强或弱、或快或慢、或粗或细，配合重音、停连的使用，使得整个教学过程富有丰富的层次感和意蕴，并且重点突出。

[案例8–37] 小学语文课文《捕蛇者说》教学中的副语言

特级教师钱梦龙在讲授《捕蛇者说》一文的写作特点“立意奇特，奇在蓄势”时，采用了以无声语言来帮助有声语言的方法。“蓄势”即积蓄气势，要让学生准确地理解这一点并非易事，但钱老师却通过“以演助言”的方式把问题讲得深入浅出：“同学们经常见到气功师手劈石砖，在劈砖前气功师往往会有这样一个动作。”钱老师一边说，一边做气功师“运功”状：“这个动作是什么呢？”“运气！”“对！叫运气，气运到一定的程度，就会手起砖断（边说边作劈砖状），那么，这个运气过程类似于本文写法的哪一方面呢？”此问一出，学生几乎脱口而出：“蓄势！”于是，一个较有难度的概念，学生就在轻松愉快的气氛中很快掌握了。

案例分析：教师在具体教学过程中，配合教学需要，常常要借助体态语言的表达实现教学目的。本案例突出的优点在于：教师将有声语言和无声语言相结合，营造了一种直观可感的形象，使学生能通过视觉和听觉的交融来共同感受“蓄势”一词的含义。这种调动学生多种感官共同作用的教学方法，大大拓展了语言的功能和效用。

[案例8–38] 课堂教学中眼神的运用

特级教师牟丽芳在教学中非常善于运用眼神。有一次，她手捧着课本，声情并茂地朗读课文，但眼睛的余光却在扫视着全班学生的聆听状态。此时，有一位学生的注意力被前排同学的漂亮的削笔刀所吸引，眼睛偷偷地离开了课本。牟老师敏锐地注意到了这位学生眼神的变化，她照样读着范文，非常自然地、慢慢地朝他走过去，不露一点儿声色。别的学生都沉浸在牟老师朗读的意境中，丝毫没有觉察有什么变化，唯独那位开小差的学生感觉到了气氛的细微变化，他立即抬起头，溜了一眼，正好与牟老师的眼睛相对，师生相视不过一秒钟，但却包含了千言万语。那位学生赶紧把注意力集中到课本上。一个小小的风波平息了，课堂上不见一丝涟漪，好像什么也没有发生过。

案例分析：这是副语言中眼神的具体使用案例。在本案例中，师生的沟通借助眼神的表达运用可在无声的交流中达到“心有灵犀一点通”的境界。牟老师通过一个不露声色的眼神，巧妙解决学生上课过程中注意力分散的问题。教师的眼神是主动性的，可以用来表扬、赞同，也可以用来批评、限制和否定。合理运用眼神这一副语言，能够较好发挥其教育辅助作用。

第五节 小学教育语言运用案例分析

一个小学生常常在放学回家的路上逗留，很晚才回家。教师找他谈话，并没有直接批评这个学生，而是表现出很感兴趣的样子问这个学生：“你在回家的路上看到了一些什么新鲜事，老师想听听。”这个学生一下子打开了话匣，说自己在放学路上最喜欢和路边一个小朋友玩过家家，“那可真有趣！”教师回应了这个学生，学生说得更起劲了，谁跟谁是一“家”，谁又和谁“吵了架”，今天做了什么“菜”，谁把“锅子”打烂了……“就这样一直玩吗？”教师问。“同学被他妈妈喊回家，就不玩了。”教师说：“是啊！小鸟都知道要归巢，小朋友要回家，当然不能玩了。”这时，这个学生一下子明白了教师的良苦用心，说：“老师，我知道错在哪儿了，今后不在路上玩了，回家晚了，会让爸爸妈妈着急。”

教育语言是教师教育工作用语，关系到学生思想品德和人格的养成。案例中的教师在对学生进行教育时，不是简单的说教，而是循循善诱、因势利导，产生了良好的教育效果。本节将通过案例分析，进一步巩固教育语言的知识，提升学生对教育语言运用的分析能力。

［案例8–39］ 抓住时机，巩固教育效果的教育语言

一位小学教师新接了一个班，班上最近连续发生了失窃事件，教师很快就查明，是一个刚转来的学生干的。这位教师采取了一系列的帮助措施，使这个孩子逐渐地改掉了坏毛病。终于，在一次春游中，教师让这个孩子真正地体验到了被同学信任的快乐。那次春游，大家都想上厕所，“谁留下来看东西？”教师发话道，“找一个我信任，也能让你们信任的人。”全班几十双眼睛同时往好学生那儿瞅，没料到教师却喊出了这个孩子的名字，连他自己都愣了。“东西交给你了！”教师信任地拍了拍他的肩膀。上完厕所回来，教师故意高声地问：

"东西齐不齐？""齐！"大家起劲儿地喊。那孩子高兴得满脸通红。

案例分析：抓住适当的教育时机是保证教育效果事半功倍的重要原则。选择、把握、创造良好的语境来实现这种教育的最佳时机是教师言语建构能力与教育智慧的表现。案例中的这位教师就是准确、敏感地把握住了恰当的教育时机，并巧妙地创设了一个充满信任与教育意义的对话语境，既强化了对问题学生的教育效果，也营造了一个集体诚信教育的氛围。

[案例8-40] 正确对待后进生的教育语言

四年级某班数学期末考试成绩位居年级最末，原因是一位刚从农村转学来的新同学拉了"后腿"。同学们非常激愤，声称要"赶走"这位新同学。教师知道后，说："我们班是先进班，这回丢了先进，你们急，我也急；但是，这不能只怪陈进同学。和大家比起来，陈进同学的成绩是低了点儿，才考了68分。可是，同学们知道吗？分班考试时，他才得了42分。从42分到68分，他已经进了一大步！你们中的哪一个在这回的期末考中取得了这么大的进步？而他的进步，是他自己默默地刻苦钻研获得的，你们中的哪一个，又曾经帮助过他呢？名副其实的先进班，不光学习好，还应该是一个团结友爱、互相帮助、共同进步的集体。把一个学习上暂时有困难的同学赶走，这难道是先进班的同学应该做的吗？同学们很热爱我们的班集体，我们一定要把先进夺回来！请大家想一想，我们该怎么办呢？"

案例分析：这是一段教育启迪语。教师意在纠正学生的错误认识，以有理有据、旗帜鲜明的说理和既理解全体学生又真诚爱护"差生"的态度，层层深入地分析学生们"激愤"的错误所在。本段启迪语话语构建的特点在于：前面部分庄重严肃，且倾向性很明显，表明了反对"赶走"陈进的态度；后面部分语气坚定，同时引导学生积极想办法夺回先进，使学生与教师产生了一致的思想共鸣。

[案例8-41] 给一些后进生的期末鼓励性评语①

A.你有礼貌，爱劳动，讲卫生，发言积极。瞧，老师一连数出你这么多优点，看来这学期你进步不少，老师看在眼里，喜在心里。可是你有时仍贪玩，爱调皮，作业马虎，纪律松懈，也让老师失望。好孩子，你那么聪明，要是把更多的心思用在学习上，谁也比不上你。努力吧，老师期待着你更大的进步！

B.或许你有些调皮，有些好动，也常挨批评，可其实在老师的心里，一直认为你也很不错。你并不是个坏小孩，你知道吗？学习需要持之以恒，如果你能把学习的激情融入每时每刻，静下来认真思考，勤奋学习，那么，你

① 整理自：豆丁网.http://www.docin.com/p-565193570.html

也可以成为一名佼佼者。试试看，老师等你的好消息。

C.你的学习比较踏实，劳动时总那么勤快，同学间的小事，你常常忍让。你发现没有，只要努力一下，你的字就可以写得漂亮，让脑子多思考一下问题，你就可以得出令人满意的答案，努力吧，你是一个聪明的孩子！

D.虽然这学期你的某些行为受到了老师的批评，但你能正确对待，并且积极改正，这也是难能可贵的。希望你能在学习上多与老师和同学沟通，增强自信心和主动性，尽最大的努力去弥补自己的不足。

案例分析：对于小学后进生而言，他们的成绩普遍不好，学习动机不明确，学习态度也不够积极。在进行教育时，一定要明确教育的目的，不能一味地打压批评，而应在赞扬的基础上进行恰当的正能量的传输，引导他们回到正确的学习轨道上来。因为赞扬对于强化人的行为具有不可忽视的重要作用，是激励学生上进的有效方式之一。案例中的教师注重语言的交流感、情感性和互动性，情真意切，富有针对性，能产生较好的教育效果。

［案例8-42］　给一个进步生的期末表扬评语①

你像只快乐的小鸟,你的眼睛里盛着的是聪明、机灵、乖巧……老师非常喜欢你。你这个学期的进步可真大啊，上课能逐渐控制住自己,而且能加入到发言、表演的行列，作业完成的质量也越来越好了。玲玲一定是懂事了，相信懂事的玲玲一定会有更多的惊喜和进步。

案例分析：教师的教育语言包括表扬语、鼓励语、批评语和劝导语等，但不论是哪种类型的教育语言，都应体现教育工作中的“情感原则”。教师在教育学生的过程中，既要晓之以理，同时也要动之以情。案例中的教师就很好地运用了教育的情感原则，用饱含深情的话语来肯定学生在学习中取得的点滴进步，把教师对学生深深的爱“寄”于言语之中，使教师的教育成为师生情感交流的渠道。

［案例8-43］　符合学生年龄特点，简洁易懂的教育语言

教师对犯了错误的学生说道：“你今天用粉笔头打了同学，同学疼得都哭了。你想，要是别的同学用粉笔头打你，你会不会生气呀。你和同学们在一个班级，他们就像你的家人一样，大家要互相帮助，团结友爱。打人的行为是不对的。以后要是同学们都不理你了，你一个人该多孤单啊，是不是？”

案例分析：面对低年级的孩子，教育语言要避免“书面化”“成人化”的倾

---

① 整理自：三年级学生寄语.百度文库.http://wenku.baidu.com/link?url=VSnJ8ZXqoenxaKtI9ttMwIwgEyXnarfvbK1OxnKoPI1ZzKDNwDI1mwNT4z2WBzHF61KACHJp6BQQVuvm60IfgDJ9tJfQFyH3ix2nNm8VgBe

向，否则孩子就会理解不了，教育效果就会受到影响。案例中的教师能针对低龄儿童的特点，将一个长句拆成几个短句，用通俗的语言跟学生交流，从而做到了简洁、易懂，增加了教育口语的有效性。

[案例8–44] 促进师生心理相容的教育语言

小刚不按时交作业已经好几天了，班主任通过调查，发现小刚不按时交作业的原因主要是放学后去网吧打游戏，耽误了做作业的时间。这天，学习委员在教室收作业，小刚不但不交，还大声嚷嚷。班主任快步走到小刚面前，低声提醒小刚不要大声嚷嚷，之后把小刚叫到了办公室，用舒缓的语气，和颜悦色地对小刚说："小刚，你一直以来都是一个很棒的孩子，在班里乐于帮助同学，同学们都很喜欢你。而且你勤于思考，在处理问题方面善于抓住问题的核心。另外，你的体育成绩也很不错，经常在校运会上获奖。这么聪明、逗人喜欢的孩子怎样会经常不按时交作业呢？老师猜啊，肯定有什么原因？能不能告诉老师，我们一起来想想看，可不可以我们一起来改善一下现在这种状况呢？"

小刚以为来到办公室，班主任一定会一顿狠批，现在听到班主任这么友善地跟自己说话，不但没有批评自己，还说自己这好那好，反而不好意思了，就主动承认了错误，并且告诉班主任自己打游戏有些成瘾的困惑。班主任听了，接着对小刚说："其实打游戏也不是什么坏事，关键是我们怎么来正确地对待它，如果我们把它作为我们课后休闲娱乐的一种方式，找合适的时间来玩，其实它和做作业、学习之间并不冲突，比如你可以用周末的一个固定的时间来打游戏，这样不但不会和学习时间冲突，而且家长也会对你打游戏不那么担心了。当然，你现在的年纪，特别不容易克制自己，容易成瘾，这样我们可以想一些办法帮助你慢慢改善，比如可以和父母商量，你负责制订每周打游戏的时间计划，请父母来监督你。你自己也慢慢锻炼自己的克制力，学会在固定的时间高效地做固定的事。你试一试，看看这种方式有没有效果，如果没有，你再来找老师，我们再一起想别的办法，好吗？"

案例分析：教师与学生的心理相容，是实施有效教育的前提。要做到师生心理相容，与教师在教育过程中使用的语言表达方式息息相关。比如在感情冲动时使用疑问句的教育效果就不如陈述句委婉，最生硬的就要数反问句了。反问句容易给学生造成被责问和训斥的感觉，不利于师生之间的沟通，会让学生产生对抗心理，从而造成沟通的障碍。案例中班主任的"低声"提醒、"和颜悦色"的开导、舒缓的语气和商量的态度，在消除学生心理抵触，增进师生心理相容方面有很好的示范作用。（拓展资源8-1　语用失误案例分析）

【本章小结】

本章对小学课堂教学环节语、方式语，小学教师评价语、副语言和小学教育语言的优秀案例进行分析，旨在通过分析，让学生在学习理论知识的基础上，具体感知教育教学实践中的教师话语构建及其产生的效果和影响，逐步建立起优化教育教学话语构建的意识，为今后的教育教学活动打下较为坚实的语言运用基础。

【理解・反思・探究】

1. 小学课堂教学环节语案例分析应关注哪些要素？
2. 小学教师教育语言案例分析应从哪些方面入手？
3. 如何评价教师对课堂教学方式语的运用？
4. 教师语言运用案例分析的作用和目的是什么？

【做中学】

1. 请给人教版小学语文课文《雨》设计一个课堂导课语。
2. 请给人教版小学数学“测量”设计一个课堂讲解语。
3. 请给人教版小学科学“爱护动物”设计一个课堂结课语。
4. 请根据小学课堂评价语设计的原则，为人教版小学语文课文《假如没有灰尘》设计一个课堂教学评价语。
5. 作为班主任的你发现班上有几个孩子在做作业时边做边玩，没有养成良好的学习习惯，你决定对这几个孩子进行思想教育，请设计一段思想教育语。
6. 为了迎接上级部门的教学检查，学生们花了很多时间来准备，包括改善校园环境等，有一些学生开始有意见，认为占用了大家很多时间，请作为班主任的你对有意见的学生设计一段思想教育语言。